Der Verfasser ist ein Mann aus dem Volk, ungebildet, aber verständig, von lebhaftem Geist, ein aufmerksamer Beobachter. Sein Buch ist original, keine Spur von einer fremden nachbessernden Hand bemerkbar. Er schreibt, wie er sprechen würde, aber sein Stil ist sachgemäß und natürlich, anschaulich. Es zeigt sich die Lust, die ihm das Erzählen bereitet.

Er bietet uns den echten unverfälschten Bericht eines Augenzeugen über die Vorgänge in der Stadt während des Wiedertäuferreiches der 1530er Jahre. Da er ohne Aufzeichnungen, bloß aus dem Gedächtnis schreibt, muss er wider Willen die Zeitfolgen verletzen. Aber er zerstört sie auch mit vollem Bewusstsein, reiht aneinander was ihm einfällt, schaltet etwas anderes ein und kehrt dann ruhig zu der unvollendeten Begebenheit zurück.

©HeRaS Verlag, Rainer Schulz, Göttingen 2016
www.herasverlag.de
Layout Buchdeckel Rainer Schulz
Das Motiv zeigt eine Medaille mit dem Profil
Von Johan van Leyden
ISBN 978-3-95914-026-3

MEISTER HEINRICH GRESBECK'S BERICHT VON DER WIEDERTAUFE IN MÜNSTER

Neu erzählt von
RAINER V. SCHULZ

Meinem Vater Helmut H. Schulz für Idee und Rat,
sowie meiner Frau Claudia für ihre Mithilfe

INHALT

Das Münsteraner Täuferreich	9
Die Wiedertäufer, Glaubensbekenntnis	15
Heinrich Gresbeck	27

Summarische Erzählung und Bericht der Wiedertaufe und was sich in der Stadt Münster in Westphalen im Jahre 1535 zugetragen hat

1 Vorrede	33
2 Rückblick	36
3 Ein Angriff des Bischofs wird vereitelt	47
4 Herrschaft	51
5 Gemeinschaft der Güter	66
6 Die zwölf Ältesten	70
7 Abendmahl	79
8 Kampf gegen die Belagerung	86
9 Vielweiberei, von dem Ehestand	99
10 Zweite Bestürmung der Stadt	116
11 Der König	119
12 Falsche Propheten	134
13 Die Erlösung bleibt aus	158
14 Spottmessen im Dom	189
15 Namen werden geändert	193
16 Die letzten Tage	198
17 Eroberung der Stadt	239
18 Das Ende	258
Bekenntnisse	266
Quellen	282

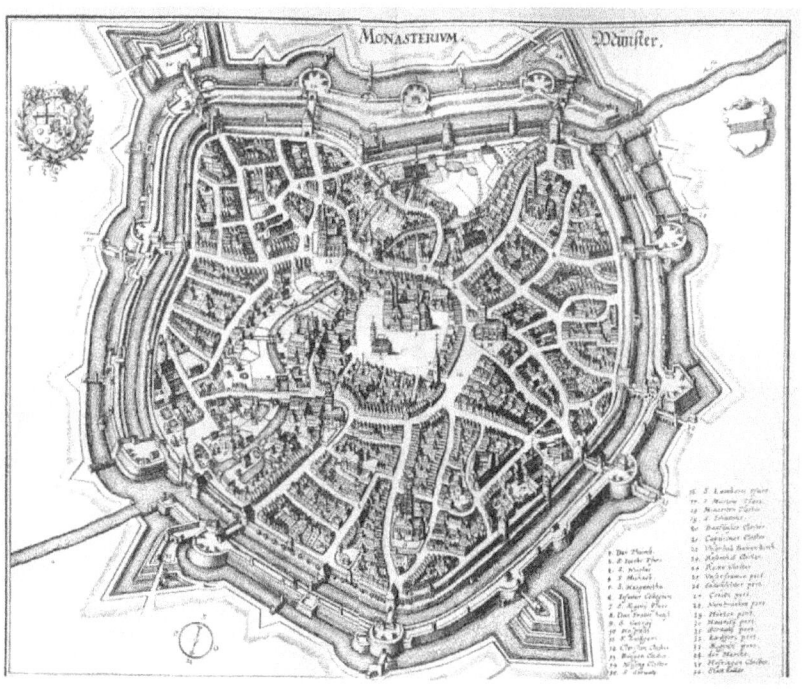

Münster zur Zeit der Wiedertäufer

DAS MÜNSTERANER TÄUFERREICH

Die Vorgeschichte des Münsteraner Täuferreiches zeigte bis zum Sommer 1533 die typischen Konflikte zwischen Bürgertum, Stadtherrn und Klerus. Münster war zu Beginn des 16. Jahrhunderts eine Mittelstadt von 7.000 bis 8.000 Einwohnern, als Bischofssitz ein geistiges Zentrum in Nordwestdeutschland und ein regionales Handelszentrum. Im Mai 1525 kam es erstmals zu Unruhen, in deren Verlauf die Gilden dem Rat Beschwerdeartikel übergaben. Diese richteten sich unter anderem gegen das Schwesternhaus Marienthal, genannt Niesing. Die Schwestern handelten mit selbst produzierten Tuchwaren, mit denen sie in Konkurrenz zum städtischen Gewerbe standen. Eine weitere Forderung war die Mitwirkung der Bürgerschaft bei der Berufung von Kaplänen an die Pfarrkirchen. Der Aufstand wurde friedlich beigelegt; die Bürgerschaft scheiterte letztlich mit ihren Forderungen.

Seit 1529 predigte Bernhard Rothmann, Kaplan am vor den Toren der Stadt gelegenen Chorherrenstift St. Moritz, im Sinne Luthers. Er fand viele Anhänger in der Bürgerschaft und auch im Stadtrat. Bereits im Spätsommer 1532 wurden alle sechs Pfarrkirchen Münsters mit evangelischen Predigern besetzt, der Rat war mehrheitlich lutherisch.

Der Fürstbischof verlangte nun, Rothmann nebst den übrigen lutherischen Predigern der Stadt zu verweisen und alle kirchlichen Neuerungen einzustellen. Die Etablierung des Luthertums in Münster war jedoch nicht mehr zu unterbinden, und so musste der Bischof im Vertrag von Dülmen am 14. Februar 1533 die religiösen Verhältnisse in der Stadt anerkennen.

Bis zum Sommer 1533 ist der Verlauf der Reformation in Münster also nicht von dem in anderen Städten zu unterscheiden. In der Folge sollte sich die religiöse und politische Situation nun zunehmend radikalisieren. Zur Frage, wie es zum "Aufruhr von Münster" kam, gibt es zahlreiche Meinungen, die je nach Standpunkt die politischen, religiösen oder wirtschaftlichen Ursachen betonen. Dass es zu einer Katastrophe dieses Ausmaßes kam, war aber wohl gerade eine Folge der Verquickung verschiedener Umstände. Lange wurde die These vertreten, dass das Täuferreich ein Aufstand der städtischen Unterschichten gewesen sei. Inzwischen konnte jedoch nachgewiesen werden, dass sich unter den Anhängern der Täufer viele Mitglieder der ratsfähigen Münsteraner Familien befanden. Der Zuzug zahlreicher Täufer aus den Niederlanden und dem Umland sollte die religiösen Spannungen in der Stadt jedoch verschärfen.

Bernhard Rothmann hatte sich schon Anfang der 1530er Jahre den Lehren des Züricher Reformators Zwingli zugewandt und wurde, weil er das Abendmahl nun mit Weißbrot austeilte, auch "Stutenbernd" genannt. Ab Sommer 1533 geriet er unter den Einfluss des Täufertums, einer radikalen Abspaltung der Zwinglianer, die zu diesem Zeitpunkt bereits eine Anhängerschaft in den Niederlanden besaß. Das Täufertum lehnte die Kindertaufe ab und forderte stattdessen die Gläubigentaufe. Die Vertreter dieser Lehre wurden daher abwertend auch "Wiedertäufer" genannt. Schon 1528 hatte der Kaiser ein Mandat gegen das Täufertum erlassen, 1529 folgte das Verbot im Reich mit der Begründung der Ketzerei und des Aufruhrs. Rothmann setzte sich darüber hinweg und predigte nun auch in Münster gegen die Kindertaufe. Er konnte einen Teil der lutherischen Bewegung auf seine Seite ziehen, der Rat der Stadt jedoch verbot ihm umgehend die Predigt und versuchte das lutherische Kirchenwesen zu festigen, indem er eine Kirchenordnung verfassen ließ.

Die Anfänge der täuferischen Bewegung in Münster gerieten seit Herbst 1533 zunehmend unter den Einfluss von Täuferaposteln aus den Niederlanden, die das nahe Weltende predigten. Im Januar 1534 empfingen Rothmann und ein Großteil seiner Gemeinde von den Täuferaposteln die Erwachsenentaufe. Die holländischen Täuferführer Jan Mathijs und Jan van Leiden gelangten nach Münster und riefen es zum neuen Jerusalem aus, dem Ort, an dem die Gläubigen am unmittelbar bevorstehenden Tag des Jüngsten Gerichts Rettung finden würden. Zahlreiche Täufer aus den Niederlanden, dem Münsterland und der weiteren Region sollten von nun an nach Münster ziehen.

Bei der jährlichen Ratswahl im Februar 1534 übernahmen die Täufer die Ratsherrschaft. Katholische und lutherische Bürger verließen nun die Stadt. Die neu eingeführte Gesellschaftsordnung beruhte auf der Gütergemeinschaft und der Taufe. Alle Bewohner, die nicht die Erwachsenentaufe empfangen hatten, wurden der Stadt verwiesen. Im Dom und in den Klöstern kam es zu Bilderstürmen, zur gewaltsamen Vernichtung von Heiligenbildern und Altären.

Fürstbischof Franz von Waldeck versuchte nun, seine lange ausgehöhlte Herrschaft über die Stadt wiederherzustellen und die "Ketzerei" zu beenden. Seit Februar 1534 ließ er Münster belagern und verhängte eine Handelssperre über die Stadt. Zugleich warb er im Reich um Unterstützung und erhielt sie aus Jülich-Kleve-Berg, Köln, Kursachsen und Hessen. Für die Zeitgenossen stellte das Täuferreich die bekannte soziale und politische Ordnung auf den Kopf. Luther sah in Münster den Teufel am Werk.

Nachdem Jan van Leiden schon im April die Ratsverfassung abgeschafft und einen Ältestenrat eingesetzt hatte, wurde im Juli 1534 die Mehrehe für Männer eingeführt. Im September schließlich wurde van Leiden zum König ausgerufen. Gegen alle Gegner und Kritiker gingen die Täufer mit großer Grausamkeit vor und ließen sie hinrichten.

Nachdem mehrere Versuche, die Stadt zu erobern, gescheitert waren, wurde Münster im Februar 1535 endgültig abgeriegelt. Im Juni 1535 gelang schließlich die Eroberung der ausgehungerten Stadt, bei der fast alle Männer hingerichtet und die Frauen ausgewiesen wurden. Im Januar 1536 wurden die drei Täuferführer Jan van Leiden, Bernd Knipperdollingk und Bernt Krechtingk hingerichtet und ihre Leichen am Lambertiturm in eisernen Körben zur Schau gestellt. Die ehemaligen Bewohner Münsters kehrten zurück. 1541 stellte der Fürstbischof die städtischen Privilegien außer der Ratswahl und der Gildeverfassung wieder her. Die Stadt kehrte zum Katholizismus zurück.

Quelle: Stadtarchiv Münster

DIE WIEDERTÄUFER, GLAUBENSBEKENNTNIS

Kurzer Entwurf des Glaubensbekenntnisses, von Bernhard Rothmann, Prediger der Sankt Mauritz-Kirche. Münster im Jahr nach der Geburt Christi 1532, den 23. Jenner

Von der heiligen Schrift
Ich halte mich einzig und allein an die Heilige Schrift. Durch die Heilige Schrift verstehe ich aber dasjenige Buch, welches uns weise machen kann zur Seligkeit, welche durch den Glauben an Jesum Christum allein erlanget wird; so dass ein Mensch Gottes vollkommen, und zu allen guten Werken geschickt sei.

Zuweilen wird auch die Heilige Schrift das Wort Gottes genannt; nicht darum, als wäre sie solches ihrer Natur nach, und in der Tat, sondern weil sie von dem natürlichen Worte Gottes zeuget.

Von dem Worte Gottes
Jesus Christus ist das natürliche und wahre Wort Gottes, in welchem, und durch welches alles erschaffen und wieder hergestellt ist. Eine jede Schrift, welche versichert, man könne die Vergebung der Sünden und die ewige Seligkeit durch sonst etwas, als durch Christum erlangen, ist nicht so sehr eine unnütze als vielmehr eine gottlose Schrift. Nur die, welche, und die Erlangung der Seligkeit durch Christum allein verheißet, verdienet mit recht, Gottes Wort genannt zu werden. Diesem Wort Gottes müssen wir in allen Stücken beständig Beifall geben, und demselben weder durch die Vernunft noch durch menschliche Lehren den geringsten Abbruch tun. Bei Gott sind alle Worte möglich.

Von Gott
Gott ist, sowohl nach der Erklärung der Heiligen Schrift und dem nicänischen und athanasianischen Glaubensbekenntnis ein einziger und von Natur allein gut, wahrhaftig, allmächtig, gerecht, weise, der Schöpfer und Erhalter aller sichtbaren und unsichtbaren Dinge. Und ob zwar der Vater, der Sohn und der Heilige Geist, drei Personen sind, so machen sie doch nur ein Wesen aus.

Von der Menschwerdung
Nur der Sohn allein ist Mensch geworden; das heißt, er hat die ganze menschliche Natur, die aus Seele und Leib besteht, angenommen, und zwar aus dem Fleisch und Blut der unbefleckten Jungfrau Maria, bloß zu unserem Besten.

Dieser Mensch Christus hat sich mit dem Sohn Gottes so genau vereinigt, dass beide nur eine unteilbare und unzertrennliche Person sind. Was über dem die Heilige Schrift von der Einheit Gottes, und von den drei Personen in dem einigen göttlichen Wesen lehrt, halte ich für wahr.

Von dem Menschen
Gott, welcher alle Dinge, die je geschehen sind, noch jetzt geschehen, und bis in Ewigkeit geschehen werden, mit einem einzigen Blick übersieht, hat den Menschen gut und aufrichtig erschaffen, aber doch vorher gewusst, dass er durch seinen Ungehorsam fallen würde.

Auch hat er von Ewigkeit her beschlossen, dass sein Sohn die menschliche Natur annehmen, und den gefallenen Menschen wieder aufrichten sollte. Hierdurch hat er seine Gütigkeit auf das Vollkommenste an den Tag gelegt. Der Mensch also, der von Natur gut war, wurde durch seinen Ungehorsam böse. Dieses Übel hat das ganze menschliche Geschlecht dergestalt angesteckt, dass alle, die nach dem Lauf der Natur geboren werden, sündig und Kinder des Zorns sind.

Die Sünde aber ist dieses allgemeine Übel der Natur, welches alle diejenigen, die nicht durch die Erkenntnis Christi, das ist, durch die Taufe und durch den Heiligen Geist, wiedergeboren werden, in das ewige Verderben stürzt; das also alle Menschen, welche natürlicher Weise von Adam abstammen, Knechte der Sünde sind.

Von dem Gesetz
Diese Knechtschaft, die gänzliche Verdorbenheit der menschlichen Natur, und den Zorn Gottes lernen wir durch das Gesetz Gottes kennen. Denn dazu ist das Gesetz gegeben worden, nicht dass es uns rechtfertige, sondern dass es uns verurteile und töte. Es tötet uns aber, wenn es uns unsere Sünden einsehen lässt; wenn wir unser Unvermögen zum Guten fühlen, und gezwungen werden, an unseren Kräften zu verzweifeln. Knechte der Sünde sind Gegenstände des ewigen Zorns, und der ewigen Verdammnis.

Aus der Dienstbarkeit der Sünde kann niemand durch Hilfe eines menschlichen Verstandes, noch durch eine, bloß menschliche Kraft befreit werden. Die menschliche Natur kann von sich selbst nicht anders, als sündigen. Der nur allein kann von der Sünde befreien, der selbst keine Sünde hat, und nur der ist fähig für die Sünde zu büßen, der nicht weiß was Sünde ist. Christus Jesus ist der Einzige, der von keiner Sünde wusste, und keine Sünde getan hat; sondern für uns zur Sünde geworden ist, damit wir der Gerechtigkeit lebten. Die Gerechtigkeit, das ist die Vergebung der Sünden, erlangen nur diejenigen, welche nach der Vorschrift des Evangeliums an Christum glauben. Wo die Sünden vergeben sind, da ist die wahre Rechtfertigung.

Von dem Glauben
Durch den Glauben an Christum allein werden von Gott die Sünden vergeben. Diese Gnade wird den Auserwählten durch das Evangelium bekannt gemacht und durch den Glauben ergriffen; wie also nicht gerecht macht, als nur der Glaube; so macht nichts ungerecht, als nur der Unglaube. Der Glaube aber macht nicht darum, weil er Glaube ist, selig, sondern darum, weil Gott demjenigen, der da glaubt, die ewige Seligkeit verheißen hat. Es ist aber der Glaube, durch den Heiligen Geist in uns gewirket, dass uns Christus die Gerechtigkeit und das ewige Leben verschafft habe; welcher Glaube gar nicht durch Werke, sondern allein durch die Gnade Gottes, aus dem Hören seines Wortes erlangt wird. Darin besteht die köstliche Freiheit dieses Glaubens, dass man weiß, man sei ein Erbe der ewigen Güter.

So unmöglich es ist, dass jemand ohne Glauben Gott gefallen kann, so unmöglich ist es auch, dass man gläubig sein könne, ohne sich beständig in guten Werken zu üben. Der Glaube, der nicht durch die Werke tätig ist, ist ein toter Glaube.

Von den guten Werken
Die guten Werke des Menschen haben keinen so hohen Wert, dass man dadurch die Gnade Gottes erwerben könnte. Die guten Werke sind Früchte des Glaubens, die bösen Werke aber, Früchte des Unglaubens. So sehr die Früchte zum Wesen des Baumes gehören, so notwendig sind die guten Werke zur Seligkeit. Je tiefer jemand durch den Glauben in Christo gewurzelt ist, desto mehr Früchte der guten Werke bringt er hervor. Weder der Glaube, noch die Gerechtigkeit kommt aus den Werken, sondern die Werke kommen aus dem Glauben und aus der Gerechtigkeit. Was nicht aus Glauben geschieht, ist Sünde.

Oft geschehen gute Werke in der Meinung, man könne dadurch gerecht und selig werden. Dieses ist eine gottlose, unselige und abgöttische Meinung. Derjenige, der sie hegt, versündigt sich wider dem Glauben, wider die wahre Verheißung Gottes, und wider die ganze erste Gesetzestafel.

Gute Werke sind nur die, welche die Heilige Schrift billigt, und böse Werke sind die, welche dieselbe verwirft. Nach unsern hier verrichteten Werken wird unser künftiges Schicksal entschieden werden. Denn die Werke sind Zeugnisse von unsern Tugenden und von unsern Lastern. Jene wirken eine Seligkeit ohne Wechsel, diese stürzen in das ewige Verderben.

Von den Satzungen der Menschen
Die Werke, welche in den Satzungen der Menschen ihren Grund haben, sind entweder unnütz oder gottlos. Das sind sehr unverschämte Betrüger, die dem Volk verheißen, dass die Werke, die aus den Satzungen der Menschen herkommen, die Vergebung der Sünde, die Gerechtigkeit und das ewige Leben wirken könnten.

Wer für die Verordnungen der Menschen, als Dinge, die zur Seligkeit nötig wären, streitet, der ist des Namens eines Mitgliedes der christlichen Kirche, welche nicht nach menschlichen sondern nach göttlichen Gesetzen regiert wird, unwürdig.

Von der Kirche
Die christliche Kirche ist eine Gesellschaft der Heiligen. Heilig sind die, welche gläubig, und mit dem heiligmachenden Christi versiegelt worden sind. Der Geist der Heiligung entsteht aus der Predigt des Glaubens oder des Evangeliums. Der Glaube kommt allein aus dem Wort Gottes. Die Kirche tut nichts zum Nachteil des Wortes Christi. Die Kirche hat auch keine Gewalt, nur einen

einzigen Glaubensartikel zu machen; wie sie denn auch nie eines der Gleichen gemacht hat, noch in Ewigkeit machen wird.

Der allein hat die Macht, Glaubensartikel zu machen, der die Macht hat, zu versprechen und zu geben. Die Kirche Christi ordnet den Glauben, die Sitten und alle Handlungen nach der Richtschnur des Wort Gottes. Allen Verordnungen der Menschen also, die mit dem Evangelio Christi streiten, ist man nicht zu gehorchen schuldig. Der Beifall der Menschen, die hergebrachte Gewohnheit, das Ansehen der Lehrer und die Andacht des Herzens (wie man sich auszudrücken pflegt) bestimmen nicht den Wert einer Handlung, sondern allein die Heilige Schrift.

Die Gläubigen werden unter dem allgemeinen Namen, der heiligen katholische Kirche begriffen; nicht darum, weil sie einerlei Kirchengebräuche, sondern, weil sie einen Gott, ein und dasselbe Wort des Evangeliums, denselben Geist, und dasselbe Haupt, welches Christus ist, haben.

Von den Kirchengebräuchen
Die christliche Kirche hat die Macht, Kirchengebräuche zu verordnen, doch so, dass dieselben nicht mit den Glaubensartikeln und Lebenslehren streiten. Ferner müssen sie so sein, dass es nicht unmöglich falle, sie zu verrichten; auch darf die Kirche in der Vorschrift derselben nicht die Grenzen ihrer Gewalt überschreiten. Endlich müssen sie von der Art sein, dass sie das Gewissen nicht beunruhigen, noch fesseln.

Kirchengebräuche sind solche, welche mit Einwilligung der Kirche angeordnet sind, damit die heiligen Sakramente gehörig bedient, und alle übrigen Übungen der Gottseligkeit ordentlich angestellt werden.

Gleich wie diejenigen Zeremonien, welche der Aberglaube, dem Glauben und dem Wort Gottes zuwider, eingeführet hat, nicht so sehr unnütz, als vielmehr gottlos sind; so sind diejenigen nur allein für nützlich zu halten, welche mit dem Glauben und dem Wort Gottes übereinkommen, und zur Erbauung der Kirche gereichen.

Von den Dienern der Kirche
Einer ist der wahre Diener der Kirche, nämlich Christus, der dieselbe inwendig durch seinen Geist in dem Wort des Glaubens zur Seligkeit unterrichtet. Dieser große Lehrer hat auf Erden einige zu Bischöfen, einige zu Predigern und Diakonen gemacht, welche durch das äußere Wort die Kirche unterrichten, und regieren, damit alles ordentlich zugehe.

Alle Christen sind Priester, weil sie alle ihre Leiber Gott zum heiligen Opfer darbringen müssen; unterdessen sind sie jedoch nicht alle Kirchendiener. Diejenigen sind erst wahre, geistliche Kirchendiener, welche, durch den Heiligen Geist erleuchtet, das Evangelium predigen, die Sakramente verrichten und den Armen dienen.

Drei Dinge liefert das Evangelium der Kirche: 1. Die Lehre vom Glauben, 2. einen Unterricht, wie unsere Handlungen eingerichtet werden müssen, und 3. Zeichen der verheißenen Güter.

Von den Sakramenten
Diese Zeichen sind weder die Gerechtigkeit selbst, noch Früchte derselben. Sie sind Bilder, die uns an die Verheißung der göttlichen Gnade erinnern und uns versichern, dass wir mit Gott versöhnt seien. Dergleichen Zeichen haben wir unter dem Neuen Testament zwei, nämlich die Taufe und das Abendmahl. Die Taufe ist ein gewisses Zeichen, wodurch angedeutet wird, dass wir durch den Tod zum Leben übergehen. Denn, gleich wie dem israelitischen Volk der Durchgang durch den arabischen Meerbusen zum Zeichen der göttlichen Gnade

diente; so ist es für uns ein ungezweifeltes Unterpfand der göttlichen Gnade, getauft zu werden mit Wasser in dem Namen Gottes des Vaters, des Sohnes und des Heiligen Geistes. Denn hierdurch wird zu erkennen gegeben, dass uns die Sünden von allen drei Personen des göttlichen Wesens erlassen werden. Diese Verheißung, wenn sie zum Heil der Seelen angenommen werden soll, (und dieses geschieht durch den Glauben) verdienet, dass sie ganz deutlich ausgesprochen werde, damit ein jeder Zuhörer sie vernehmen könne.

Von dem heiligen Abendmahl
Das heilige Abendmahl ist ein Zeichen der uns durch Christum erteilten Gnade Gottes. Der wahre und alleinige Nutzen dieses Sakraments ist der, dass wir dadurch des Glaubens und der Seligkeit vergewissert werden. Denn so, wie Gideon dadurch, dass er das Fell nahm (Buch der Richter, Kap. 6), Gewissheit bekam, er werde in seinen Unternehmungen glücklich sein; ebenso werden auch wir, wenn wir den Leib Christi essen und sein Blut trinken, von der uns durch Christum erworbenen Gnade jedes Mal aufs Neue überzeugt. Vermöge des Zeugnisses der Heiligen Schrift, und der Einsetzung Christi, müssen alle das Heilige Abendmahl unter beiderlei Gestalt, wie man sich auszudrücken pflegt, genießen.

Von der Messe
Die so genannte Messe ist kein wirkliches Opfer, sondern ein Zeichen eines wahrhaftigen Opfers. Denn, gleich wie Gideon dadurch, dass er das Fell nahm, nichts darbrachte; also bringen auch wir nichts dar, wenn wir Tischgenossen des Herrn sind. Die Christen haben jetzt kein Opfer für die Sünde mehr nötig. Denn Christus hat durch ein einziges Opfer diejenigen auf beständig vollkommen gemacht, die geheiligt werden.

Gleichwie Christus nicht mehr stirbt; so wird er auch nicht mehr in der Messe dargebracht. Diejenigen Messen, welche für andere, und zwar um ihrer Sünden willen gelesen werden, sind äußerst gottlos, ja eine wirkliche Gotteslästerung, und nützen im Geringsten nichts. Wie ein jeder für sich selbst getauft wird; so hat auch ein jeder seinen Anteil an dem Tisch des Herrn. Die Messe, oder das Abendmahl des Herrn, hat weiter keinen Nutzen als sich dabei des Todes Christi zu erinnern, und uns auf das Neue gewiss zu überzeugen, dass Gott uns werde gnädig sein, und zugleich den Vorsatz in uns zu erneuern, den Geboten Gottes nach allen unseren Kräften Genüge zu leisten.

Wenn die Worte der Messen vernehmlich ausgesprochen werden, so erfährt ein jeder die Absicht und den Nutzen dieses Sakraments. Man spreche demnach diese Worte mit heller und deutlicher Stimme aus.

Die Messen für die Seelen der Verstorbenen, um sie nämlich dadurch aus dem Fegefeuer zu erlösen, sind bloße Erfindungen, wobei man keine andere Absicht hat, als den einfältigen Leien das Geld abzulocken. Die Erscheinung der abgeschiedenen Seelen, sind entweder bloße Träume oder Betrügereien des Teufels.

Bei den Toten sich nach der Wahrheit einer Sache erkundigen, ist Unrecht, ja ein Gräuel in den Augen Gottes.

Von dem Fegefeuer
Das Fegefeuer, von welchem man glaubt, dass es die Verstorbenen von dem Überrest der Sünde reinige, ist eine bloße gottlose Erdichtung. Die Meinung von diesem Fegefeuer streitet offenbar mit der ganzen Heiligen Schrift. Denn wenn dasselbe den Menschen von allem Unflat der Sünde reinigen kann, so sind die Verheißungen Gottes eitel und falsch. Denn Gott verspricht nur die Vergebung der Sünden durch Christum, und diese erlangen keine

anderen, als die Gläubigen. Die Gläubigen aber, die dieser Verheißung teilhaftig werden, sind solche, welche aus Reue über ihre Sünden, täglich ihr Fleisch samt den Lüsten und Begierden kreuzigen; und dieses ist die wahre Reinigung unsers alten Menschen.

Von der Buße
Die Buße ist eine Tötung des alten Menschen, und eine Erneuerung des Geistes. Diese Tötung geschieht durch das Gesetz, wenn sich die Sünde zeigt. Die Lebendigmachung geschieht durch das Evangelium, wenn uns die Vergebung der Sünden erteilt wird. Denn das Gesetz hält uns die Sünde vor, erschreckt und tötet uns. Das Evangelium aber verkündigt uns die Vergebung der Sünde, richtet uns auf und tröstet uns. Die Buße macht, dass wir unsere Sünden bekennen, und nach der Vergebung derselben verlangen. Ohne Buße ist die Beichte vergebens.

Von der Beichte
Die Buße besteht nicht darin, dass man fünf Vaterunser betet, nicht im Fasten noch in irgendeiner leiblichen Übung; sondern in einem ernstlichen Hass wider die Sünde durch den Heiligen Geist. Die beichten recht, die ihre Sünden bekennen, dieselben hassen, an ihren eigenen Kräften verzweifeln, und daher zu Christo ihre Zuflucht nehmen, und auf ihn vertrauen. Diejenigen trauen aber recht auf Christum, die sich ernstlich bemühen, seinem Bilde ähnlich zu werden.

Von den guten Werken
Alle Bemühungen unseres Heilands hatten keinen anderen Endzweck, als die Beförderung des Nutzens und des Heils seiner Brüder. Ebenso müssen sich auch die, welche wahre Christen sein wollen, in guten Werken üben.

Ein Christ muss in der Ausübung guter Werke nichts Verdienstliches suchen sondern dabei bloß allein auf den Willen Gottes und das Beste des Nächsten Rücksicht nehmen. Denn wie die Glieder des Leibes sich nicht selbst dienen, so müssen die Christen bei einer guten Handlung auch nicht auf ihren eigenen Vorteil bedacht sein. Die Liebe des Nächsten ist die Erfüllung des Gesetzes, und wirkt nichts Übles. Und eben darum üben sich die Christen beständig in der Gottseligkeit durch beten, fasten und wachen, damit sie ihren Leib zähmen und zum Dienst der Liebe geschickt seien.

Von dem Gebet
Das Gebet ist ein Inbrünstiger Seufzer zu Gott durch Christum im Glauben, damit uns dasjenige zuteilwerde, dessen wir nach unsern jedesmaligen Umständen bedürfen. Auf diese Weise nähern sich die Frommen beständig zu Gott. Und daher sagt auch Christus: Betet ohne Unterlass. Zum Wesen des Gebetes wird nicht erfordert, dass es mit Worten ausgesprochen werde, außer wenn die Gemeinde das mit ihrem Amen bekräftigen soll. Unterdessen verwerfe ich die mündlichen Gebete, die aus dem Herzen fließen, nicht. Aber das Murmeln der Kehle und das Geplapper der Lippen, die Lieder und die übrigen Gebete, die nach dem so genannten Rosenkranz abgezählt werden, und woran weder das Herz, noch der Glaube Anteil hat – alles dies ist höchst verwerflich. Die Gebete der Frommen und der Gläubigen sind alle gemeinschaftlich. Um Geld, oder Geldeswert zu erhalten, darf kein Christ beten. Das Gebet derjenigen, welche dasselbe für Geld verkaufen, ist sündlich.

Von dem Mittler
Gleich wie nur ein Gott ist, so ist auch nur ein Mittler zwischen Gott und den Menschen, nämlich der Mensch

Jesus Christus. Alle Gebete, die in dem Namen dieses Mittlers geschehen, sind Gott angenehm. Denn nur in dem Namen dieses, seines geliebten Sohnes, will er angerufen sein.

Von der Anrufung der Heiligen
Wer die verstorbenen Heiligen, gleichsam als Schutzgötter anruft, der hat den Glauben verleugnet. Und der Gläubige, der Gottes Verheißung vertraut, erwartet die Hilfe, warum er eifrig bittet, in Geduld, und erlangt sie unfehlbar. In dem Namen der Heiligen aber ist uns gar keine Verheißung geschehen, sondern nur in dem Namen Christi. Die verstorbenen Heiligen darf man keineswegs göttlich verehren; aber ihren Glauben und ihre guten Werke muss man nachahmen.

Da alle Gläubigen Gott von ganzem Herzen, von ganzer Seele und aus allen Kräften lieben, so ist für dieselben nichts Angenehmeres, als dass wir, zugleich mit ihnen, Gott auf das zärtlichste lieben.

Alle Heiligen, von dem Anfang der Welt an, bis zur Vollendung aller Dinge, haben durch Christum einen freien Zugang zu dem Gnadenthron Gottes. Wer nicht durch diese Tür, sondern durch etwas anderes zu Gott nahet, der ist ein Dieb und ein Mörder.

Von den Bildern
Wer irgendeinem Bilde einen göttlichen Namen beilegt, und dasselbe in seinen Nöten anruft, unter dem Vorwand, seine Religion bringe es so mit sich, der ist ein gottloser Abgötterer.

Von der Wallfahrten
Die Reisen nach den Bildern, im Gleichen das Herumtragen derselben, als religiöse Handlungen betrachtet, sind Zeichen eines verdammlichen Aberglaubens.

Von den Gelübden
Gleich wie eine Frau, selbst in erlaubten Dingen, ohne Einwilligung des Mannes, keine Gewalt hat, etwas zu geloben; so darf auch kein Christ, ohne den Willen Christi, seines Bräutigams, kein Gelübde tun. Ein unerlaubtes Gelübde nicht zu erfüllen, ist allerdings recht.

Von den Beschwörungen
Die Beschwörungen der Geschöpfe, der Bilder, des Wassers, der Kerzen, der Kräuter, der Glocken und dergleichen, sind ganz unnütz. Denn eine jede Kreatur Gottes ist gut, durch das Wort geheiligt, und kann durch unsere Beschwörungen nicht besser werden. Für uns aber ist alles gut oder böse, nachdem der Gebrauch ist, den wir davon machen. Den Reinen ist alles rein. Der Unglaube und der Missbrauch ist in allen Dingen schädlich.

Von der obersten Gewalt
Damit die Missbräuche in allen Dingen, teils gemindert, teils gänzlich abgeschafft werden, wird ein doppeltes Regiment, ein geistliches und ein weltliches erfordert.

Von der geistlichen Obrigkeit
Die geistliche Regierung ist die, unter der das Wort Gottes gelehrt, und die Gewissen der Menschen regiert werden. Dieses Amt bekleiden die Diener des Wortes; nach Matth. 16. und 1. Korinther 4. Alles was diese aus dem Worte Gottes befehlen, muss man befolgen, so gut, als hätte es uns Christus selbst befohlen. Verlangen sie aber etwas, dass wider das Gebot Gottes streitet, so muss man sich vor diesen falschen Propheten hüten und Gott mehr gehorchen als den Menschen.

Von der weltlichen Obrigkeit
Durch die weltliche Obrigkeit wird das bürgerliche Regiment verwaltet. Dieser steht es zu, dass Böse zu bestrafen, und das Gute zu belohnen; nach Joh. 19. und Röm. 13. Der Obrigkeit ist man Hochachtung und Gehorsam schuldig, nicht so sehr um des Zorns, als vielmehr um des Gewissens willen. Wenn sie uns etwas, das dem Willen des Herrn gemäß ist, befiehlt, so müssen wir ihr, gleich als wäre sie Gott, gehorchen. Befiehlt sie etwas Tyrannisches, so müssen wir solches als Christen ertragen. Aber sobald ihre Befehle mit dem Worte Gottes nicht übereinkommen, so sind wir keineswegs gebunden, denselben Folge zu leisten. Alles was wider die Gebote Gottes und die beliebten Gesetze unternommen wird, muss von der Obrigkeit, diesem Diener der Rache Gottes, ohne Ansehen der Personen bestraft werden.

Eines jeden Verbrechens, das die Obrigkeit frei und ungestraft hingehen lässt, macht sie sich selbst schuldig.

Eine jede Obrigkeit, welche für eine christliche gehalten sein will, muss auch die falschen Propheten strafen.

Die Obrigkeit muss nicht nur, wie eine jede Privatperson, die Verführer meiden, sondern sie darf dieselben auch nicht in dem Staat, ohne Nachteil der Wohlfahrt desselben, dulden.

Gleich wie Gott um der Sünden des Volks willen, die Heuchler regieren lässt, damit sie das Volk züchtigen, so ist es eine Quelle allgemeiner Wohlfahrt, wenn eine fromme Obrigkeit regiert. Es ist daher vor allen Dingen notwendig und der Mühe wert, für diejenigen zu beten, welche Gewalt über uns haben, damit sie in der Furcht des Herrn regieren und Heil und Friede unter allen ewig dauere. Amen!

HEINRICH GRESBECK...

...war ein Münsterscher Bürger, seines Handwerks ein Schreiner. Sein Vater scheint zur Zeit des Aufruhrs nicht mehr gelebt zu haben. Die Mutter Margaretha, geborene Spede, die ein kleines Haus im Ueberwasser-Kirchspiel am Eingang zum Honekamp besaß, blieb während der Herrschaft der Wiedertäufer in der Stadt, und wurde nach der Eroberung, gleich vielen anderen Frauen begnadigt. Die Bürger Reinhard Stelle, ihr Nachbar, und Johann Esekinck hatten in der vorgeschriebenen Weise die Bürgschaft dafür übernommen, dass sie nur aus Zwang sich der Wiedertaufe unterworfen hatte, Heinrich war zur selben Zeit noch ein junger Mann. Von 1530 an hatte er, zum Teil als Landsknecht, außerhalb Münsters gelebt und nur einmal seine Vaterstadt wiedergesehen.

Als die Wiedertäufer in Münster die Oberhand bekamen, stand er im Dienst einer vornehmen Familie, wahrscheinlich in der nächsten Nachbarschaft des Stifts Münster. Er nahm Urlaub von seinen Herren, um seine Heimat auf kurze Zeit zu besuchen, und traf wenige Tage vor dem 27. Februar 1534 dort ein. An diesem Tag der Entscheidung zog er die Taufe der Flucht vor, und blieb in der Stadt. Er selbst gibt an, es sei um seiner armen Mutter willen und zum Schutz seines kleinen Eigentums geschehen. Dass aber noch andere Beweggründe auf ihn eingewirkt haben, mag man aus der warnenden Vorhersehung der Mutter seiner Herren schließen: „Meister Heinrich, wenn Ihr nach Münster kommt, Ihr lasst Euch taufen."

Wahrscheinlich schon zu Beginn des Wiedertäuferreiches heiratete er ein Mädchen aus dem erbmännischen Geschlecht der Clevorn und schlug mit ihr seinen Wohnsitz im Clevornschen Hause auf. Fünfzehn Monate lang nahm er dann an den Freuden und Leiden der Gemeinde

Christi zu Münster teil. Über sein persönliches Verhalten und Schicksal während dieser Zeit, wissen wir nichts; nur dass wir mutmaßen dürfen, er möge aus dem Taumel, der ihn am Anfang mit fortriss, bald erwacht und fortan nur wider Willen, der Not und seiner Furcht gehorchend, in dieser Lage verharrt sein. Mit den Führern und Häuptern der Sekte scheint er in keiner Verbindung gestanden zu haben. Er gehörte allen Anzeichen nach zum großen Haufen und begnügte sich mit der untergeordneten Rolle des Soldaten, Arbeiters, Zuschauers.

In den letzten Zeiten der Belagerung, als in der Stadt der Hunger, draußen die Landsknechte und der Tod drohten, suchte er um die Fürbitte seiner früheren Herren und der Familie seiner Frau nach, um sich dadurch für den Fall seiner Flucht aus der Stadt die Gnade des Bischofs und Sicherheit vor dem Schwert der Landsknechte zu verschaffen. Doch dieser Schritt blieb ohne Erfolg. Da entschloss er sich auf gut Glück das Wagnis zu unternehmen, verließ mit einigen Begleitern in der Nacht des 23. Mai seinen Standort am Kreuzthor, und versuchte unbemerkt über den Wall zu entkommen, den die Belagerer rings um die Stadt ausgeworfen hatten. Dies misslang zwar, aber die Knechte des Geldrischen Blockhauses, denen er in die Hände fiel, verschonten ihn aus Mitleid mit seiner Jugend und überlieferten ihn an die Herren, die von Reichs wegen die Belagerung leiteten. Auch unter diesen fand er einen Beschützer in dem Chur-Kölnischen Kriegsrat, Graf Ruprecht von Manderscheit, und man sah bei ihm umso lieber von der gewöhnlichen Strafe ab, als er sich geschickt erwies, ein Mittel zur Eroberung der Stadt an die Hand zu geben. Im Gefängnis zu Wolbeck entwarf er ein Konterfei der Stadt und ihrer Festungswerke und stellte namentlich den Teil der Befestigung, an welchem er selbst Wache gestanden, am Kreuzthor, in einem Erdmodell genau dar. Dies sei der Ort, gab er an, wo man ohne besondere Schwierigkeit Gräben, Wälle und Schanzen zur Nachtzeit heimlich übersteigen und in die Stadt eindringen könne.

Die Herren vom Reich ließen in seiner Gegenwart die bezeichnete Stelle insgeheim besichtigen, erkannten die Richtigkeit seiner Angabe und fassten seinen Plan ernstlich ins Auge. Unterdessen legte Hänschen van der Langenstraten, der zugleich mit Gresbeck die Stadt verlassen hatte und glücklich zwischen den Blockhäusern hindurch nach Hamm entkommen war, für Geld und Gnade auf dem Bevergern dem Bischof eben denselben Plan zur Eroberung Münsters vor. Nun brachte man Gresbeck mit Hänschen zusammen dorthin und ließ unter der Anweisung und Leitung beider die nötigen Vorbereitungen zur Ausführung des Angriffs machen. Zu Wilckinckhege, dann zu Koerde warteten sie die zum Angriff bestimmte Nacht des 24. Juni ab. Als man zum Werk schritt, stellte Hänschen sich an die Spitze der Knechte, Gresbeck leistete Handlangerdienste, schwamm über den Festungsgraben, befestigte die Brücke über denselben und half einem Teil der Knechte hinüber, bis die Brücke unter ihrem eiligen Andrang brach. Darüber kam er zu spät an das Tor, durch welches die ersten paar Hundert mit Hänschen hastig in die Stadt eingedrungen waren. Er fand es verschlossen und musste mit dem größeren Teil des Belagerungsheeres außerhalb der Stadt auf den Anbruch des Tages und auf die Entscheidung des in der Straße begonnenen Treffens harren.

Von seinem ferneren Schicksal wissen wir fast nichts. Wahrscheinlich ist die Spannung zwischen dem Bischof und den Reichsbeamten, die gleich nach der Eroberung in offenem Zwist ausbrach, auch für ihn von üblen Folgen gewesen. Während nämlich Hänschen, das Werkzeug des Bischofs, nach vollbrachter Tat Dank und Lohn empfing, klagt unser Gresbeck, der Schützling der Herren vom Reich, er habe all das Seinige verloren. Als unter den Wiedertäufergütern auch das Haus seiner Mutter ausgeboten wurde, bot er sich als Käufer an. Später, im Jahr 1542, scheint man sich entschlossen zu haben, ihm dasselbe zur Erinnerung an den großen Dienst, den er geleistet hatte, zu überlassen. Er wohnte damals in Osnabrück.

Dieser Mann hat die merkwürdigsten Dinge, deren Augenzeuge und Teilnehmer er gewesen ist, in einer ausführlichen Darstellung aufgezeichnet, die dem vorliegenden Band zum Gemeingut gemacht wird.

Über Zeit, Ort und Veranlassung zur Abfassung dieses Buches gibt uns niemand Auskunft. Unmittelbar nach der Eroberung hat er es wohl nicht geschrieben, sondern es scheinen einige Jahre zwischen Tat und Schilderung zu liegen; doch wird die Schrift nicht über das Jahr 1543 hinaus zu rücken sein.

Dr. C.A. Cornelius, Universität Breslau, 1853

Meister Heinrich Gresbeck an seine früheren Herren, April anno 1535:

Meinen armen Dienst, was ich Armer vermag. Meine lieben ehrbaren Junker. Als ich, euer armer Diener, Meister Heinrich Schreiner, von euch zog mit euerm Urlaub, so ich in vierzehn Tagen wieder bei euch sein wollte, so ist das leider nicht geschehen, so bin ich um meiner armen Mutter willen zu Münster geblieben und um derselben Armut willen, die ich zu Münster hatte. Ich hatte nicht gemeint, dass es so in Münster sollte zugegangen sein. So habe ich, bekommen eine Hausfrau, welche Ew. Liebden wohl weiß, wie mir Bernt, euer Müller gesagt hat; der ist auch in Münster. Ferner, meine lieben Junker, so habe ich mit meiner Frau gesessen in ihrer Mutter und Brüder Wohnung. Hätte ich das nicht getan, so hätte ein Fremder darin gewohnt, oder sie hätten das niedergebrochen und hätten es verbrannt. So musste ich zu Münster bleiben. Denn sie sagen, das wäre alles gottloses Gut. Hätte ich nicht darin gewohnt, das wäre alles niedergebrochen, und all das meine wäre ich quitt gewesen. Ferner, meine lieben Junker und eure liebe Mutter, so bitte ich, dass ihr doch wollt für mich schreiben und bitten meinen gnädigen Herrn zu Münster, dass ich doch mag Gnade erlangen, dass ich auslaufe und laufe auf eins der Blockhäuser. Meine lieben Junker, eure liebe Mutter hat mir zuvor die Wahrheit gesagt: „Meister Heinrich, kommt ihr nach Münster, ihr lasst euch taufen." Sie hat mir die Wahrheit gesagt, ich wollte es nicht glauben. Meine lieben Junker, so bitte ich euch um Gottes willen, habe ich euch erzürnt, dass ihr mir das doch vergeben wollt. Denn ich bin doch euer armer treuer Diener gewesen und will euer armer Diener sein, so lang ich Leben habe. Ferner, meine lieben Junker, ich kann es mit meiner Frau nicht länger aushalten; sondern erster Tage muss ich Hungers sterben oder ich muss auslaufen und mich totschlagen lassen. So bitte ich euch, dass ihr mich doch nicht vergessen wollt. Denn wir armen Bürger, die des Freitags darin geblieben sind, die sind dazu gezwungen und konnten es nicht abwenden. Ich habe keine Schuld daran, wie Ew. Liebden wohl weiß. Ferner, meine lieben Junker, ich hoffe, dass ich von meiner Frauen Mutter und Brüdern Gnade erlangen würde, deren Geschlecht ist von den Clevorn, des seligen Albert Clevorn Tochter, ihre Brüder genannt Wilhelm und Albert Clevorn und Herr Christian Clevorn, und ihre Mutter die Clevornsche. Hätte ich Gnade von meinen gnädigen Herren und von Euch, so bitte ich Euch, dass ihr doch wollt für mich schreiben und bitten. Sonst weiß ich keinen Rat, wie ich davonkommen soll. Meine lieben Junker, tut doch hierin das Beste. Darum bitte ich Euch sehr; denn mein Dienst zu allen Zeiten. Nichts mehr als tausend gute Nacht. Ich kann vor betrübtem Herzen nichts mehr schreiben. Erlebe ich den Tag, dass ich zu Euch kommen kann, so werdet Ihr alle Sachen erfahren. Meine lieben Junker, ich bitte Euch um Gottes willen, gedenkt meiner doch an meinen gnädigen Herrn, ist es möglich. Allen meinen guten Freunden vielmals gute Nacht. Ich bleibe lebendig oder tot. Gott muss uns helfen, allen.

Ferner, meine lieben Junker, ich habe meine Wacht gegenüber dem Clevischen Blockhaus vor Münster vor dem Kreuzthor. Da könnte wohl einer rufen bei Abend oder bei lichtem Tag, und rufen Hans von Brieilen - und rufen nicht Meister Heinrich, denn, merken sie es in der Stadt, so käme ich doch um den Hals - so wollte ich sobald hinauskommen, als ich könnte. Meine lieben Junker, tut doch das Beste. Ich will euer armer Diener sein, so lang ich lebe.

Meister Heinrich, Schreiner zu Münster. Gedenket meiner.

SUMMARISCHE ERZÄHLUNG UND BERICHT DER WIEDERTAUFE UND WAS SICH IN DER STADT MÜNSTER IN WESTPHALEN IM JAHRE 1535 ZUGETRAGEN HAT

It is unmoeglich tho schriven ofte tho seggen, und niemantz kann es geloven, als datselve geschehn is.
Gresbeck

1 Vorrede

Genau wie Uneinigkeit und Zwietracht zwischen den Bürgern und Gemeinen nichts Gutes schafft, sondern Bosheit verursacht, so geschah es auch zu Münster in Westphalen. So war auch der Anfang von der Wiedertaufe in Westphalen in der Stadt Münster, dass die Bürger gegeneinander gewesen sind, und dass die Bürger regiert haben, die die Wiedertaufe von einem Pfaffen, Bernhard Rothmann, oft auch Stutenbernt genannt, angenommen hatten, wie Knipperdollingk samt seinem Anhang. Die anderen Bürger und die Geistlichkeit sind dagegen gewesen. Sie mussten alles zurücklassen was sie hatten und davonziehen, denn die anderen Bürger haben sie an einem Freitag (*27. Februar 1534*) davongejagt. Der Bischof von Münster, Osenbrugk (*Osnabrück*) und Minden, Graf Franz von Waldeck, hat die Stadt mit Reitern und Landsknechten belagert, um sie zurückzuerobern und die Wiedertäufer zu strafen, Holländer und Friesen, die sich in Münster für Propheten ausgegeben hatten. Johan van Leyden ist ein Schneider gewesen, gab sich für einen Propheten aus und wurde zum Schluss zum König der Wiedertäufer gekürt. Johan Matthis, ein Holländer gab sich ebenfalls für einen Propheten aus; und ein Teil anderer Holländer und Friesen, nannten sich Predicanten (*Hilfsprediger*). Wie dieselben innerhalb Münsters regiert haben und wie sie das gemeine Volk belastet haben, und was sie mit der Taufe im Sinne hatten, und wie sie das gemeine Volk verrieten und um Hab und Gut und Leben gebracht haben, und dass sie die Kirchen und Klöster zerstörten, das alles folgt hier.

Am Anfang, als die Taufe in Münster begann, hat sich ein Teil der Bürger und Frauen gefürchtet, und versucht aus der Stadt zu kommen. Sie nahmen mit, was sie tragen konnten. Zum Schluss haben sie niemanden mehr mitnehmen lassen, was er tragen konnte. Die Wiedertäufer standen jeden Tag an den Toren und kontrollierten, was die Leute aus der Stadt mitnahmen. Hatten sie mehr bei sich, als erlaubt, dann nahmen sie es den Leuten weg und schnitten den Frauen Haken in die Krägen und die Knöpfe von den Ärmeln der Kleider.

Sie haben einen Toten außerhalb des Tores auf dem Feld begraben. Diesem Toten ward es nicht zugemutet, dass er auf dem Kirchhof zwischen den ganzen Gottlosen liegen solle, denn dieser Tote war ein Wiedertäufer. Als dies geschah, den Toten auf dem Feld zu begraben, sind die Bürger und die Frauen vermehrt aus der Stadt geflohen, denn es verstärkte sich das Gerede, dass die Wiedertäufer die Stadt für sich allein haben wollten.

Wenn es am Abend begann dunkler zu werden, haben die Wiedertäufer die Straßen heimgesucht und gerufen, „betet und tuet Buße, Gott wird euch strafen", und, „bessert euch," und sie riefen, „Vater, Vater, rette uns, rette die Gottlosen, Gott will sie strafen." Nun, Gott hat sie gestraft und hat sie ausgerottet. Ein Teil der Leute in der Stadt sagten, dass die Wiedertäufer die Rufer dazu gekauft haben, dass sie abends und des Nachts auf den Straßen rufen, damit sie das Volk verschrecken und verwirren. So pflegten sie auch nachts in den Häusern und Höfen zu predigen, weil sie nicht bei Tage predigen wollten. Da hatten sie die Stadt noch nicht vollständig erobert. Doch sie hatten bereits die Schlüssel zu allen Stadttoren und versperrten jede Nacht alle Straßen und Gassen mit ihren Ketten. Das taten sie so lange, bis sie alle ihre Widersacher davongejagt hatten. Nachdem sie die Bürger und die Geistlichen alle verjagt hatten, jung und alt, da schlossen sie des Nachts keine Straßen mehr. Da waren sie unter sich und die Herren in der Stadt Münster. Wer nicht bleiben wollte, der mochte die Stadt verlassen, oft wurde er totgeschlagen. Sie wollten wohl ihre Widersacher nicht vor diesem Freitag fortgejagt haben, weil sie das nicht durchführen wollten, ehe sie einen neuen Stadtrat gewählt haben. Der Rat in Münster sollte gewählt werden, am ersten Montag in der Fastenzeit (*23. Februar 1534*). Bis dahin wollten sie warten.

Als nun dieser Montag in der Fastenzeit gekommen war, haben sie den alten Rat abgesetzt und einen neuen gewählt. Dieser war mit Wiedertäufern besetzt. Da wurden gewählt: Knipperdollingk und Kipenbroick zu Bürgermeistern, und andere Wiedertäufer zu Ratsherren, so wie man einen Rat in den Städten zu wählen pflegt.

2 Rückblick

Hier will ich anmerken, dass die Bürger von Münster bereits vor einiger Zeit begannen aus der Stadt zu ziehen. Dies geschah bereits ehe die Taufe nach Münster kam – ein Jahr oder drei vorher. Sie haben einen Teil der Räte von Münster gefangen, einige Domherren und Edelleute, die in Münster wohnten und Bürger von Münster waren. Dieselben haben sie bei Nacht geholt und in ein Städtchen, genannt Telget (*Telgte*) gebracht; das liegt eine Meile Weges von Münster (*26. Dezember 1532*). Wie diese Sache ausgegangen ist, darüber kann ich nicht schreiben.

Nun hat der Pfaffe Stutenbernt in einem Dorf namens St. Mauritius, was in einer Kanonikerei nahe Münster liegt, gepredigt. Als dieser Pfaffe zu predigen begann, sind die von Münster zu ihm gezogen, und alle hörten die Predigten. Am Ende ist der Pfaffe noch in die Stadt gekommen, um zu predigen, damit auch der Letzte noch seine Predigt hören soll. So ist diese ganze Sache ganz schnell und tief verbreitet worden, dass sie nicht wieder rückgängig gemacht werden konnte. Über die Predigten dieses Pfaffen ist es zu großer Zwietracht zwischen dem Rat, den Bürgern und der Geistlichkeit in der Stadt Münster gekommen. So ist dieser Pfaffe an der Zwietracht in Münster Schuld.

Im Jahre 1532 (das genaue Datum ist nicht bekannt) schrieb Philipp Melanchton an Rothmann: „Nichts hat sich jemals wider meine Erwartung zugetragen, als dass ich vernehme, dass Sie die Taufe der Kinder verwerfen und verbieten. Kein Gelehrter hat solches bisher getan. Über viele andere Meinungen ist zwar gestritten worden, alle aber sind der Meinung gewesen. Die Taufe der Kinder sei entweder erlaubt, oder sie sei notwendig. Ich bitte Sie deswegen gar sehr, und um Christi willen, dass Sie die

Ruhe der Kirche beherzigen, und die Kindertaufe nicht abschaffen, denn es ist kein Grund vorhanden, warum es nötig wäre, sie abzustellen. Da es dem also ist, ist es wohl ratsam, dass ohne Ursache ein so großes Ärgernis und so große Unruhen erreget werden? Sie sehen, was ich davon denke. Zwar vermute ich schon, wie hoch mein Urteil bei Ihnen werde angeschrieben stehen. Dem ungeachtet habe ich es Ihnen doch schreiben wollen, und das fürnämlich deswegen, weil ich andern eben das geschrieben habe. Wollte Gott! Geliebter Freund, wir könnten mit vereinigter Mühe diejenigen Schriftstellen erläutern und erklären, welche der Kirche notwendig sind. Wir haben, wie Sie sehen, Feinde genug. Diese hätten nichts lieber, als dass wir uns durch gegenseitige Zwietracht aufrieben, und als Brüder uns umbrächten. Christus wolle Ihren Sinn, mein Werthester, zum Preise des Evangeliums, lenken. Einige scheinen sich hauptsächlich darauf zu legen, dass sie das, was die Heilige Schrift in sich enthält, nach dem Sinn der Welt drehen; welches nicht allein gefährlich ist, sondern auch wider Gottseligkeit streitet. Obschon ich keiner von denen bin, die viel auf abgeschmackte Meinungen halten; so sehe ich doch, dass die schlauesten Köpfe, welche den geistlichen Sinn in einen weltlichen verwandeln wollen, bisweilen sich betrogen finden.

Dieses habe ich Ihnen aus guter Meinung zu schreiben mir die Freiheit nehmen wollen, indem ich es mit Ihnen sowohl, als mit der Kirche sehr gut meine. Leben Sie wohl.

Philipp Melanchton"

Dann sind die Holländer und Friesen gekommen. Die Bösewichter von ihnen, die sonst nirgends bleiben konnten, zogen nach Münster und versammelten sich hier. Die Obersten von den Wiedertäufern in der Stadt Münster sind die Holländer und Friesen und einige Bürger der Stadt Münster gewesen: Johan Mathis, ein Prophet, Johan van Leyden, ein Prophet, Heinrich de Holländer, Schlachtschaep, Klopriss, Stutenbernt. Diese waren Predicanten; und von diesen Predicanten gab es noch viel mehr, doch ich habe ihre Namen nicht behalten. Ferner gab es noch von den Bürgern der Stadt Münster Oberste: Knipperdollingk, Kipenbroick; die anderen Namen konnte ich mir nicht merken.

So hat der genannte Stutenbernt ein Jahr oder länger in der Stadt gepredigt, ehe die anderen Predicanten gekommen sind, die ich schon genannt habe. Damit ist die Lehre mehr und mehr durchgesetzt worden. Dieser Pfaffe hat in der St. Lambertikirche und der Pfarrkirche gegen den Rat und gegen die gesamte Geistlichkeit der Stadt Münster gepredigt. In der St. Lambertikirche hat er einige Zeit gepredigt, was dem Pastor der Kirche nicht behagte. Deshalb stieg dieser Pastor auf den Predigerstuhl und begann ebenfalls zu predigen; und sie stritten untereinander bei der Predigt, so dass ein lautes Lachen in der Kirche war. Der Pastor war Magister T. Camener, Rektor der Domschule zu Münster. Stuten-bernt hatte aber die Kirche von einem anderen Pfaffen der Stadt gekauft. Deshalb konnte er in der Kirche predigen und hatte das Recht dazu.

In Münster pflegte ein ehrlicher Rat zu sein, vom Bürgermeister über die Ratsherren zu den Altermännern und es war eine gute Ordnung in der Stadt. Bis der genannte Stutenbernt begann in der Stadt zu predigen; da begann der eine Bürger gegen den anderen zu sein und ein Teil der Pfaffen gegen den anderen, so dass sie nicht mehr einträchtig waren in Münster und der eine gegen den anderen stritt.

Es war zu dieser Zeit der Bruder des Bischofs von Köln, Friederich von Wiede, Bischof in Münster (*1522-1532*). Dieser Bischof hatte einmal den Knipperdollingk gefangen. Dieser Knipperdollingk hatte sein Leben verwirkt, denn er hatte einen gewalttätigen Aufruhr unter den Bürgern angezettelt. Zuletzt jedoch wurde er begnadigt und von seinem Bruder freigekauft.

Ferner hat dieser Bischof Friedrich von Wiede, dem Pfaffen Stutenbernt das Betreten der Stadt verboten und ihn geheißen, aus dem Lande zu ziehen, damit er nicht länger in der Stadt Münster predigen kann. Aber ein Teil der Bürger, die ich bereits genannt habe, die haben den Pfaffen in die Stadt geholt und geschützt, so dass der Bischof ihm die Stadt nicht verbieten konnte.

In der Zeit des Bischof Friedrich von Münster ist im Stift von Münster ein Heer gewesen, denn sie haben sich nicht mit dem Bischof vertragen können. Sie waren gegen ihn und wollten ihn nicht anerkennen. Darum verließ der Bischof Münster und übergab die Stadt dem Bischof von Osenbrugk und Palborne (*Paderborn*), Erich von Sachsen, damit dieser ein Heer zum Stift sende und das Land regiere. Die Stadt Münster und ein Teil der anderen Städte wollten hingegen nicht zulassen, dass Friederich das Land übergibt. Hinzu kam, dass die Ritterschaft gemeinsam mit Bischof Friedrich von Münster und dem Bischof von Osenbrugk und Palborne erreichen wollten, dass dieser der Bischof von Münster sein solle. Es war von allen viel zu tun, ehe bewilligt wurde, dass der Bischof von Osenbrugk Bischof von Münster wurde.

Es ist auch zu Bischof Friederichs Zeiten zu Münster geschehen, dass sich ein Teil der Jugendlichen mit einigen Bürgern der Stadt verbündet haben und in die Klöster Münsters liefen und sich in jedem Kloster mit Suppe begossen statt sie zu essen – nur zum Zeitvertreib; und sie wussten nicht, was sie sonst noch für Unfug treiben sollten.

So haben sie noch viel Unfug gegen die Domherren und die Geistlichkeit in der Stadt getrieben. So sind die Jugendlichen, ein Teil der Bürger, Studenten und Amtsgesellen am Fastnachtsabend zusammengekommen, um Unsinn zu treiben. Sie begannen mit den Pastoren und den Mönchen, denn ein Teil von ihnen hatte sich aufgemacht, und schütteten das Weihwasser auf die Straße und trugen das Heiligtum in der Stadt herum, genau so, wie es die heiligen Domherren zu tun pflegen, und betrieben so viel Böses in der Stadt. So hatten sie lange Zeit viel Spaß mit diesen Bosheiten. Darunter litten hingegen nicht alle Bürger der Stadt Münster, ein Teil blieb unbelästigt, die sich aber niemals um Gott, oder die Menschen kümmerten. Sie haben gesagt, das Ganze sei der Pfaffen Schuld gewesen.

Nun hatte Friedrich von Wiede dem Bischof von Osenbrugk und Palborn das gesamte Stift Münster mit allen Schlössern und Burgen übergeben. Aber Münster und ein Teil der Städte des Stiftes Münster, die sich mit der Stadt Münster verbündet hatten, wollten ihn nicht einlassen. So hatte dieser Bischof nur einen Teil des Stiftes innegehabt; insgesamt sieben Wochen lang, dann ist er gestorben (*14. Mai 1532*). Danach wurde einvernehmlich vom Kapitel, der Ritterschaft und der Landschaft und den Städten, Graf Franz von Waldeck, Bischof von Minden, zum neuen Bischof erkoren (*1. Juni 1532*). Ebenfalls haben Kapitel, Ritterschaft, Landschaft und Städte denselben Grafen zum Bischof von Osenbrugk ernannt, so dass sie alle zufrieden waren.

Während ich das aufschreibe, fällt mir ein, dass der Pfaffe Stutenbernt lange Zeit in Münster in der St. Mauritiuskirche regierte, und dass dieser Pfaffe Zwietracht zwischen den Bischöfen und den Bürgern gesät hat, so dass dieser Pfaffe der Ursprung dafür ist, dass die Uneinigkeit in das Stift Münster einzog.

So ist wohl auch zu merken und zu glauben, dass Knipperdollingk im Gedächtnis behalten hatte, dass Bischof Friederich von Wiede, Bischof zu Münster, ihn einmal gefangengenommen hatte, und dass dieser Knipperdollingk gedacht hat, die Gefängniszeit und den Schaden dem Bischof von Münster wieder heimzuzahlen. So will ich wohl glauben, Knipperdollingk habe einen Hintergedanken gehabt, denn Knipperdollingk war ein dreister und stolzer Mann. Aber der Bischof Franz von Waldeck hatte in ja nicht gefangen, aber ich denke, er musste den Schaden trotzdem erleiden. Zu aller Letzt, als die Wiedertäufer nicht mehr weiter wussten, da hätten sie wohl den Bischof Friederich von Wiede eingelassen.

Als nun aber Stutenbernt geblieben ist, hat der Rat von Münster das Verbot erlassen, dass niemand so kühn wäre, Stutenbernt oder ähnliche Pfaffen zu beherbergen. So ist dieser Pfaffe durch die Stadt gegangen und niemand durfte ihn beherbergen oder in seine Wohnung einladen. Die Krämer hatten in der Stadt ein Haus gemeinsam besessen. Dieses Haus haben die Krämer dem Pfaffen überlassen. Darin hat der Pfaffe gewohnt, gegen den Willen des Stadtrates, der Altermänner und einen Teil der Bürger in der Stadt, die mit ihm nichts zu tun haben wollten. Ein anderer Teil der Bürger wollte den Pfaffen unbedingt in der Stadt halten. So hat der Pfaffe eine Kluft in der Stadt geprägt. Das mussten sie alle von dem Pfaffen erleiden. Der Rat der Stadt und die Altermänner wollten wachsam bleiben; umso mehr, weil derselbe Pfaffe eine Kirche besetzte, wohin der einfache Mann ging, um ihn predigen zu hören. Dagegen konnte sich der Rat nicht wehren, denn die Gemeinde behielt die Oberhand, sonst wäre Gewalt angewendet worden.

Martin Luther schrieb an den Magistrat der Stadt Münster folgenden Brief: „Gnade und Friede in Christus unserm Herrn und Heiland! Weise und fürsichtige Herren. Wir wünschen Ihnen von Herzen Glück und danken Gott, dass Er, der Vater der Gnaden, Ihnen sein liebes Wort und die

Erkenntnis seines Sohnes, Jesu Christi, aus Gnaden mitgetheilet und Sie durch seinen heiligen Geist erwecket und erleuchtet hat, dass Sie dasselbe standhaft und mit Freuden angenommen haben. Doch sind wir Ihretwegen nicht ohne Grund in Ängsten, da der alte Feind dem reinen Worte allezeit hinterlistig nachstellet, dass der betrügerische und lügenhafte Geist sich auch in Ihre Unternehmungen einschleiche, wie der heilige Paulus die Corinthier und Galater warnet. Wir bitten Sie deswegen ernstlich um der neuen Erkenntnis Christi willen, dass Sie sorgfältig und mit aller Vorsicht wachen und sich wohl vorsehen, damit Sie nicht in der Zwinglianer und anderer Schwärmer falsche Lehre von dem Sacrament aus Unbedachtsamkeit fallen mögen. Obschon Gott selbst solche Lehre mit den schrecklichsten Strafen heimgesucht hat, wie zum Beispiel an Thomas Menetrier, Tilemann, Hus, Baltasar Hubmeier und an Zwinglius selbst, an welchen allen er sich als einen abgesagten Feind einer so hässlichen Lehre bewiesen hat; so gibt es doch noch leichtsinnige und unbiegsame Gemüther, welche auf solche Strafen und Warnungen Gottes nicht achten, sondern hin und her rennen, ihr Gift austauchen, und die Einfältigen auf Abwege führen. Gott hat Ihnen zwar, wie ich vernommen habe, berühmte Prediger, besonders den Magister Bernhard gegeben; dem ohngeachtet muss man auf die teuflischen Schlingen acht haben, besonders bei diesen gefährlichen Zeiten, dass ja die Prediger erinnert und ermahnet werden, damit sie nicht schlafen, sondern wachen, und das ihnen anvertraute Volk gegen die Gräuel der Lehre, die von Menschen kommt, wohl verwahren. Der Teufel ist ein alter verschmitzter Schelm, der oft die frömmsten und geschicktesten Prediger verstricket, wovon wir, leider, viele Beispiele haben. Spiegeln Sie sich also an dem Beispiel derer, welche von dem lautern Worte Gottes abgewichen und zu den Zwinglianern oder zu den Wiedertäufern übergegangen sind, welche immer zum

Aufruhr geneigt, sich in die politischen Sachen mischen und keck regieren wollen, wie selbst Zwinglius auch schon gethan hat. Es kann auch nicht anders damit zugehen, weil der Teufel ein Lügengeist und ein Totschläger ist, Johannes im 8. Cap. Wenn derohalben jemand lüget, so muss er endlich auch dafür in der Hölle brennen. Lieben Sie nun, meine Herren, den geistlichen sowohl, als den zeitlichen Frieden; so meiden Sie die hinterlistigen Nachstellungen. Eben dieses haben wir mehreren Städten zu Gemüthe geführet. Es ist aber bekannt genug, was denen begegnet ist, welche unsre Ermahnungen nicht geachtet haben. Was aber uns angeht, so wünschen wir von Herzen alle Gefahren und allen Schaden sowohl von den Leibern, als von den Seelen abzuwenden.

Unser Gott und unser Erhalter bewahre Ihren Glauben durch sein lauteres Wort unbefleckt bis zu seiner glorreichen Zukunft! Amen!
Wittenberg am Tage des Apostel Thomas 1532.
Dr. Martin Luther. Eigenhändig.

Als nun dieser Pfaffe sein Regiment in der Stadt ausgebaut hatte, kam die Wiedertaufe in Holland und Friesland auf, und sie begannen sich auch hier zu taufen; und sie versammelten sich, wie es die schwarzen Bauern tun. Diese selben Wiedertäufer in Holland und Friesland und in Münster nahmen es mit ihrem Glauben unbilliger, als es die schwarzen Bauern mit ihrem Glauben tun. Als nun die Wiedertaufe in Holland und Friesland stattfand, da haben die Holländer und Friesen vernommen, dass innerhalb Münsters in Westphalen ein solcher Predicant wäre, der die Stadt mit seinen Predigten in Zwietracht zwischen den Bürgern und der Geistlichkeit stürzt. Darauf sind die Friesischen und Holländischen Wiedertäufer nach Münster gekommen, und sind zu diesem Pfaffen ins Haus gegangen. Als sie in seinem Hause ankamen, da hat er ihnen den Frieden geboten, gleich wie die Predicanten tun sollten, wenn sie aus der Stadt Münster nach Soest, nach Warendorf, nach Coesfeld und nach Osenbrugk ziehen, um dort den Frieden zu bieten. Wenn diese Städte den Frieden nicht annehmen wollten, dann sollten diese Städte zur Stunde versinken. Darauf haben die Holländer und Friesen dem Pfaffen Stutenbernt ebenfalls den Frieden geboten. Diesen Frieden hat Stutenbernt angenommen und sie sind sich sehr schnell über die Wiedertaufe einig geworden.

Dann hat derselbe Pfaffe Stutenbernt Knipperdollingk mit seinen Gesellen zu sich gerufen, und sie haben sich heimlich untereinander getauft, so lange bis die Wiedertäufer begannen, stärker zu werden. Ab da tauften sie sich in der Stadt. Und alle Tage kamen Wiedertäufer aus anderen Landen in die Stadt, und sie wurden immer stärker. Dieser Pfaffe hatte die Taufe mit den ersten in der Stadt heimlich durchgeführt und auch heimlich in seinem Hause gepredigt, und hatte nun so viele aus dem Volke heimlich getauft, Männer, Frauen und Mädchen. So sind es in der Stadt derart viele Wiedertäufer geworden, dass sie begannen, öffentlich zu taufen, die sich taufen lassen wollten. Die Wiedertaufe entwickelte sich in der Stadt so, dass die Wiedertäufer mit ihren Predicanten und Propheten allein waren.

So hatten die Wiedertäufer ein freundliches Miteinander von Männern und Frauen; sie wollten mit den anderen Bürgern und Frauen nichts zu tun haben, weder Vater noch Mutter; mit niemandem wollten sie sprechen. Wenn sich die Männer auf der Straße trafen, so gaben sie sich die Hand, küssten sich auf den Mund und sagten: „lieber Bruder, Gottes Frieden sei mit dir." Der andere antwortete: „Amen." So hielten es die frommen Leute, die sich getauft haben untereinander. Die Wiedertäufer hielten sich alle für Brüder und Schwestern. So große Liebe wollten sie untereinander bewahren.

Damit hatte der Pfaffe die Herrschaft über die Stadt gehabt. Allerdings hätten die Bürgermeister und Räte gern gesehen, dass dieser Pfaffe die Stadt verlässt; aber der gemeine Mann war dagegen. Es sind dann manche in der Stadt geblieben und manche sind auch ausgezogen. Und die, die in der Stadt geblieben sind, haben an der Wiedertaufe keine Schuld gehabt, denn sie wurden zu der Taufe gezwungen, wer sich weigerte musste die Stadt verlassen. Von diesen schreibe ich auch nicht mehr. Einige haben versucht, die Predicanten aufzuhalten. Ein Teil von ihnen ist tot; ich hoffe, dass nicht alle tot sind.

So sind fortan die Propheten und Predicanten gekommen, die ich schon erwähnt habe, und haben in der ganzen Stadt gepredigt und haben den Jungfern in den Klöstern weisgemacht, die Köster würden versinken, wenn sie sich nicht taufen ließen. Deshalb ist ein Teil der Jungfern aus den Klöstern gegangen, um sich taufen zu lassen, und sie haben sich von falschen Propheten und Predicanten überreden lassen, so wie manche Menschen das oft tun. So haben die Predicanten so viel von den Klöstern gepredigt, dass sie versinken sollen, dass Gott so großen Zorn auf die Klöster hätte, dass sie versinken. Sie haben auf die Leute so mit ihren Predigten eingeredet, dass diese die Klöster und Kirchen betrachtet haben, um das große Mirakel zu sehen, wenn die Klöster und Kirchen versinken würden. Nun, die Klöster und Kirchen blieben stehen und versanken nicht. Da hatte ein jeder lange genug gesehen, und mochte wieder nach Hause gehen. Oh, was haben sie dem armen Volk weisgemacht! Und dies wusste noch nicht, dass die Kirchen niedergebrochen werden sollten, und dass sie noch großen Zwängen ausgesetzt sein würden.

So wurden die Wiedertäufer sehr stark in der Stadt, dass die anderen Bürger, die sich nicht taufen lassen wollten, die Stadt verließen.

Es gab in der Stadt auch einen anderen Predicanten, der stellte sich den Wiedertäufern entgegen. Dieser Predicant war ein Hesse und begann gegen die Wiedertäufer zu predigen; er hat den Leuten gesagt, was die Predicanten der Wiedertäufer vorhatten, und gleich, nachdem er es gesagt hatte, ist es auch geschehen. Auch hat der Hesse gepredigt, wer wieder von der Wiedertaufe loskommen wolle, der soll zu ihm kommen, er würde ihnen die Wiedertaufe nehmen. Dieses haben die anderen Predicanten erfahren; darauf haben sie ihn zur Stadt hinausgetrieben. Dieser ist jedoch noch einmal in die Stadt gekommen und hat nach Johan van Leyden begehrt. Der war zu dieser Zeit bereits zum König gekürt. Ich glaube, dass dieser Hesse vom Landgrafen in die Stadt geschickt worden ist, um einen Brief zu übergeben. Am Ende ist der Hesse wieder unverrichteter Dinge aus der Stadt gezogen.

3 Ein Angriff des Bischofs wird vereitelt

Als nun mein gnädiger Herr von Münster sah, dass sich die Wiedertäufer nicht raten lassen wollten – und fragten nach der Gnade des Bischofs nicht – da schickte mein gnädiger Herr nach Münster, und bat die Bürger, die sich nicht zu den Wiedertäufern bekannten, dass sie dem Bischof zwei Tore öffnen sollten: Das Unsere Lieben Frauen Tor und das Judenfelder Tor. Da sind dem Bischof die Tore geöffnet worden, damit er in die Stadt zwei- oder dreitausend Mann und ein Teil Reiter zu Pferde bekam. So tat mein gnädiger Herr um die Stadt zu retten. Als die Wiedertäufer das merkten, waren sie durcheinander; sie sangen und schrien und sprangen auf und nieder. Ein Teil lag im Dreck und einige haben den der Straße gegessen und haben ihren Vater angerufen und gesagt, was sie für ein großes Feuer in der Luft sehen. Dieses Feuer ist über die Landsknechte und Reiter gezogen, die mein gnädiger Herr von Münster in der Stadt hatte. Die Knechte und die Reiter hatten das Kirchspiel Unser Lieben Frauen besetzt. Durch die Stadt floss ein Wasser und trennte die beiden Lager. Über dieses Wasser führten Brücken, aber diese hatten sie eingerissen, so dass das Wasser zwischen ihnen nicht überwunden werden konnte.

Die Knechte und Reiter hatten Knipperdollingk und noch fünf oder sechs andere Bürger die Wiedertäufer waren, gefangen und in Unserer Lieben Frau Kirchturm festgesetzt. Knipperdollingk lag in dem Turm und rief gemeinsam mit den anderen: „O Vater, O Vater, Narren, Narren, strafe die Gottlosen." Als sie später noch mehr Reiter auf der Straße gehört haben, schwiegen sie still in dem Turm und riefen nicht mehr. Sie meinten, mein gnädiger Herr sei selber in die Stadt gekommen. Wäre mein gnädiger Herr tatsächlich selber in die Stadt gekommen, wäre diese gehalten worden.

Im Folgenden haben die Wiedertäufer mit den Obersten der Knechte und der Reiter verhandelt und vereinbart, dass sie in Freundschaft und Liebe scheiden wollten, mit der Gnade meines Herrn von Münster. So hat Tillebecke und ein anderer Teil des Rates von den Wiedertäufern getäuscht, so dass die Knechte und die Reiter wieder aus der Stadt abgezogen sind. Mein gnädiger Herr war hingegen nicht dabei. Hätten sie Tillebecke, Knipperdollingk, Kipenbroick und andere festgesetzt gelassen und wäre mein gnädiger Herr nach Münster gekommen, so will ich wohl glauben, dass sie sich in Frieden und Freundschaft getrennt hätten. Sobald die Knechte und Reiter die Stadt verlassen hatten, beeilten sich die Wiedertäufer zuerst die Stadttore zu schließen und die Stadt wieder einzunehmen. Das Feuer, das sie in der Luft gesehen haben wollten, war das Höllenfeuer. Darin sollten alle Landsknechte und Reiter verbrennen, wenn sie die Stadt nicht verlassen hätten. Die Wiedertäufer sagten, wären die Knechte noch eine halbe Uhr länger in der Stadt geblieben, sollten sie in dem Feuer verbrennen und in der Hölle versunken sein. Das erzählten sie dem gemeinen Volk in der Stadt. Mit dieser Klugheit und Behändigkeit gaben sie dem Bischof von Münster die Schuld und weil der Bischof noch nie ein Versprechen gehalten hat, wollten sie ihr Versprechen ebenfalls nicht halten. Es war also alles Betrug, was sie vereinbart hatten, namentlich Knipperdollingk und seine Gesellschaft.

Bernhard Rothmann schrieb an Heinrich Schlachtschaep und andere Predicanten: „Geliebter Bruder in Christo. Die Wunder des Herrn sind so groß und so mannigfaltig, dass ich, wenn ich auch hundert Zungen hätte, solche doch nicht aufzählen könnte; daher bin ich auch nicht fähig, sie mit der Feder zu beschreiben. Der Herr hat uns herrlich beigestanden. Er hat uns befreit aus der Hand unserer Feinde, und diese aus der Stadt gejaget. Schaarweise sind sie, von panischem Schrecken ergriffen, hinausgestürzt. Dieses ist es, was uns Gott durch seine Propheten hat vorherverkündigen lassen, dass nämlich in dieser unserer Stadt alle Heiligen sollten versammelt werden. Diese haben mir befohlen, dir zu schreiben, dass du allen Brüdern befehlen mögtest, zu uns zu eilen, und alles was sie in der Eile von Geld, Gold und Silber zusammenbringen können, mitzunehmen, das Übrige aber den Schwestern zurückzulassen, dass diese darüber Verfügungen treffen, und alsdann gleichfalls zu uns kommen. Gebet ja fleißig acht, dass ihr alles nach dem Geiste tuet, und nichts nach dem Fleisch. Mündlich ein Mehres. Lebet wohl in dem Herrn.

Mein gnädiger Herr war gerade nach Münster unterwegs, da kamen ihm die abziehenden Knechte und Reiter entgegen. Da fragte mein gnädiger Herr, warum sie wieder aus der Stadt gezogen waren. Sie haben geantwortet, dass sie einen Vertrag gemacht haben und wollten in Freundschaft von seiner Gnaden scheiden. Das hat meinem Herrn nun gerade nicht behagt und er ist zornig geworden und hat gesagt: „Da haben aber alle Teufel gewirkt", dass die Knechte und Reiter nicht in der Stadt geblieben sind. Wäre er dabei gewesen, hätte sich die Sache mit den Wiedertäufern ganz anders entwickelt.

Als nun die Landsknechte und Reiter aus der Stadt gezogen waren, und die Wiedertäufer diese wieder besetzt hatten, haben sie sich verschanzt. Und da wollten sie auch genau wissen, wer sich nicht taufen lassen wollte und wer gegen sie war. Als die Knechte und Reiter in der Stadt Münster waren und die Stadt beherrscht hatten, da haben die Gegner der Wiedertäufer, die sich nicht taufen lassen wollten, Strohkränze an ihre Türen gehängt, damit die Knechte und Reiter diesen Leuten nicht schaden. Und die Wiedertäufer haben keine Strohkränze an ihre Türen gehängt, und so war offenkundig, wer zu wem gehört.

Als die Wiedertäufer die Stadt wieder für sich allein gehabt hatten und alle Knechte und Reiter weg waren, da haben sie in der Stadt gepredigt, wie Gott die Buren ins Herz geschlagen hat und was für ein Feuer sie in der Luft gesehen haben. Und sie haben viele Frauen und Männer getauft. Sie haben auch nach Holland und Friesland Briefe geschickt, was für ein großes Mirakel in Münster geschah, wie Gott die Buren ins Herz geschlagen hat, so dass sie sich aus der Stadt zurückziehen mussten, und was für ein Feuer sie in der Luft gesehen haben. Da sind die Friesen und Holländer aus allen Landen nach Münster gezogen.

4 Herrschaft

So waren die Wiedertäufer in der Stadt Münster gefürchtet und sind in den Dom gezogen und haben ihn geplündert, und haben alle Pfaffen hinausgejagt. Sie haben dem Küster die Schlüssel abgenommen und haben den Dom komplett verschlossen und haben die ganze Einrichtung entzwei geschlagen, und haben so zwei oder drei Tage im Dom gelegen und haben darin gesungen und gesprungen und alle Heiligtümer zerschlagen und verbrannt und so Tag und Nacht im Dom gelegen und getrunken. Da ist in der Stadt ein großes Gerücht aufgekommen, dass sie im Dom liegen und alles entzwei schlagen. Darauf sind die Domherren und die anderen Pfaffen nicht wieder in den Dom gekommen, ehe die Stadt Münster gewonnen war.

Als nun der erste Montag in der Fastenzeit gekommen war, da haben die Wiedertäufer den alten Stadtrat abgesetzt und haben einen eigenen Rat gewählt (*23. Februar 1534*). Sie haben als Bürgermeister Knipperdollingk und Kipenbroick eingesetzt, und alle diejenigen, die sie noch in den Rat entsandten, waren alle miteinander Wiedertäufer, denn sie wollten unter sich sein.

Nachdem sie ihren Rat eingesetzt hatten, sind sie mit der Macht ausgezogen und haben ein Dorf mit seiner Kirche niedergebrannt, unweit von Münster, namens St. Mauritius. Darüber war mancher Mensch in Münster sehr betrübt; sie sagten untereinander, dass so etwas nimmermehr geschehen dürfte. Das sagten die Bürger, die mit den Wiedertäufern nichts zu tun haben wollten, sie haben auch nicht geholfen, das Dorf zu schlagen, sondern waren in der Stadt geblieben.

Nachdem die Wiedertäufer das Dorf niedergebrannt hatten, sind sie wieder in die Stadt gezogen und ein jeder ist nach Haus gegangen. All dieses hat der Pfaffe Stutenbernt und Knipperdollingk mit seinen Gesellen angeordnet.

Nun kam der Freitag, nach dem Montag an dem sie den Rat gewählt haben. Da sind sie des Morgens um sieben Uhr in die Stadt gelaufen, die Straßen hoch und runter und haben gerufen: „Heraus ihr Gottlosen, Gott ist erwacht und will euch strafen." So liefen sie durch die Stadt mit ihren Waffen, mit Spießen und Hellebarden und schlugen die Türen ein und haben jeden aus der Stadt gejagt, der sich nicht taufen lassen wollte. Diese mussten alles stehen und liegen lassen, was sie hatten, Haus und Hof, Frau und Kind und mussten so jämmerlich aus der Stadt ziehen. Es sind Männer und Frauen, die gesamte Geistlichkeit, Mägde und Kinder an dem nächsten Freitag der Fastenzeit, vormittags aus der Stadt gezogen. Es ist ein schlechtes Wetter gewesen, mit Regen, Schnee und starkem Wind. Man dürfte an einem solchen Freitag keinen Hund aus der Stadt gejagt haben, so schlecht war das Wetter. Andere Bürger und Geistliche haben bereits vor diesem Tage die Stadt verlassen. Wären diese geblieben, so hätten sie ebenfalls an diesem Freitag die Stadt verlassen müssen.

Nachdem das Volk so zahlreich aus der Stadt gezogen ist, da gab es ein großes Geschrei von den Frauen und Kindern in der Stadt Münster. Diejenigen Männer, Frauen und Kinder, die trotzdem in der Stadt geblieben sind, wurden mit Gewalt zur Taufe gezwungen, wie ihr noch hören werdet. So mussten diese Bürger und Frauen, die an jenem Freitag in der Stadt geblieben waren, auf den Markt gehen und sich taufen lassen. Da standen auf dem Markt drei oder mehr Predicanten, und tauften die Leute. Sie sagten zu den Leuten die sie tauften, dass sie das Böse lassen sollen und Gutes tun, und jeder hatte einen Eimer Wasser vor sich stehen. So gingen die Leute vor den Predicanten in die Knie und der Predicant taufte die Leute mit drei Händen voller Wasser, im Namen des Vaters, des Sohnes und des Heiligen Geistes, Amen. Genauso haben sie die Leute getauft. Diese Tauferei dauerte drei Tage lang. Diejenigen, die getauft waren, gingen anschließend in des Bürgermeisters Haus, Kipenbroick oder Knipperdollingk's und ließen sich ihren Namen ändern.

Einen Teil der Leute haben die Predicanten auch in ihren Wohnungen getauft – alte und kranke Männer und Frauen, die nicht auf den Markt gehen konnten und die auch nicht auf den Markt gehen wollten.

Danach nahm man sie wieder in Gnaden.

Zu den anderen, die vor dem Freitag getauft wurden, da kann ich nicht viel drüber schreiben.

Als sie an dem Freitag die Menschen zu der Taufe gedrungen haben, haben sich diese taufen lassen, weil sie nicht aus der Stadt vertrieben werden wollten; aber auch nach der Taufe lebten sie in der gleichen Armut wie vorher und glaubten nicht, dass sich daran bald etwas ändert. Die anderen Bürger, Frauen und Geistliche, die die Stadt verlassen hatten oder mit Gewalt vertrieben wurden, die glaubten ebenfalls nicht, dass sich die Sache so bald ändert und dass sie in drei oder vier Tagen wieder in die Stadt zurückkommen dürften. O Herr Gott, wie haben sie das Volk verraten und um all seinen Wohlstand, um Hab und Gut und einen Teil ums Leben gebracht. Hätten die, die sich an diesem Freitag taufen ließen, gewusst, was die Predicanten im Schilde führen, es wäre niemand in der Stadt geblieben, sondern alle wären ausgezogen.

Nachdem sie nun das Volk fortgejagt hatten, sind sie die alleinigen Herren der Stadt Münster gewesen. Da waren die Bürgermeister Knipperdollingk und Kipenbroick und hatten die Stadt für sich alleine. Knipperdollingk ging an diesem Freitagnachmittag durch die ganze Stadt und rief: „O Vater, o Vater, vergib, vergib", so laut er rufen konnte, als ob er irrsinnig wäre und war ganz blass im Gesicht. Knipperdollingk blieb nicht lange allein. Zehn oder Zwanzig, die auch so in allen Straßen und Gassen riefen, dass an diesem Tage ein wunderliches Wesen in der Stadt war. Und niemand kann sich das ausdenken oder beschreiben.

Bernt Knipperdollingk

Sie haben den ganzen Tag überall ausrufen lassen, dass der Rat beschlossen hat, dass alle diejenigen, die noch in der Stadt waren und nicht getauft, die sollten sich bei Sonnenaufgang aus der Stadt machen, sonst würde man

sie totschlagen. Dies war für die Leute schrecklich zu hören, und das Volk war darüber entsetzt. Dies rief ein Staatsdiener, genannt Teba.
Die, die nicht getauft waren, verließen die Stadt.

Dann haben die beiden Bürgermeister, Knipperdollingk und Kipenbroick, und alle Räte, die die Wiedertäufer gewählt hatten, Wachen eingestellt, so viele sie bekommen konnten. Diese Wachen mussten jede Nacht Wache halten und haben jede Nacht Pfannen mit Feuer auf dem Marktplatz aufgestellt. Die beiden Bürgermeister und auch Johan van Leyden sind jede Nacht durch die Stadt gegangen, um die Wachen zu kontrollieren. Eines Nachts sind sie wieder durch die Stadt gegangen, um die Wachen zu kontrollieren. Dabei haben sie außerhalb ein Feuer gesehen, dass mannshoch in die Luft brannte. Das sahen beide Bürgermeister, Johan van Leyden, zwei von den Wachen und noch zwei oder drei Ratsmitglieder. Da haben Johan van Leyden und beide Bürgermeister gesagt, dass dieses Feuer von Gott aus dem Himmel geschickt sei, weil Gott die Stadt bewachen will. Danach sind sie auf die Knie gefallen und haben dem Vater gedankt.

Nun hat mein gnädiger Herr von Münster begonnen, die Stadt zu belagern und nachts zu bewachen. Ich glaube, dass seine Landsknechte dieses Feuer angezündet haben, um die Stadt zu beleuchten wenn sie nachts Wache hielten. Als sie eines Nachts wieder vor dem Feuer standen, da sagte Knipperdollingk, dass er in dem Feuer das Angesicht Mariens gesehen habe. Das pflegte er nachts sehr oft zu sehen. Die anderen, die bei ihm standen zeigten mit den Fingern in die Luft, aber sie konnten nicht das Gleiche sehen, wie Knipperdollingk es konnte. Diejenigen, die nicht das Gleiche sehen konnten wie Knipperdollingk, wurden von den anderen Wiedertäufern für weniger heilig gehalten, auch hätten sie den tiefen Glauben nicht, so wie Knipperdollingk.

Solche Dinge pflegten sie oft zu sehen; dann machten sie dem gemeinen Volk weis, dass sie nachts in der Luft drei Städte gesehen hätten. Diese Städte waren Münster, die andere Straßburg und die dritte war Deventer. Diese Städte hätte Gott auserwählt, und wollte, dass ein heiliges Volk in ihnen lebe. Darin sollte Gottes Wort niemals versiegen und von dort aus sollte Gottes Wort um die ganze Welt gehen. Das sollte von diesen drei Städten ausgehen. So haben sie noch über ein halbes Jahr von demselben Feuer gepredigt, welches sie in der Nacht vor der Stadt gesehen hatten.

Johan Matthis und Johan van Leyden waren Propheten und waren gleichzeitig die Obersten von den Bürgermeistern und den Räten der Stadt Münster. Johan Matthis war von den beiden der obere Prophet, Johan van Leyden war da noch nicht der oberste Prophet. Aber Johan Matthis sagte, dass ihm offenbart war, dass Johan van Leyden noch hochgehoben werden sollte in der Welt, um ein großer Prophet zu werden. Die Propheten und Predicanten und die Wiedertäufer, die aus allen Landen nach Münster gekommen waren, sind sich einig gewesen, was sie mit der Taufe im Sinne gehabt haben.

Es ließen die beiden Propheten, Johan Matthis und Johan van Leyden alle Mannsleute, die in der Stadt waren, mit Gewehr und Harnisch auf dem Domhof zusammenkommen. Auf dem Domhof riefen die Propheten, dass Gott zornig sei und dass es keine Gnade mehr gäbe. Dann riefen die Propheten, dass all diejenigen, die des Freitags getauft waren, sich auf die eine Seite begeben sollten. Darauf gingen diese dorthin und standen dort separat. Dann kamen einige von den Ratsleuten und Predicanten zu den anderen und sagten zu ihnen, ein jeder solle seine Waffe und den Harnisch ablegen. Das haben sie auch getan. Einigen haben die Räte und Predicanten auch die Waffe und den Harnisch mit Gewalt abgenommen. Sie mussten sich mit dem Gesicht nach unten auf den Boden legen und den Vater bitten, dass sie in der Stadt bleiben dürften und dass sie möchten in Gnaden kommen. Die Propheten und Predicanten sagten, Gott wolle nichts Unreines in der Stadt Münster haben; Gott wolle ein williges Volk haben, das seinen Namen preisen solle. So haben die Leute eine Stunde auf der Erde gelegen und haben geschrien und gebetet und hatten ständig Angst, dass die Propheten und Predicanten und die anderen Wiedertäufer sie totschlagen würden. Ein Teil von ihnen sagte auch, dass man sie totschlagen würde. Ein anderer Teil sagte, dass man sie nackt und bloß aus der Stadt treiben würde, dann würden sie von den Landsknechten totgeschlagen. So haben sie die anderen zu der Taufe gebracht.

Die an diesem Freitag getauft wurden, waren um die dreihundert.

Als sie nun so auf dem Domhof lagen, in großer Angst, mussten sie aufstehen und zur Lambertikirche gehen; ihre Waffen mussten sie liegen lassen. In der Kirche haben sie drei Stunden lang auf Händen und Füßen gelegen und mussten den Vater bitten, dass sie in der Stadt bleiben dürften bei dem heiligen Volk. Sie riefen mit lauter Stimme: „O Vater, o Vater, o Gott, erbarme dich unser und sei uns gnädig." So haben sich Frauen und Männer in den Armen gehalten und haben sich kreuzweise umherbewegt und haben getanzt und mussten so den Vater anbeten. Dabei waren auch einige kleine Jungen und Mädchen in der Kirche, die auch alle so riefen, und es war ein unheimliches Geläute in der Kirche. Es waren auch einige Wiedertäufer dabei, die an dem Freitag getauft waren. Diese gingen in der Kirche auf und nieder und sagten, „bittet, bittet, bittet den Vater in geeigneter Weise", und gingen dem einen vor und dem anderen nach.

Einer war dabei, der ist lange still gelegen und hat sich nicht gerührt. Zu dem sind sie gegangen, haben ihn aufgerichtet und mit lauter Stimme gerufen „O Vater, vergib." Darauf haben sie ihn wieder hingelegt. Bald hat er sich wieder aufgerichtet, ist zu den anderen gegangen, hat die Hände in die Luft gestreckt und mit lauter Stimme „O Vater, gib Gnade" gerufen. Dann hat er sich wieder hingelegt und ist kurze Zeit still gewesen. Dann hat er sich zum dritten Mal aufgerichtet und den Herrn wieder angerufen. Und es hat einer bei ihm gestanden, hat ihn bei den Armen gehalten und zu ihm gesagt „halt fest, halt fest, bitte treulich." Da hat er so lange gebetet bis er auf den Rücken niedergefallen ist und hat die Hand in die Luft gestreckt und gezeigt, als würde gleich ein Engel aus dem Himmel herunter kommen. Und der, der bei ihm stand rief „was ist das, was ist das?", und hat er mit der Hand auf das Gewölbe in der Kirche gewiesen. Das gemeine Volk in der Kirche dachte, dass sich Gott offenbart hat, und ein Engel wäre vom Himmel gekommen. An das Kirchengewölbe war ein Gottesbild gemalt, auf dieses wies er mit dem Finger. Und als der andere ihn fragte, „was ist das"?, da zeigte er den Weg zu seinem Gott.

Johan van Leyden und ein Teil der Predicanten waren durch die Ruferei zur Kirche gekommen; nun standen Johan van Leyden und Schlachtschaep am Kirchentor und schauten zu. Als das Rufen und Zeigen mit dem Finger geschah, gingen sie in die Kirche. Johan van Leyden ging zu dem Altar und rief: „Liebe Brüder, ich soll euch von Gott verkünden, dass ihr seine Gnade habt, und bei uns bleiben sollt und ein heiliges Volk sein sollt."

Desgleichen haben sie auch einen Wetterhahn auf einem Haus angebetet, der aus Messing hergestellt war.

Auf diesen Wetterhahn schien die Sonne, so dass der Wetterhahn einen Schein von sich gab, der den Sonnenstrahlen glich. Diesen Hahn haben sie angebetet und gemeint, der Vater säße auf dem Haus. Den Wetterhahn haben sie später von dem Haus abgenommen, damit er nicht weiter angebetet würde. Dieses geschah zu einer Zeit als die Belagerung über Münster gekommen ist.

Als das Rufen und Fingerzeigen, das ich eben beschrieben habe, beendet war, und als Johan van Leyden und Schlachtschaep in der Kirche waren und dem Volk verkündeten, da ist die Gnade gekommen, dass sie in der Stadt bleiben und ein heiliges Volk sein sollen.

So haben sie in der Kirche geendet und das Volk getäuscht. Dann sind sie wieder zu dem Domhof gegangen und jeder hat seine Waffe wieder geholt und alle sind danach nach Hause gegangen.

Am nächsten Tag sind die Frauen und Mädchen auf den Domhof gekommen und haben sich dort versammelt, genau wie es die Männer getan hatten. Auch bei ihnen waren einige Predicanten, Schlachtschaep und Klopries und Bernt Krechtingk und haben sie genauso gezwungen, wie die Männer. Da haben die Frauensleute genauso geschrien und auf dem Domhof gelegen. Dann haben die Predicanten sie gedrängt, dass sie die Taufe geloben sollten und dass einige von ihnen beschmutzt sind. Schließlich sind die Frauensleute vom Domhof in den Dom gegangen. Darin haben sie auch gelegen und haben gerufen, wie es die Männer am vergangenen Tag in der St. Lambertikirche getan hatten. Schließlich hat Gott ihnen offenbart, dass sie in der Stadt bleiben sollen und dass Gott ihnen Gnade gewährt und dass sie ein heiliges Volk sein sollten. Dasselbe haben die Predicanten den Frauensleuten verkündet, wie den Männern in der St. Lambertikirche. Diese Frauensleute wurden auch alle zur Taufe gezwungen. Es waren wohl an die zweitausend, die sie so zur Taufe gezwungen haben, sonst hätten sie sie totgeschlagen oder aus der Stadt getrieben.

Eines Tages ist ein Pferd auf die Stadt zugelaufen; dieses Pferd haben sie in die Stadt geholt und Johan van Leyden und Schlachtschaep haben gesagt, dass Gott dieses Pferd geschickt habe, es sei direkt von ihm in die Stadt gelaufen. Dieses Pferd gehörte aber einem Edelmann, dem war es entlaufen. Johan van Leyden pflegte dieses Pferd zu reiten, als er König geworden war.

Als sie am Ende nichts mehr zu essen hatten, sagte Johan van Leyden, Gott habe ihm offenbart, dass sie Pferde essen sollen, aber der König solle sein Pferd vorher in Sicherheit bringen. Dann ließ Johan van Leyden sein Pferd auf seinen Hof bringen, weil es ihm Gott so gesagt hatte. Als aber der Hunger zu groß wurde, bekam Johan van Leyden dieselbe Offenbarung nochmals. So aßen sie zuerst die anderen Pferde, erst dann hat der König das Pferd gegessen, das ihm von Gott gesandt war.

Und sie haben Münzen schlagen lassen, so groß wie ein Heller. Darauf stand mit Buchstaben „das Wort wird Fleisch". Diese Münzen gaben sie allen Männern und Frauen, die in der Stadt waren, in der St. Lambertikirche und schrieben von jedem den Namen auf. Die Münze hingen sie sich mit einer Kette um den Hals. Vier Wochen später gaben sie wieder Münzen untereinander aus, mit den Buchstaben „das Wort wurde Fleisch", und diese Münzen waren so groß wie ein halber Pfennig. Diese verteilte Johan van Leyden in Knipperdollingks Haus. Diese hängten sie sich auch um den Hals.

Es gab einen Bürger in der Stadt, genannt Hupert Smit, der sollte eine Nacht Wache halten. Dieser Bürger hatte während der Wache gesagt, die Propheten und Predicanten wollten so lange prophezeien, bis sie uns umbringen, sie müssten wohl den Teufel im Leib haben. Das wurde den Propheten von dem Predicanten, der mit dem Bürger gemeinsam die Wache gehabt hatte, angezeigt. Da gingen die Propheten und Predicanten hin und ließen den Bürger fangen und in den Turm werfen. Am nächsten Tag ließen sie alle Mannsleute mit ihrem Gewehr auf dem Domhof zusammenkommen. Sie bildeten einen Ring und berieten sich. Am Ende ließen sie den Gefangenen in den Ring kommen. Sie klagten ihn öffentlich an, dass er über Gott, seine Propheten, Aposteln und Predicanten gesagt hätte, dass sie so lange prophezeien würden, bis sie uns umbringen, und sie müssten wohl den Teufel im Leib haben. Dann haben sie ihn gefragt, ob es stimmt, dass er das gesagt hat. Er antwortete „ja", er könne es nicht leugnen; es wurde auch von denen bezeugt, die es von ihm gehört hatten. Da sagten die Propheten und Predicanten, er sei zum Tode, verurteilt, er muss sterben; er hätte Gott erzürnt und es sei Gottes Wille, denn Gott wollte keine Unreinen in der Stadt haben, und alles was Sünde ist, muss ausgerottet werden. Gott will ein williges Volk haben. Danach haben sie den Bürger vor den Dom geführt. Dort hat Johan van Leyden eine Hellebarde genommen und zweimal auf ihn eingestochen, aber er hat ihn nicht getötet. Was sich dann begeben hat, darüber kann ich nicht schreiben. Danach haben sie den Bürger wieder in den Turm in das Gefängnis geworfen.

Die Leute aber sind weiter auf dem Domhof geblieben. Dort haben die Propheten und Johan van Leyden und Johan Matthis gerufen, dass die Gnadentür zu wäre, dass es nun keine Gnade mehr gäbe und dass sie alle miteinander verdammt sind. Als Letztes hat Johan van Leyden sich den Rock vom Leibe geworfen und mit lauter Stimme gerufen, die Gnadentür sei zu und Gott sei sehr erzürnt und hätte ein glühendes Schwert in seiner Hand und wolle strafen; sie sollten alle im Höllenfeuer verbrennen. Dann haben alle Mannsleute mit ihrem Gesicht auf der Erde gelegen und haben geschrien und gerufen. Einige Frauen kamen auch auf den Domhof und sahen zu. Und bald riefen sie, dass ein Wunder geschehen möge. Der Tumult war unbeschreiblich. Am Ende aber haben sie den Bürger wieder aus dem Gefängnis holen und auf den Domhof bringen lassen. Der Bürger hat jämmerlich geschrien und um Gnade gebettelt. Aber die Gnadentür war noch zu. Da hat Johan Matthis, der sich für einen Propheten ausgab, den Mann an die Mauer stellen wollen um ihn zu erschießen. Aber der Bürger wollte nicht zu der Mauer gehen. Er hat sich auf die Erde geworfen und hat jämmerlich geschrien und um Gnade gebettelt. So hat Johan Mathis ein Rohr genommen und wollte ihn totschießen. Er hat das Rohr geneigt und ihm auf den Rücken gesetzt als er so vor ihm lag, und geschossen. Dann hat er das Rohr von sich geworfen. Aber der Bürger hat sich umhergewälzt und hat jämmerlich geschrien und ist nicht tot gewesen. Darauf haben sie den Bürger in sein Haus getragen, und Johan van Leyden ist dazugekommen und hat gesagt „ er geneset, er geneset". Einen oder drei Tage darauf sind die Propheten und Predicanten wieder in sein Haus gekommen und haben ihm gesagt, von Gottes wegen, sollte er sein Leben behalten und nicht sterben. Aber am achten Tag war der Bürger tot.

Die Propheten und Predicanten sind aber noch länger auf dem Domhof geblieben und haben weiter nach denen gesucht, die noch in Sünde sein sollten. Sie haben herausgesucht den einen Bürgermeister Kipenbroick, Henrick Redeker und Mollenhecke, die Ratsherren und Altermänner vor der Taufe in der Stadt Münster waren; Henrick Redeker und Mollenhecke waren auch nach der Taufe Stadträte. Dieselben haben sie auch in den Turm oder in den Keller bringen lassen, als das Volk noch auf dem Domhof lag. Knipperdollingk lag auf der Erde und rief als ob er besessen wäre. Er lag mit seinem Angesicht auf der Erde und wühlte mit seinem Gesicht wie ein Schwein in der Erde. Er hat eine große Kuhle in die Erde gewühlt mit seinen Händen, seinen Füßen und seinem Gesicht. Schließlich haben sie die Gefangenen wieder aus dem Gefängnis auf den Domhof bringen lassen. Die Propheten haben sie mit dem Gesicht auf die Erde gelegt, und sie sollten um Gnade bitten. Das Volk wollte aber nicht, dass die Drei ebenfalls getötet werden. Da ist Johan van Leyden über den Domhof gegangen und hat in die Luft geschaut und hat prophezeit und für sich selber gesagt „es wird weiß, es wird schwarz, es wird weiß, es wird schwarz." So ist einer neben ihm gegangen, der hat das gehört und sonst niemand. Der, der das gehört hat, der hat es mir erzählt. Als Johan van Leyden lange genug prophezeit hatte, ging er zu den Dreien, nahm sie hoch und verkündete ihnen, dass sie Gnade von Gott erhalten hätten und sich bessern sollen. Da ist die Gnadentür aufgegangen, die den anderen Bürger um seinen Hals gebracht hat.

Zur selben Zeit sollte Tillebecke, welcher vor der Taufe ein Bürgermeister gewesen ist und am Ende der Hofmeister des Königs wurde, auch ins Gefängnis. Derselbe Tillebecke hatte dem Bischof von Münster geholfen, dass die Reiter und Landsknechte in die Stadt kommen konnten. Deshalb wollten die Propheten ihn auch totschießen.

So haben die Propheten und Predicanten zu dieser Zeit in der Stadt Münster geherrscht. Und es war nicht das einzige Mal, dass sie jemanden getötet haben und dass sie so gestraft haben.

In der Stadt war ein fremder Landsknecht. Der hatte gesagt, dass er Schlachtschaep mit seinem Gewehr, das er geladen hatte, töten wollte. Dieser Knecht hatte mit

Schlachtschaep einen Streit und hat ihn angeschrien. Das wurde den Propheten und Predicanten verraten. Die Propheten und Predicanten ließen den Knecht fangen und ins Gefängnis bringen. Am anderen Tag haben sie auf dem Domhof öffentlich Gericht gehalten und ließen den Landsknecht holen. Sie haben ihn angeklagt, dass er gesagt hatte, den Predicanten Schlachtschaep zu töten, und dass er des Todes würdig sei und sterben sollte. So haben sie den Knecht an einen Baum gebunden und totgeschossen.

Dies war kein Einzelfall. Hier der Brief eines von den Münsterschen gefangenen Mannes an den Bischof Franz, Juni anno 1534:

Hochwürdiger hochvermögender Fürst und Herr, gnädiger lieber Herr. Es ist Ihnen sicher noch in frischer Erinnerung, dass ich der Gefangenschaft halber nach Münster gebracht wurde, ebenso, dass ich jämmerlich verwundet wurde am Rücken, Kinn, Hals und Bein und am Arm, aber doch bei Bewusstsein. Selbst wäre ich ein Missetäter gewesen, man sollte mich nicht so behandelt haben, wie mich armen Kerl. Als ich mit all meinen Wunden innerhalb der Stadt ankam, waren mehr als zwanzig, die mich durchstechen wollten. Des anderen Tages wollten sie mich im Bett erstechen, des dritten Tages aufhängen. 8 Tage danach auf dem Domplatz haben die Heillosen viel gerichtet. So gegen den ehrwürdigen Herman Ramert mit dem ich vor Zeiten zusammen war, der hier nicht wenig verachtet wurde, denn seine Ansichten und Vornehmheit sind anders gewesen. Er wollte aber seine Frau und Kinder nicht verlassen und so wurde er angeklagt. Ich denke, dass er dem Tode geweiht ist.

Ich war wohl einen Monat unpässlich. Dann zwangen sie mich, dass ich mit ihnen vor den Toren sein muss. Nun ist aber mit unwilligen Hunden kein Hase zu fangen. Hier kommt jeder hinein, sie geben ihm ein Haus und eine Frau. Rechtschaffene kommen nicht hierher. Sie haben mich aufgefordert, von Adeligen zu nehmen. Sie bemerkten, dass ich nicht wollte, aber sie durften mich nicht so einfach umbringen, denn ihre Gesinnung erlaubt ihnen nicht, einfach so Gefangene zu töten. Denn das Leben ist ihnen heilig. Aber ihre Statuten und Ordinarien werden weit ausgelegt.

Gibt es Gott, so komme ich in Kürze hier raus. Mir ist jämmerlich zumute; ach könnte ich hinauskommen.

G.i.f.g. armer Diener

5 Gemeinschaft der Güter

Nachdem sind die Propheten, Predicanten und der ganze Stadtrat zusammengekommen, um ein gutes Gemeinwesen zu schaffen. So haben sie als erstes entschieden, dass diejenigen, die Kupfergeld hatten, dieses zum Rathaus bringen sollten, man würde ihnen anderes Geld dafür geben. So ist es geschehen. Und so sind sie fortan weiter einig geworden und haben beschlossen, dass alles Gut gemein sein soll, dass jeder sein Geld, Gold und Silber bringen soll, was letztlich auch ein jeder getan hat. Als die Propheten und Predicanten darüber mit dem Rat einig waren, haben sie das in den Predigten verkündet, dass alles Gut der Gemeinschaft gehören soll und das jeder so viel haben soll, wie der andere, egal ob sie vorher arm oder reich gewesen sind. Sie haben in der Predigt gesagt: „Liebe Brüder und Schwestern; jetzt wo wir beschlossen haben, dass wir alle gleich sind, Brüder und Schwestern, ist es Gottes Wille, dass wir unser Geld, Silber und Gold zu den anderen bringen. Der eine soll so viel haben, wie der andere. So soll ein jeder sein Geld auf die Schreibstube im Rathaus bringen. Dort soll der Rat sitzen und das Geld empfangen." So hat der Predicant Stutenbernt fortan gesagt: „Ihr, Christen, sollt kein Geld, Silber oder Gold haben. Es ist ein Gebot, dass alle Christen Brüder und Schwestern sind, und dass dem einen genauso viel gehört, wie dem anderen. Nichts sollt ihr besitzen, sei es Kost, Kleider, Haus und Hof. Was ihr benötigt, dass sollt ihr bekommen. Gott will, dass jeder wie der andere ist. Er hört uns alle. Meins ist auch deins und deins ist auch meins."

So haben sie die Leute überredet dass viele ihr Geld, Silber und Gold und alles was sie hatten, gebracht haben.

Aber es ist weiter ungleich zugegangen in der Stadt Münster, in der der eine so viel wie der andere haben sollte. Da haben einige Leute in der Stadt ihr Geld, Silber und Gold abgegeben und haben nichts für sich behalten. Und ein anderer Teil der Leute hat einen Teil abgegeben, aber auch etwas behalten. Und noch ein Teil hat überhaupt nichts abgegeben. Diejenigen, die ihren gesamten Besitz abgegeben haben und nichts für sich behielten, sind gute Christen gewesen und haben Gottes Wort geliebt. Die, die etwas abgegeben haben, aber auch etwas für sich behalten, sind noch nicht reinen Herzens gewesen, denn sie haben noch gezweifelt. Diese sollten noch zu Gnaden kommen und gute Christen werden. Sie sollten weiter zu Gott beten. Die anderen aber, die ihr Geld, Silber und Gold behalten hatten, sind am nächsten Freitag zur Taufe gezwungen worden, sie sind noch gottlos.

So haben sie das Volk auf dem Markt zusammengerufen und haben dort eine Predigt gehalten. Da hat Johan van Leyden gesagt, dass es Gottes Wille sei, dass jeder sein Geld, Silber und Gold abgeben solle. „Dieses Geld, Silber und Gold ist zu unserem Besten, wir werden es behüten." Sie haben so grauenvoll gepredigt, und haben große Strafen angedroht, wenn jemand sein Geld behalten würde. Wenn sie jemanden erwischen konnten, der sein Geld, Silber und Gold behalten hatte, den schlossen sie aus der Gemeinschaft aus und straften ihn so, dass niemand daran denken wollte, einen Teil zu behalten.

Das Aufbringen des Geldes hat zwei Monate lang gedauert, während sie so grauselig gepredigt und gestraft haben, dass niemand etwas behalten dürfe. So haben sie noch in den Predigten sagen lassen, dass wer noch etwas behalten hätte, könnte sich jetzt noch offenbaren und abgeben, dann würde er noch in Gnaden kommen. Nach dieser Zeit gäbe es aber keine Gnade mehr, die Gnadentür wird zu gehen. Wer noch etwas hatte, ließ sich überreden, alles abzugeben.

Als der Besitz in Allgemeingut übergegangen war, da haben sie in jeder Kirchengemeinde drei Diakone eingesetzt, die das Gemeingut, Früchte, Korn und Fleisch und allerlei andere Nahrungsmittel, die in der Stadt waren, verwalten sollten. Dieselben Diakone gingen in alle Häuser und besahen, was ein jeder an Kost, Korn und Fleisch in seinem Haus hatte, und schrieben alles auf. Sie gingen auch durch die Stadt. Jeder Diakon ging in seiner Kirchengemeinde herum, und sollte sehen, welche armen Leute in der Stadt waren und sollte dafür sorgen, dass diese keine Not zu leiden hatten. Dieses taten sie anfangs zwei oder drei Mal, dann aber wurde es vergessen, damit sie noch genug Proviant hatten in der Stadt. Mit einem guten Schein trieben sie es so in der Stadt Münster. Da sie alles in den Häusern aufgeschrieben hatten, konnte niemand mehr frei über seinen Besitz verfügen. Nur was sie übersehen hatten, konnte selber verzehrt werden.

Sie haben auch an jedem Tor ein Haus gehabt; es war ein Haus der Gemeinschaft. Darin gingen alle, die an dem Tor Wache hielten oder an den Gräben arbeitete, essen. Für jedes Tor gab es einen Hauptmann und einen Predicanten und auch Rottenmeister. Der Hauptmann hatte auch einen Leutnant, der das Volk in Zwang hielt.

Sie pflegten auch an den Toren in den Gemeindehäusern zu predigen, alle Tage, des morgens oder vormittags. Die Diakone mussten Nahrung in die Gemeinschaftshäuser liefern, ein jeder für sein Tor. Jeder hatte aus seiner Kirchengemeinde einen Wirt eingesetzt, der in dem Haus kochen und das Haus pflegen musste. Wenn es aber Mittag war, und alle aßen, stand da ein Junge und las ein Kapitel aus dem alten Testament vor. Nach dem Essen sangen sie einen deutschen Psalm. Dann standen sie wieder auf und gingen an ihre Arbeit. Danach kamen die Hauptleute und aßen schweigend.

Es haben ferner die Diakone Fleisch, Speck und Korn aus den Klöstern genommen und aus den Häusern derer, die sie hinausgetrieben hatten und brachten es auf den Domhof und in die Pfarrhäuser und haben alle ernährt, so lange es ging. Als aber alles verzehrt war, begannen sie alles, was aufgeschrieben war aus den Häusern zu holen, um es den Armen zu geben.

So haben sie in einem Sommer zehn- oder zwölfhundert Kühe und andere Rinder gegessen und noch anderes Fleisch, Butter und Käse dazu, und noch Stockfisch und Hering. Den Hering pflegten sie an alle zu bringen, die an den Toren Wache hielten. Diese aber wollten den Hering nicht essen und schmissen ihn weg. Mit der Zeit ging aber die Nahrung zur Neige. Da haben sie den Hering wohl gegessen, den sie am Anfang nicht mochten. Danach musste jeder zum Essen nach Hause gehen, der etwas hatte. Aber zu Hause hatten sie auch nicht viel. Jeder hat das Seine aufgegessen, dann begann der Hunger zu kommen.

6 Die zwölf Ältesten

Dann haben die Propheten und Predicanten wieder beraten und sie wollten keine andere Obrigkeit mehr in der Stadt Münster haben. Die Propheten, Predicanten, Holländer und Friesen, die Bösewichter, die rechten Wiedertäufer wollten die alleinigen Herren sein. Deshalb haben sie die zwölf Ältesten von den Weisesten, die gute Christen sein mussten, eingesetzt. Die sollten das Volk regieren und sollten die Gewalt haben in der Stadt. Dann haben sie die Bürgermeister und den Rat und die Altermänner, die sie selber gewählt hatten, abgesetzt, dass sie keine Obrigkeit mehr sein sollten. So haben die Propheten die zwölf Ältesten gewählt, wie es die Kinder Israels getan hatten. Das war auch die Absicht, denn sie sagten, Münster wäre wie Israel und sie waren die Israeliten. So haben die Predicanten hier und da etwas aus der heiligen Schrift genommen, von jedem etwas. Die zwölf Ältesten haben nicht weise regiert, obwohl sie die heilige Schrift vor sich liegen hatten, als sie zu Rate gingen.

Nachdem die Propheten und Predicanten die zwölf Ältesten in Münster gewählt hatten, pflegten diese jeden Tag in der Ratskammer zu tagen, denn das war so üblich. Wenn sie zu Rate gingen, setzten sie sich an den Tisch und hatten vor sich die Bibel liegen, das alte Testament aufgeschlagen. Danach wollten sie sich richten. Johan van Leyden pflegte dabei zu stehen und mit zu beraten. Und der Kanzler hat auch dabei gesessen und aufgeschrieben, was sie zu tun hätten. Dieser Kanzler hieß Heinrich Krechtingk. Derselbe Kanzler hatte das Leben behalten, nachdem er ein rechter Wiedertäufer geworden war.

Wer etwas zu tun hatte in der Stadt Münster, der ging zu den zwölf Ältesten in die Ratskammer. Dort saßen dann die zwölf Ältesten und hörten sich sein Anliegen an.

Sie hatten vor nach der Schrift zu entscheiden, und wollten so heilig sein.

Die zwölf Ältesten haben sofort einen Gesetzestext beschlossen: „Die Einrichtung der weltlichen Regierung in der Stadt Münster, so wie sie von den zwölf Ältesten neulich eingeführet worden."

Die Ältesten der Gemeinde Christi in der H. Stadt Münster, welche durch die Gnade des Allerhöchsten und allmächtigen Gottes dazu sind berufen und verordnet worden, verlangen, dass diese Pflichten und die nachfolgenden Stücke von jedem Israeliten und Einwohner des Hauses Gottes sollen beobachtet werden.

1. Allem was die Heilige Schrift entweder gebietet oder verbietet, soll ein jeder Israelit bei unvermeidlicher Strafe nachkommen.

2. Ein jeglicher soll seinen Beruf fleißig abwarten, Gott fürchten und die Obrigkeit, welche von ihm gesetzt ist. Denn sie trägt das Schwert nicht umsonst, sondern sie ist eine Rächerin der Übeltaten.

3. Ein jeglicher Ältester kann des anderen Hilfe, um seine Befehle auszuführen, zur Hand nehmen.

4. Diejenigen Ältesten, welche die Aufsicht über die Tag- und Nachtwachen haben, sollen dieselben ganz genau unter ihren Augen haben, damit durch deren Nachlässigkeit dem gemeinen Besten kein Schade zuwachse.

5. Über dies soll einer der Ältesten jede Nacht mit einigen gewehrführenden Männern die Wachen, so auf den Wällen, Mauern und an den Toren ihren Posten haben, visitieren, damit sie ihren Dienst ordentlichen verrichten und Gott mit ihnen wache.

6. Alle Tage, vormittags von 7 – 9 und nachmittags von 2 – 4 Uhr, sollen sechs Älteste im Gericht und an dem Ort, welcher dazu angewiesen ist, beisammen sitzen, und alle Streitigkeiten durch ihre Ratschlüsse schlichten.

7. Alles was die Ältesten, nach ihrer gemeinschaftlichen Überlegung in diesem neuen Israel für gut befunden haben, soll der Prophet Johan van Leyden als ein treuer Diener des allerhöchsten und geheiligten Stadtrats, hernach der Gemeinde Christi und der ganzen israelitischen Versammlung ankündigen und vortragen.

8. Damit auch unter den aufrichtigen Israeliten, in denen kein Falsch ist, kein offenbares Verbrechen, somit dem Worte Gottes streitet, geduldet werde, und damit ein jeder Lasterhafte und Übertreter, der in einem offenbaren Laster ertappt wird, billig möge gestraftet werden, so soll Bernhard Knipperdollingk, welcher das Schwert führt, denselben seines begangenen Verbrechens wegen bestrafen. (...) Damit aber der Knipperdollingk sein Amt und seine Geschäfte desto sicherer und ohne Hinderung verrichten möge, so soll er jedes Mal vier Trabanten bei sich haben, wenn er ausgeht.

9. Auf das auch in Verwaltung des Essens und Trinkens die gehörige Ordnung in acht genommen werde, sollen nicht allein diejenigen, welche solches reichen, ihre Pflichten in acht nehmen und den Brüdern und Schwestern alle Tage geben, was sie bisher bekommen haben, sondern es sollen auch die Brüder und Schwestern jedes Mal an ihren besonderen Tischen, und auf ihren abgesonderten Plätzen ganz bescheiden und mit gehöriger Schamhaftigkeit sitzen, und keine anderen Speisen, als die, die aufgetragen wurden, fordern...

Es folgen Artikel, in denen Zuständigkeiten festgelegt werden, wie die Fischerei, die Schlachtung und so fort, aber auch, dass niemand zerrissene und zerlumpte Kleider tragen soll.

32. Ohne Einwilligung und Gutbefinden der Ältesten soll bei Lebensstrafe niemand die Kriegsdienste verlassen, und soll auch keiner nach seinem Gefallen von einer zu der anderen Kompanie übergehen dürfen.

33. Wenn einer nach Gottesschickung von den Feinden sollte erschossen werden, oder auf sonst eine Art in dem Herrn entschlafen, so soll niemand sich unterstehen, dessen zurückgelassenen Güter, als da sind Gewehr, Kleider, etc., für sich wegzunehmen; sondern sie sollen zu dem Schwertführer Knipperdollingk gebracht werden, der die selbigen den Ältesten vorlegen soll, auf das sie durch deren Vermittlung den rechten Erben zuerkannt werden.

Eines Tages geschah es in der Stadt, dass da zehn oder zwanzig Landsknechte waren. Diese haben in einem Haus in der Stadt gesessen und haben ein Gelage (*28. Juni 1534*) abgehalten und waren guter Dinge. So sind sie fröhlich gewesen, wie das bei Landsknechten oft so ist. Da wollten der Wirt und die Wirtin sie nicht mehr bedienen. Aber die Landsknechte haben gesagt „wenn die Wirtin nicht mehr will, wollen wir uns selbst bedienen", und haben die Wirtin verspottet. Der Wirt hieß Evert Remenschneider. Da gingen die Wirtin und der Wirt los, und verklagten die Landsknechte bei den zwölf Ältesten und Propheten und Predicanten, weil sie ihnen Gewalt angetan haben in ihrem Haus und weil sie die Wirtin verspottet haben. Deshalb ließen die zwölf Ältesten die Knechte fangen und in den Turm werfen. Am anderen Tage hielten sie auf dem Domhof Gericht und ließen die Landsknechte auf den Domhof bringen. Dort wurden dieselben angeklagt. Der Kanzler Henrich Krechtingk, der Bösewicht, las vor, was die Knechte getan haben sollen. Die Knechte waren zu Paaren gefesselt; sie fielen auf die Knie und begehrten Gnade. Sollten sie Gnade kriegen, wollten sie alle Tage an dem Graben arbeiten. Aber es wurde ihnen keine Gnade gewährt, so haben sie gebetet und weiter um Gnade gefleht. Am Ende ist jedoch einem Teil von ihnen Gnade gewährt worden, und ein anderer Teil musste sterben. Einer von ihnen hat gesagt, „nun denn, wenn ich keine Gnade bekomme, soll ich dann hier in diesem Ring sterben?" Da haben die zwölf Ältesten gesagt „nein." Sie haben ihn zu einer Linde auf dem Domhof geführt, daran festgebunden und ihn mit einem Handrohr erschossen. Derselbe hieß Gert Schmoicker und war ein Hauptmann. Nachdem er tot war, haben sie einen anderen an den Baum gebunden und haben ihn auch erschossen, so dass sie an diesem Tage zwei getötet haben, die anderen haben sie wieder in das Gefängnis geführt. Dann ist jeder wieder nach Hause gegangen.

Am nächsten Tag sind sie wieder auf den Domhof gekommen, und haben die Knechte wieder aus dem Gefängnis holen lassen. Da haben die Knechte wieder um Gnade gebeten und sind auf die Knie gefallen. Die Gnadentür war wieder zu. Schließlich ist aber die Gnadentür wieder ein wenig aufgegangen, so dass ein Teil der Knechte sein Leben behielt. Aber vier Knechte haben sie an den Baum gebunden und erschossen, wegen einer Beschimpfung und eines Trunks Bier.

Diese frommen Propheten und Predicanten und alle die Friesen und Holländer und alle die Wiedertäufer, die in die Stadt aus anderen Städten gekommen waren, haben sich versammelt. Sie sind der Stadt zu großen Dank verpflichtet, weil sie sie aufgenommen hat. Denn wer irgendetwas verbrochen hatte, der musste meist sterben. Deshalb sind sie geflohen, und haben Frauen, Kinder und ihr Hab und Gut zurückgelassen. Sie wussten, dass sie keine Gnade vor dem Herrn erlangen konnten, würde die Stadt Münster eingenommen. Darum wollten sie die Stadt bis zum letzten Mann halten.

Einmal war der Prophet Johan Matthis mit seiner Frau zu einer Hochzeit bei seinen Landsleuten eingeladen. Diese Frau wurde noch nach Johan Matthis' Tod Königin und kriegte noch Johan van Leyden. Dieser Johan Matthis ist also in das Haus zu Gast gekommen mit seinen anderen Gesellen. Sie haben alle gemeinsam zu Tische gesessen und sind fröhlich gewesen - denn wenn Wiedertäufer so beieinander waren, wollten sie alle mit dem Herrn gemeinsam fröhlich sein. Sie hatten alle ihren Paulus vor sich und die anderen Propheten, und wollten sich untereinander lehren; so heilig haben sie sich gegeben. Als sie nun also am Tisch gesessen haben und mit der Braut und dem Bräutigam gefeiert haben, und man hatte gerade den Braten aufgetragen, da kam des Täufers Geist über Johan Matthis. Er streckte die Hände in die Höhe und schlug das Haupt auf und nieder und verlor das Bewusstsein, wie ein Sterbender. Die anderen, die bei ihm saßen, schwiegen still und sahen ihn betrübt an. Nach einiger Zeit kam er wieder zu sich und sagte unter Schmerzen „O lieber Vater, nicht wie ich will, mehr wie du willst", stand auf und gab jedem die Hand und küsste jeden auf den Mund und sagte, „Gottes Freude sei mit euch allen", und entfernte sich mit seiner Frau. Dann haben sich die anderen wieder hingesetzt und sind weiter fröhlich gewesen. Am Ende sind sie auch aufgestanden, haben sich gute Nacht gesagt und „ruhe in Frieden", und ein jeder ist wieder nach Hause gegangen.

Des anderen Tages ging Johan Matthis mit einem Schießgewehr aus der Stadt, und nahm sich zehn oder zwanzig, die mit ihm gingen. Als Johan Matthis mit seinen Gesellen an die Feinde gekommen ist, da haben sie die Schießgewehre angelegt und sich in den Kampf geworfen. Johan Matthis wurde mit seinen Gesellen geschlagen, nicht viele, die davonkamen. Johan Matthis wurde mit einem Spieß erstochen, und dann haben ihm die Landsknechte den Kopf abgeschnitten. Den Kopf steckten sie auf eine Stange und hielten ihn in die Luft. Da riefen die Landsknechte zu den Wiedertäufern in der

Stadt, sie sollten sich ihren Bürgermeister wiederholen. Die Landsknechte wussten nicht, dass er der oberste Prophet in der Stadt gewesen ist.

Johan Matthis

Die Propheten und Predicanten haben dem Volk weisgemacht, Gott würde ihren Feinden ins Herz schlagen, dass sie vor ihnen davonlaufen, und keine Macht haben sollten, ihnen zu schaden. Deshalb waren Wiedertäufer mit

Johan Matthis aus der Stadt gezogen, weil sie überzeugt waren, dass diese sie nicht töten konnten.

Derselbe Johan Matthis war ein großer schlanker Mann und hatte einen langen schwarzen Bart und war ein Holländer. Als nun dieses mit Johan Matthis geschah, da waren all die Holländer und Friesen und alle rechten Wiedertäufer sehr betrübt, dass sie ihren Propheten verloren hatten. Dann erzählten alle Wiedertäufer in der Stadt, Gott hätte ihm das offenbart, als er des Abends als Gast mit ihnen zu Tisch gesessen hatte. So hielten die Holländer, Friesen Predicanten und die Wiedertäufer mehr von diesem Johan Matthis als von Gott.

Danach wurde Johan van Leyden der oberste und alleinige Prophet, und begann zu predigen, und sagte zu den vielen Menschen auf dem Kirchhof: „Liebe Brüder und Schwestern. Ihr sollt nicht verzagen, weil Johan Matthis, unser Prophet gestorben ist. Denn Gott wird uns einen anderen senden, der noch größer und noch heiliger sein wird, als es Johan Matthis war. Denn es ist Gottes Wille gewesen, dass er so sterben würde. Seine Zeit war gekommen. Gott hat das nicht ohne Grund getan, dass er so sterben sollte. Gott ist mächtiger als Johan Matthis es war. Was Johan Matthis getan und prophezeit hat, das hatte er durch Gott getan, das hat er nicht aus sich heraus getan. So kann uns Gott wohl wieder einen Propheten senden, und uns durch ihn seinen Willen offenbaren." Mit diesen Worten hat Johan van Leyden das Volk in der Stadt beruhigt.

Nun war Johan van Leyden der Oberste. Mit Knipperdollingk und seinen Gesellen und Stutenbernt und allen Predicanten hat Johan van Leyden fortan regiert und hat den Menschen gepredigt, dass Gott ein Wohlgefallen an dem Volk habe, und sie sollten ein heiliges Volk sein. „Und alles Ungerechte und alles, was noch sündig ist, das muss ausgerottet sein; und ihr seid das Vorbild und die, die in die apostolische Kirche eingetreten sind, sind heilig. Denn heilig ist der Herr und ihr seid sein Volk. Überall soll die heile Welt sein, so wie es hier begonnen hat, in dieser heiligen Stadt." Da haben viele Menschen gerufen, „o Vater, o Vater, gib die Liebe, gib die Liebe", und haben getanzt. Ein Teil der Männer ist durch die Stadt in alle Gassen und Straßen mit blankem Schwert gelaufen, und sie riefen, dass der Vater ihnen das Schwert gegeben habe, damit sie die Ungerechten strafen; wer sich nicht bekehren wollte, über den würde Gott nicht wachen.

Nach dieser Predigt sind ein Teil der Frauen und Mägde auf dem Kirchhof geblieben und haben getanzt und mit lauter Stimme gerufen, „o Vater, o Vater, o Vater, gib, gib, gib" Und sie sind aufgesprungen und haben die Hände in die Luft gekehrt und den Kopf geschüttelt, dass ihnen das Haar wirr auf den Rücken fiel. Sie sahen die Sonne aufziehen und meinten, der Vater sitze bei der Sonne, und meinten nichts anderes, als dass Gott sich in der Sonne offenbaren würde. Schließlich haben sie sich zu zweit aufgestellt und sich an die Hände genommen, und sind um den Kirchhof getanzt und durch die ganze Stadt. Über die eine Straße hin und über die andere Straße her. Am Ende haben sie wieder auf dem Kirchhof getanzt und in die Sonne geschaut, bis sie vor Erschöpfung nicht mehr tanzen konnten. Dann sind sie wieder nach Hause gegangen. Dieselben Frauen und Mägde, die so getanzt hatten, waren so bleich und so weiß im Gesicht, als ob sie tot wären.

7 Abendmahl

Die Propheten und Predicanten haben ein Abendmahl angeordnet, das ein jeder Hauptmann und Predicant vor seinem Tor abhalten solle. Die Diakone lieferten ihnen alles, was sie dazu benötigten.

Die Predicanten haben in ihren Predigten dem Volk gesagt, dass ein Abendmahl ausgerichtet werde, damit sich jeder von Sünde reinige, der an die Tafel des Herrn ginge. Diese müssten alle Unreinheit und Abgötterei ablegen, und, sofern sie noch hätten, ihr Geld, Silber und Gold abgeben; und wer noch mit einem anderen Streit hätte, solle sich vertragen und dem andern vergeben.

So haben sie das Abendmahl vor jedem Stadttor ausgerichtet, und haben dort Gesottenes und Gebratenes zur Mahlzeit serviert und Bier auf den Tischen. Die Predicanten gingen die Tafel entlang und haben dem Volk gepredigt. Und sie haben jeden, ob jung oder alt, gefragt, ob er auch glaube, dass solch ein Abendmahl ein richtiges Abendmahl sei, so wie es der Christus eingesetzt hatte. Da haben sie ja gesagt. Und ob sie denn um Gottes willen ertragen wollten, was über sie komme, sei es Feuer, Wasser oder das Schwert? Darauf haben alle ihnen gesagt, sie wollten gern um Gottes willen leiden, was sie könnten. Warum war da das arme gemeine Volk dabei? Der eine war dorthin gegangen, der andere nicht. Wer nicht so wollte wie die Propheten und Predicanten und die anderen, denen schlugen sie den Kopf ab oder haben sie erschossen.

Eine alte Frau hat an der Tafel gesessen und wollte das Abendmahl mithalten. Die Predicanten haben die Frau gefragt, welches ihr Glaube war und woran sie jetzt glaubt. Die Frau hat geantwortet, „ich glaube an Gott." Sie haben sie weiter gefragt, was sie von Maria hielte und von den Heiligen. „Haben viel um Gottes willen gelitten."

Sie haben sie weiter gefragt, ob sie auch Heiligenbilder in ihrem Hause hätte. Da sagte sie ja. Darauf haben sie die arme Frau beschimpft und haben sie von der Tafel gejagt, und sie musste wieder nach Haus gehen. Darauf haben die Predicanten gesagt: „Hört, liebe Brüder und Schwestern, diese Teufelin hat noch Heilige und Abgötter in ihrem Haus. Sie ist nicht würdig an die Tafel des Herrn zu gehen und das Abendmahl mit uns zu halten." Diese Predicanten schimpften nicht allein mit der Frau wegen der Heiligen, die sie im Hause hatte. Sie meinten auch, was sie von Marien hielte, dass sie noch eine reine Jungfrau war und Gottesmutter. Denn das meinten die Wiedertäufer nicht von Marie, wie ihr noch hören sollt. So ist die Frau nach Haus gegangen und konnte das Abendmahl nicht nehmen.

In der Stadt gab ein Nonnenkloster. Darin waren zehn oder zwanzig Jungfern, von denen ein Teil aus der Stadt gezogen war, der andere Teil war darin geblieben. Das Haus befindet sich im Rosenthal. Dorthin haben die Propheten, Predicanten und die zwölf Ältesten alle gebracht, die noch nicht an die Wiedertaufe glaubten und diejenigen, die sich nicht taufen ließen und in der Stadt geblieben waren. Außerdem diejenigen, die noch Geld, Silber und Gold behalten hatten, oder etwas Lebensmittel beiseite geschafft hatten. Alle die ließ man in das Rosenthal bringen. Dort wurden sie gefangen gehalten. Und die Predicanten gingen zu den Leuten ins Rosenthal, um sie zu unterweisen und zu lehren. Wer den rechten Weg nicht so wollte, wie der Predicant, musste sterben. Und so sind daher auch immer noch Leute in der Stadt gewesen, die sich taufen ließen. Aber es haben auch viele Leute die Stadt verlassen, die sich hatten taufen lassen, nun aber nicht mehr bei der Taufe bleiben wollten. Wen sie in der Stadt fanden, der sich nicht hatte taufen lassen, da gehörte viel dazu, ehe er Gnade kriegen konnte. Ein großer Teil musste deshalb sterben.

So haben sie das Abendmahl fortan gehalten, und die Predicanten haben gepredigt, was es mit dem Abendmahl auf sich hätte. Sie wollten das Abendmahl halten, wie es Christus mit seinen Jüngern getan hatte. Am Ende hatten sie kleine runde Küchlein, sie waren so groß wie eine Hand. Die Predicanten haben die Küchlein auf den Tisch gelegt und gesagt: „Seht Brüder und Schwestern, so wie wir das vormachen, so sollt ihr es uns immer nachmachen." Dann haben die Predicanten einen Kuchen entzwei gebrochen, und ein Stück davon gegessen. Darauf hat das ganze Volk die anderen Kuchen gebrochen, und ein jeder hat davon ein Stück gegessen, und alle haben einen Schluck Wein dazu getrunken. Dann haben sie einen Lobgesang angestimmt, sind aufgestanden und ein jeder ist nach Haus gegangen. Und die Predicanten standen an den Türen und haben jedem eine gute Nacht gewünscht, und gaben jedem die Hand und küssten sich auf den Mund. Dann sagten sie: Liebe Brüder und Schwestern, gehet im Namen des Herrn und Gottes Friede sei mit euch." Dann sind dieselben hinweg gegangen. Dies geschah zuerst mit vierhundert, die das Abendmahl hielten. Dann sind die anderen gekommen, die derweil Wache gehalten haben, und haben auch so das Abendmahl gehalten, wie es die ersten taten, und die ersten haben so lange die Wache übernommen. Johan van Leyden ist um die Stadt herum von einem Tor zum anderen geritten, von einem Abendmahl zum anderen und hat auch gepredigt.

So haben sie vor allen Toren der Stadt Münster das Abendmahl gehalten.

Die Bösewichter, die Holländer, Friesen, Knipperdollingk und die rechten Wiedertäufer und ein anderer Teil der

Bürger von Münster, haben nicht gewusst, wie sie den Bischof von der Stadt wegbekommen könnten. So haben sie sich heimlich beraten, damit der gemeine Mann davon nichts erfährt. An dieser Beratung haben die Propheten und die Predicanten und alle Obersten der Wiedertäufer der Stadt teilgenommen. Dabei haben sie eine Frau ausgemacht, die sollte Urlaub von den Propheten und Predicanten begehren und sollte sagen, Gott habe ihr offenbart, dass sie aus der Stadt in das Lager ziehen muss, und meinen gnädigen Herrn von Münster mit seinen Landsknechten bekehren. Dieser Frau sollte offenbart worden sein, dass sie bei lichtem Tage aus der Stadt in das Lager geht. Die Propheten und Predicanten hatten mit der Frau ausgemacht, dass sie den Bischof von Münster umbringen sollte. Nachdem sie diese Tat vollbracht hatte, sollte sie wieder in die Stadt zurückkehren

Diese Frau ist aus der Stadt in das Lager gezogen (*Hille Feicken hat Münster am 16. Januar 1534 verlassen*) und hat so viel Geld mitgenommen, wie sie wollte. So ist die Frau in das Lager zu dem Bischof gekommen. Den Anschlag, den die Propheten und Predicanten und alle die Obersten mit der Frau vorhatten, schlug fehl, weil mein gnädiger Herr von Münster von diesem Betrug wusste. Deshalb hat er die Frau ins Gefängnis geworfen und sie befragen lassen. Da hat die Frau bekannt, dass sie ihn umbringen wollte. Darauf ist mein gnädiger Herr hergegangen und hat der Frau das Urteil verkündet. Ihr sollte das Haupt abgeschlagen und der Körper auf das Rad gelegt werden. Da meinte die Frau, dass der Scharfrichter eine solche Macht nicht hätte, dass er sie richten könnte, denn sie meinte, dass sie heilig wäre. Aber der Scharfrichter schlug ihr das Haupt ab.

Aus dem Verhörprotokoll des Bernt Knipperdollingk vom 20. Januar 1536 dazu: Die Frau, die aus Münster in das

Lager kam, um den Bischof zu töten, heißt Hille Feicken und stammt aus Ostfriesland. Und sie hat selber Johan Mathis anvertraut, der Vater habe ihrem Sinn gesandt, dass Sie tun soll wie Judith. So haben sie die Frau hingehen lassen, und Knipperdollingk gab ihr 12 Gulden mit. Sie hat nicht gesagt, wie sie es zu Wege bringen wollte, nur gesagt, Gott der Herr solle es in die Hand nehmen.

Bernt Krechtingk sagte am gleichen Tag unter der Folter: Gefragt, wer die Frau angestiftet hätte, die den Bischof umbringen sollte, sagt er, er wisse das nicht. Er habe die Frau nie gesehen oder gekannt. Er hätte nur gehört, dass eine Frau in der Stadt wäre, die soll solche wunderlichen Dinge tun, wie Judith. Und einer hätte gesagt, es wäre Phantasie, ein anderer hat gesagt: „Wer weiß, was der Vater durch diese Frau bewirken will." Sonst weiß er nichts davon. (Volltext unter „Bekenntnisse", S. 266)

Diese Frau war die Frau eines Holländers und war noch ein junger und besonders kühner Mensch. Deshalb meinten die Holländer und Friesen und die Bösewichter, dass sie den Bischof von Münster umbringen könne. So meinten dieselben Bösewichter, wenn sie den Bischof umgebracht hätte, würden sie fortan ihren Willen kriegen. So sagten die Propheten in der Stadt, wenn sie den Bischof von Münster fangen könnten, dann sollte er nicht mit seinem Leben davonkommen. Die Predicanten sagten in der Stadt, dass dieselbe Frau ihnen einen Brief in die Stadt geschickt hätte, worin sie ihnen gesagt hatte, dass sie dem Volk mitteilen sollen, dass Gott ihr offenbart hatte, dass sie in das Lager gehen soll. Dasselbe haben die Propheten und Predicanten dem Volk weisgemacht. Aber einige der Leute wollten das nicht glauben.

Der gemeine Mann in der Stadt wusste nicht, dass mein gnädiger Herr die Frau hinrichten ließ. All denen, die zu dieser Zeit, als die Frau hingerichtet war, in die

Stadt kamen, war bei ihrem Leben verboten, das zu erzählen, weil der gemeine Mann das nicht wissen sollte.

In den Predigten wurde angeordnet, dass alle die die Bücher oder Briefe in ihrem Hause hatten, dies auf den Domhof bringen mussten. So haben einige der Leute ihre Bücher und Briefe gebracht, und alle Bücher aus den Kirchen und Klöstern. Sie haben diese Bücher und Briefe auf fünf oder sechs Haufen gelegt und angezündet. Auch alle Briefe und Gerichtsurteile von der Ratskammer, die die Stadt Münster aufbewahrt hatte, wurden auf einen Haufen gelegt und verbrannt. So haben die Bücher und Briefe acht Tage lang gebrannt.

Einige der Leute haben ihre Bücher und Briefe behalten.

Danach sind sie noch auf die Kirchen und Klöster gestiegen, um sie abzubrechen, wie ihr noch hören sollt.

Sie haben Tag und Nacht Pulver in der Stadt hergestellt; und haben zwei Ölmühlen in der Stadt gehabt, darin haben sie auch Pulver gemacht. In den alten Dom haben sie eine Stempelmolle gebracht, darin wurde das Pulver aufbewahrt, damit sie bei Bedarf genug davon hätten. So meinten die Holländer und Friesen, sie hätten ein leichtes Spiel.

Auch wollten sie haben, dass alle Dinge frei sein sollten, dass einer soviel wie der andere besitze, ohne Ausnahme. Darum wollten sie, dass niemand die Türen verschließt, weder bei Tag noch bei Nacht. Allezeit sollten die Häuser offenstehen, so dass der eine in das des anderen gehen kann, wann er will. Vor den Haustüren sollte nicht mehr sein, als ein Gatter, damit die Ferkel nicht in die Häuser laufen konnten. Katzen und Hunde sollten am Ende auch nicht in die Häuser kommen können. So hatten sie die

Häuser wohl offen stehen, aber hatten keine Not von dem Vieh.

Sie hatten auch sechs Schulen in der Stadt. Darin lernten die Jungen und Mädchen der Stadt. Diese mussten Psalmen auf Deutsch lesen und schreiben lernen. Alles was sie denen beibrachten war im Sinne der Wiedertäufer. So wollten sie die Kinder bereits in ihrer Jugend erziehen, dass sie mit der Taufe aufwachsen. Es pflegten die Kinder aus allen Schulen jede Woche in den Dom zu gehen, immer zu Paaren die Straße entlang. Sie haben den Kindern im Dom gepredigt. Nach der Predigt sangen die Kinder einen deutschen Psalm, und gingen wieder zu Paaren nach Hause.

In der Schule mussten die Kinder als erstes einen Psalm singen, dann begann erst der Unterricht. Wenn sie die Schule wieder verließen desgleichen. Erst dann dingen sie nach Haus.

8 Kampf gegen die Belagerung

Sie haben auch Geld prägen lassen in der Stadt, wie den Joachimstaler, und ließen auch Münzen prägen von VIII oder IX Gulden. Dann haben sie Ansprachen gehalten an die Landsknechte, die die Stadt belagerten. Wenn sie so sprachen, hatten sie einen ausgemacht, der zum Tor hinausging, um mit den Landsknechten zu reden. Dieser hatte die Gulden, die sie eben geprägt hatten bei sich, und bot es den Landsknechten an. So meinten sie, die Landsknechte auf ihre Seite zu kriegen, und sie bekamen auch einige Landsknechte in die Stadt. Die Propheten und Predicanten und die Obersten der Stadt ließen das Geld genau deshalb prägen.

Tatsächlich hatten die Belagerer große Schwierigkeiten, ihre Landsknechte zu bezahlen, weil zugesagte Zahlungen nicht geleistet wurden. So schreiben der Lagerkommandant und seine Kriegsräte am 7. Mai 1535 an die Hofräte des Herzogs von Cleve unter anderem: ...Item der Arbeitsmonat ist gestern, Freitag, zu Ende gegangen, und wir haben hier nicht einen Gulden zur Bezahlung. Der Bischof sagt, er wisse kein Geld zu kriegen, und wir sorgen uns, dass Hans Pfennigmeister nicht viel Geld mitbringen wird. Und die Knechte rufen allweil: „Geld, Geld, Geld", wie sie es noch nie getan haben. So sind wir wegen der Bezahlung in großer Sorge, denn wir befürchten, dass große Meuterei unter den Knechten ist, weil sich die Bezahlung alle Monate verzögert. Wie wir weitermachen, weiß allein Gott.

Und am 21. Mai an den Bischof von Trier:
Gnädigster Herr. Obwohl wir e.f.g. (Euer fürstliche Gnaden) vor kurzem über die vielen Beschwerden der Knechte über die fehlende Bezahlung geschrieben haben, hat der

Pfennigmeister zunächst kein Geld erhalten, außer am 20. Mai 2200 Gulden. Aber den Knechten ist man heute die Bezahlung für 6 Wochen schuldig. Waffen und Knechte wollen bezahlt sein, während die Angelegenheiten sich hier gefährlicher entwickeln, als zu beschreiben ist. Wir warten von Tag zu Tag auf das Geld; und wollen an der Bezahlung alle Zweifel ausräumen. Worauf sie uns antworteten, wir sollten ihnen schriftlich zusagen und geloben, sie zu bezahlen, wenn die zwei Monate vergangen sind. Gnädigster Kurfürst und Herr, darauf sind wir in großer Schwierigkeit gewesen, dieses Gelübde abzulegen. Wenn sich die Bezahlung weiter verzögert, schlagen sie uns zuerst tot, dann würden etliche von ihnen unter Umständen zu den andern überlaufen; welche Schwierigkeiten könnten daraus entstehen. Darum haben wir die Sache gründlich bedacht, und ihnen zugesagt, dass wir sie mit Ausgang des zweiten Monats mustern und bezahlen werden. Deshalb ist es unsere untertänigste Bitte an Euer Kurfürstliche Gnaden, dass er gnädiglich betrachten wolle, in welch schweren Belastungen wir stehen, und gnädiglich verfügen, damit die Bezahlung nach langem Verzug binnen der zwei Monate erfolgen kann, 40.000 Gulden zu schicken.

Datiert vor Münster, Freitag nach Pfingsten, anno 1533. (21. Mai)

Wirich etc. Oberster, samt den zugeordneten Kriegsräten.

Einen Teil dieses Geldes haben sie prägen lassen, ehe Johan van Leyden König wurde.

Alles andere Geld, sei es aus Silber oder Gold, sollte in der Welt nichts mehr gelten, nur das Geld, was sie geprägt hatten und noch prägen wollten, sollte in der ganzen Welt gelten. Aber das Geld sollte nur in der anderen Welt gelten, denn die Wiedertäufer sagten, dass sie kein

Geld wollten. Denn sie wären Christen und ein Christ sollte kein Geld haben, denn das ist unrein. Aber das war Betrug, denn sie wollten das Geld von den Leuten kriegen.

Sie haben eine List vorgehabt und wollten den Landsknechten die Schanzen beschießen. Die Propheten und Predicanten und Obersten haben ein Weinfass auf einen Wagen gelegt und wollten dieses Fass in die Schanzen bringen. Das geschah auch zuerst an der Schanze, die der Bischof von Münster vor der Stadt graben ließ. Da hatten die Propheten und Predicanten ihren Spott mit denen, die die Schanze zu graben hatten. Dass der Bischof von Münster Landsknechte genommen hat und so großes Geschütz für die Stadt auffahre. Aber sie würden sich wohl zur Wehr setzen. Die Predicanten meinten, Gott sei mit ihnen auf Erden. Deshalb könnte ihnen niemand widerstehen und deshalb hätten sie gewonnenes Spiel.

Danach haben sich die Propheten und Predicanten an die Obersten der Stadt mit einem Haufen der Wiedertäufer versammelt, und sind mit dem Weinfass durch das Sankt Mauritiustor aus der Stadt in die Schanze gefahren. Als sie mit dem Wagen bei der Schanze ankamen, haben sie das Fass entzwei geschlagen und den ganzen Wein in den Dreck laufen lassen. Dann sind sie wieder in die Stadt gezogen

Darüber hinaus haben sie noch einen anderen Spott über meinen gnädigen Herrn von Münster und all jene die die Stadt belagerten, gezogen. Sie wussten nicht, was sie zu ihrer Befreiung unternehmen sollten. Da haben sie einen Bischof gemacht aus Hose und Wams und haben ihn mit Stroh gefüllt. Dann haben sie ihm einen Talar umgehängt und einen Bischofshut aufgesetzt. Sie haben die Figur auf ein Pferd gebunden und vor das Tor gebracht. So haben sie das Pferd an die Schanze geführt und ihm einen Klaps gegeben. Da ist das Pferd mit dem falschen Bischof immer an der Schanze entlang, in das Lager gelaufen. Die Landsknechte kamen aus dem Lager, dem Pferd entgegen, und wollten das Pferd fangen mit samt dem Manne, der darauf saß. Die Landsknechte meinten, es hätte ein lebendiger Mensch auf dem Pferd gesessen. Als die Landsknechte das Pferd erreicht haben, sahen sie, dass auf dem Pferd eine Figur aus Kleidern und Stroh war. Da wurden die Landsknechte zornig und hauten das Pferd mit der Figur in Stücke. Die Propheten und Predicanten und einige Wiedertäufer aber standen am Stadttor und sahen zu und haben gelacht, weil sie die Landsknechte mit der Figur auf dem Pferd so betrogen hatten.

Die Wiedertäufer schickten mit einem Gewehr bewaffnete Wachen aus der Stadt, die Landsknechte zu überfallen. Diese konnten sehr gut mit dem Schießgewehr umgehen, so als hätten sie zwanzig Jahre lang Krieg geführt, und alles was sie taten, das taten sie mit Klugheit und mit Behändigkeit und mit nüchternem Sinne. Denn die Propheten und Predicanten und die Stadtobersten haben streng verboten, dass sich jemand in der Stadt volltrinkt, so dass alle ihre Sinne erhalten bleiben. Darum haben sie sich nimmer betrunken und waren allzeit nüchtern. Wenn sie auszogen, so taten sie das mit Weisheit und mit Behändigkeit. Sie haben sich manches Gefecht mit den Landsknechten geliefert, bei denen auf beiden Seiten viel Schaden entstand. So sind die Wachen der Wiedertäufer nachts aus der Stadt gezogen auf ein Abenteuer, haben die Schildwache gefangen und in die Stadt gebracht.

Wenn die Wiedertäufer nachts auszogen, dann pflegten sie das Hemd außen über dem Harnisch zu tragen. Das war sehr leise. Das haben sie nachts oft gemacht. So sind sie eines Nachts ausgezogen auf ein Abenteuer, um einige

Gefangene zu machen und kamen dabei in das Geldrische Blockhaus. Darin hörten sie Gesang: „So wollen wir jetzt die Nüsse knacken, sehet Freunde." Als sie wieder in die Stadt kamen sangen sie auch, „So wollen wir jetzt die Nüsse knacken, sehet Freunde." Die Wiedertäufer meinten, dass die Landsknechte keine gute Wache hielten und sagten, dass sie wohl ein Blockhaus überfallen wollten. So zogen sie sogar tagsüber aus der Stadt um Gefangene zu machen. Denn sie wollten erfahren, wie es im Lager stünde und worüber im Lager gesprochen wurde. Sie haben das Betrinken auch deshalb verboten, weil sie fürchteten, wenn einer der ihren gefangen wäre, würde er leichter etwas verraten als ein Nüchterner; ein Nüchterner lässt sich nicht so leicht mit guten Worten überreden.

Auch die Landsknechte pflegten zu einem Scharmützel an die Stadt zu kommen. Sie gingen nahe an die Stadt und erlitten großen Schaden. Das taten sie meist, wenn sie betrunken waren, deshalb der große Schaden.

Eines Tages sind die Wiedertäufer aus der Stadt gefallen, um die Geschütze unbrauchbar zu machen, sie zu vernageln; das ist ihnen auch teilweise gelungen, und sie nahmen auch Geschützkugeln, die sie in die Stadt brachten. Dabei machten sie Gefangene, die das Geschütz bewachten, darunter auch einen Waffenschmied. Dieser wollte aber nicht mitgehen, da haben sie ihn totgeschlagen. Wäre dieser Waffenschmied mit ihnen mitgegangen, hätte er sein Leben behalten.

Als mein gnädiger Herr die Stadt sturmreif schießen ließ, wurden viele Kugeln über den Graben geschossen. Diese Kugeln haben sie eingesammelt und auf den Marktplatz getragen. Dort wurden sie nebeneinander auf große Haufen gelegt. Auf jedem Haufen waren nie mehr als 16 Kugeln. Einen Teil der Kugeln konnten sie jedoch nicht kriegen, weil diese in den Graben gefallen sind.

So haben die Hauptleute des Lagers am Montag zu Pfingsten (*25. Mai 1534*) einen Angriff auf die Stadt durchgeführt. Der Angriff begann abends um acht Uhr. Allerdings ist dieser Angriff den Landsknechten nicht wohlgeraten und sie mussten ihn wieder abbrechen, denn sie hatten hohe Verluste. Auch die Wiedertäufer erlitten großen Schaden in der Stadt und hatten viele Tote. Die Verluste bei diesem Angriff waren noch höher als bei dem letzten. Nachdem sich die Landsknechte zurückgezogen hatten, haben die Wiedertäufer alle Sturmleitern in die Stadt gebracht und haben sie neben das Rathaus gelegt. Diese Leitern bildeten einen großen Haufen.

Die Wiedertäufer sind zu dieser Zeit so stark gewesen, dass die Stadt nicht mit Gewalt einzunehmen war. Es kamen auch Holländer und Friesen in die Stadt gelaufen. Sie kamen aus allen Landen, damit die Wiedertäufer immer stärker wurden.

Hätten die Landsknechte die Stadt zu Beginn angegriffen, als sie die Bürger und alles Volk aus der Stadt gejagt haben an dem Freitag, und hätten sie so viele Landsknechte gehabt, wie sie nur kriegen konnten, dann hätten sie die Stadt eingenommen, so wie es am Ende auch geschah.

Tatsächlich haben die Wiedertäufer intensiv versucht, Unterstützer anzuwerben, wie das folgende Dokument bestätigt: Des Herzogs zu Cleve Räthe, zu Düsseldorf versammelt, an den Bischof zu Münster, 4. März anno 1534

Hochwürdiger etc. Als aus Münster etliche, die sich Propheten nennen, auch Prediger und andere Boten in alle Lande ausgeschickt, wie u.f.g. (unser fürstlich Gnaden) unzweifelhaft gehört und vernommen haben, so sind derselben etliche in des durchlauchtigen hochgeborenen Fürsten unseres gnädigen Herrn Herzog zu Cleve, Gulich, und Berg etc. Lande gekommen und haben einen Teil der Un-

tertanen dazu bewegt, dass sie mit ihnen nach Münster ziehen um dort selber die Wunderzeichen und Werke zu sehen und die Propheten zu hören.

Und so sind also ihrer 40 friedlich zu Neuss angekommen, um sich von dort mit dem Schiff nach Düsseldorf zu begeben. Als wir nun dieselbigen bemerkt haben, haben wir befohlen, dass diese 40 hier in Düsseldorf in Haft gesetzt werden. Unter ihnen ist einer, genannt Jacob van Osenbrug, der bekennt, dass er in Euer fürstlichen Landen geschickt wurde, um den Menschen die Zeichen und Wunder, die in Münster geschehen sein sollen, anzuzeigen. Daneben erkennen zu lassen, wie die Welt zwischen Tod und Leidensgeschichte grausam bestraft werde und der sehende Mensch nicht am Leben bleiben wird, und nirgends außerhalb Münsters Frieden und Sicherheit sein sollen, so Münster die Stadt des Herrn und das neue Jerusalem sei, da der Herr die Seinen erhalten und jeder genug haben soll; item dass allen Christen, wenn sie ankommen, in Münster Häuser und Betten gestellt werden, und ihnen von den anderen Essen und Trinken gegeben werde. Auch haben die Predicanten gesagt, wenn in die Stadt so viel Christenvolkes kommen sollte, dass man Häuser auf den Domhof, und Wohnungen im Dom und in den Kirchen für die Christen baut. Und wenn es zu viele würden, sollten dieselbigen in den Häusern und Gütern der Heiden und Gottlosen untergebracht werden. Darauf haben etliche das ihre verlassen, und sind ihnen gefolgt. Da Ihnen nun, gnädiger Herr, an diesen hochwichtigen und beschwerlichen Sachen nicht wenig gelegen ist und man aus diesem und dergleichen wohl annehmen kann, dass Sie dies nicht hinnehmen werden, haben wir nicht unterlassen wollen, u.f.g. hiervon Kenntnis zu geben, damit u.f.g. fernerem Unrat möglichst zuvorkommen wollen.

Geschrieben zu Düsseldorf, den 4. März 1534

Ehe die Propheten und Predicanten den Ausfall machten, um das Geschütz zu vernageln, wie ich bereits geschildert habe, ließen sie in den Predigten sagen, die Propheten hätten eine Offenbarung von Gott erhalten und wer gewillt wäre, aus der Stadt zu ziehen, der solle nachmittags um ein Uhr auf dem Domhof sein. Einige Landsknechte und rechte Wiedertäufer zogen auch dorthin. Denn weil die Propheten eine Offenbarung Gottes hatten, fragten dieselben nicht, ob sie umkommen würden oder nicht. So sind sie auf dem Domhof erschienen. Einige haben aber doch Zweifel bekommen, so dass die Hälfte lieber in der Stadt bleiben wollte. Da hat aber der Pfaffe Stutenbernt mitten unter dem Volk gestanden und hat ihnen gepredigt, dass sie ausziehen sollten, und hat ihnen eingeredet, dass Gott den Propheten offenbart hatte, dass sie ausziehen sollten. Dieser Stutenbernt konnte so reden, wie man es gar nicht aufschreiben kann. So konnte auch des Königs Kanzler, Heinrich Krechtingk reden, der Bösewicht, genau wie Stutenbernt. Stutenbernt hat gesagt: „Liebe Brüder und Schwestern. Es ist Gottes Wille, dass wir ausziehen sollen, und wer dazu willig ist, und will sein Leben wagen um Gottes willen, der soll seinen Finger heben." Da reckten sie alle ihren Finger in die Höhe und wollten mit ausziehen und wollten ihr Leben wagen, denn es war ja Gottes Wille offenbart worden. Dann hat Stutenbernt gesagt: „Liebe Brüder und Schwestern. Diejenigen, die ausziehen, sollen sich keine Sorgen machen, und sie dürfen sich nicht fürchten, weil es Gottes Willen ist. Nun liebe Brüder, ich merke wohl, dass das Fleisch sich fürchtet, aber der Geist ist willig", und hat weiter gepredigt.

Am Ende haben sie den Ausfall durchgeführt und ein Belagerungsgeschütz zerstört, und ein Teil von ihnen ist dort geblieben. So haben sie die Offenbarung vollbracht.

Als die Stadt Münster erstmals belagert wurde, da wollten die Wiedertäufer keine Pfeifen und Trommeln haben, und wollten auch keine Fahnen haben, und zuerst auch keine Hauptleute. Wenn sie auf dem Domhof zusammenkamen, taten sie das ohne Trommeln und Pfeifen und Fahnen. Die Propheten sagten, es stehe den Christen nicht zu, dass sie Pfeifen und Trommeln hätten, denn sie sollten nicht so wie die Gottlosen leben.

Die Wiedertäufer wollten nichts anderes tun als den Offenbarungen der Propheten zu folgen, denn die haben ihre Offenbarungen von Gott. Am Ende aber wurde den Propheten und Predicanten offenbart, dass die Kinder Israels Bänder und allerlei Spielzeug gehabt hatten; das haben sie in der Bibel gefunden. Immer, wenn die Propheten und Predicanten etwas in der Schrift fanden, pflegten sie zu sagen, Gott hätte es ihnen offenbart. Der eine oder andere in der Stadt hat wohl bemerkt, dass sie das aus der Bibel nahmen, die meisten jedoch nicht. Und weil sie nun die Offenbarung bekommen hatten, dass sie Pfeifen und Trommeln und auch Fahnen haben dürften, haben sie sich Pfeifen, Trommeln und Fahnen beschafft. Und so gingen sie morgens und abends auf die Wacht mit Pfeifen und Trommeln. Wenn sie auf den Domhof gingen und Gericht hielten, gingen sie auch mit Pfeifen, Trommeln und Fahnen.

So wurden sie, wie normale Landsknechte. Einmal sind sie aus dem Sankt Mauritiustor gefallen in die Schanze am Mulenberg und hatten eine Schießerei mit den Landsknechten. Sie haben die Landsknechte aus der Schanze vertrieben und haben den Mulenberg eingenommen. Doch in der gleichen Nacht eroberten die Landsknechte den Mulenberg wieder zurück, und behielten ihn so lange wie die Belagerung der Stadt dauerte.

Dies bestätigt Conrad Hesse, Schultheiß zu Marburg in seinem Brief vom 23. Juni 1534 an den Rat des Landgrafen zu Kassel: Weil Ihr mir geschrieben habt, dass ich Euch wissen lassen soll, wie es allenthalben vor Münster stehe, lasse ich Euch wissen, dass Münster noch nicht genommen ist. Meines Denkens nach, werden wir es mit Gewalt nicht so bald erobern, denn es geht langsam voran. Die Knechte haben am vergangenen Freitag den Mulenberg vor der Pforte eingenommen, im Folgenden sind die Münsteraner des Samstags danach ausgefallen und haben sie mit Gewalt wieder zurückgedrängt. Es gab auf beiden Seiten Tote und Verwundete. Doch haben sich die Knechte wiederum gewendet und den Mulenberg wieder eingenommen. Der Mut von den Knechten schwindet, denn es stellen sich ihnen viele heimlich in den Weg. So nehmen sie jeden Tag Schaden.

Nach der Schießerei zogen die Wiedertäufer um die Stadt herum mit Pfeifen, Trommeln und Fahnen. Als sie am Wall in die Nähe des Geldrischen Lagers kamen, da haben sie aus dem Lager nach der Fahne geschossen. Dabei wurde der Pfeifer getötet und noch fünf oder sechs andere verletzt. Die Fahne fing Feuer. Da wurden sie des Umherziehens mit der Fahne müde.

Dann haben sie vor der Stadt begonnen an zwei Toren zu graben, vor dem Sankt Mauritiustor und vor der Judenfelder Pforte. Sie haben vor einem Tor so nahe gegraben, dass sie die Erde in den Graben geworfen haben. So könnten viele Landsknechte in die Stadt gekommen sein. Ein Teil der Landsknechte trug den Wall ab, dass sie leichter an den Graben kommen konnten, den sie so füllen wollten. Viele der Landsknechte waren früher Bergleute gewesen, so dass sie wussten, mit dem Graben umzugehen.

Die Wiedertäufer begannen nachts alles wieder auszuheben. Sie haben so in der Erde gearbeitet, dass sie in einer Reihe standen, und der eine von dem anderen die Erde nahm, die sie ausgehoben hatten. Das taten sie so lange, bis sie keine Kraft mehr hatten.

Auch haben sie die Knechte während des Grabens aus der Stadt mit Steinen beworfen, und die Landsknechte warfen die Steine wieder zurück in die Stadt. Auch haben sich die Wiedertäufer in der Stadt Schleudern hergestellt. Diese Schleudern waren an einer Stange befestigt, damit sie einen Kieselstein nach den Landsknechten oder den Buren werfen konnten, die in der ersten Reihe an der Schanze gruben. Wenn ein Landsknecht oder Bure beim Graben auch nur eine Handbreit über die Schanze kam, dann schossen sie sofort aus der Stadt nach ihm; und wenn sich die Wiedertäufer auf dem Wall eine Blöße gaben, dann schossen die Landsknechte. So schossen sie auf beiden Seiten viel Volk tot, die Wiedertäufer in der Schanze, die Landsknechte auf den Wällen, weil jeder dalag und auf den anderen lauerte.

Die Wiedertäufer haben sich große Schleudern gebaut, mit denen sie Geschosse werfen konnten, die so schwer waren, wie ein Fass Butter. Diese Schleuder bestand aus einer langen Stange auf einem beweglichen Rad. An dem einen Ende war ein Gewicht befestigt, und die Schleuder hing an zwei starken Seilen. Diese Schleuder haben sie auf den Wall gebracht bei der Judenfelder Pforte. Weil die Schleuder nicht alles auf einmal werfen konnte, mussten sie sie zwei oder dreimal mit großen Steinen laden. Dann haben sie die Gewichte entfernt. So sind die Steine in die Luft geflogen, aber sind kurz vor den Schleudern wieder heruntergefallen. Sie konnten die Steine nicht über den Wall werfen. Die Landsknechte standen an der Schanze und haben den Wurf mit der Schleuder gesehen und haben gelacht und gerufen, und haben mit Steinen nach der Schleuder geworfen, dass die Wiedertäufer flohen und die Schleuder stehen lassen mussten. Von diesen Schleudern haben sie sich zwei Stück hergestellt, eine kleine und eine große. Mit beiden konnten sie nicht werfen. So haben sie wieder die kleinen Schleudern von vorher benutzt, und gaben die anderen auf.

Sie hatten auch vor, ein anderes Instrument herzustellen. Das sollte so gebaut sein wie ein Galgen und an dem Galgen sollte der Klöppel einer Glocke hängen. Dieser Klöppel sollte an einem Seil hängen, damit er hin und her schwingen konnte. Den Galgen wollten sie auf den Wall setzen. Wenn nun die Landsknechte angriffen, sollte der Klöppel wie eine Glocke geschwungen werden und den Landsknechten das Haupt zerschlagen.

Sie haben auch Bretter machen lassen, die so lang waren wie ein Mensch und einen halben Meter breit. In diese Bretter haben sie Schießscharten gebohrt. Diese Bretter wollten sie bei einem Angriff benutzen; dann wollten sie dahinter liegen und da durch schießen. Deshalb wurden die Bretter gestapelt, um sie zu nutzen, wenn es von Nöten wäre.

Als mein gnädiger Herr von Münster die Stadt angegriffen hat, hat das alles nichts genutzt. Denn die Holländer und Friesen haben die Bretter nicht aufgerichtet und den Galgen haben sie auch nicht auf den Wall getragen. Aber das war das Werk von Holländern und Friesen, wie alles was sie sich vornehmen.

Es war ein Landsknecht in der Stadt, der wurde von den Propheten und den Predicanten und den Obersten der Wiedertäufer angeklagt. Was dieser Knecht wirklich getan hatte, dass wusste der gemeine Mann in der Stadt nicht. Sie haben ihm Ehebruch vorgeworfen, denn damals hatten die Männer nur eine Frau, nicht mehr. Was dieser

Knecht getan hatte, darüber kann ich nichts schreiben. Und dieser Knecht wurde auch nicht vor das öffentliche Gericht auf dem Domhof gebracht, wie die anderen, die sie töten wollten. Sie haben den Knecht an die Judenfelder Pforte gebracht. Dann haben sie ihn an eine Säule gebunden und haben den Knecht mit der Säule aufgerichtet, oben auf dem Wall. Da hat der Knecht an der Säule gestanden, eine halbe Stunde lang, weil die Landsknechte an der Schanze ihren Kameraden sehen sollten. Am Ende haben die Wiedertäufer den Landsknecht totgeschossen, und ihn nochmals eine halbe Stunde stehen lassen. Schließlich haben sie den Knecht wieder vom Wall genommen, ihn von der Säule losgebunden und begraben.

Während der Belagerung Münsters litten die Wiedertäufer an zwei Toren großen Schaden, am Sankt Mauritiustor und an der Judenfelder Pforte. Dort wurden die meisten Schanzen gegraben, und da wurde am meisten geschossen von den Landsknechten aus dem Lager. Aber die Landsknechte hatten an diesen Toren auch hohe Verluste.

9 Vielweiberei; von dem Ehestand

Johan van Leyden hat mit den Predicanten und den zwölf Ältesten den Ehestand heimlich beraten, damit ein Mann mehr Frauen als eine haben konnte. Und die Propheten, Predicanten und die zwölf Ältesten sind sich einig geworden. Denn sie haben in der Bibel gefunden „wachset und mehret euch." Auch einige Altväter der Bibel, Abraham, David, und noch andere Altväter mehr, hatten mehr Frauen als eine gehabt. Darin wollten sie fortfahren und haben den Ehestand geändert, und in den Predigten verkündet, dass es Gottes Wille sei, dass sie einen Ehestand annehmen, der Gottes Wohlbehagen errege, dass man die Welt vermehren soll und dass Gott will, dass ein jeder Bruder mehrere Frauen als eine habe.

So hat Johan van Leyden gepredigt, ein jeder solle drei oder vier Frauen nehmen, soviel wie er haben wollte und jeder soll gütlich mit den Frauen leben. Das ist Gottes Wille. Das hat manchem behagt und manchem nicht. Es gab Männer und Frauen, die haben sich dagegen gestellt, und wollten in solch einem Ehestand nicht leben.

Johan van Leyden ist dann auch der erste gewesen, und hat noch eine Frau aus Münster zu seiner ersten Frau, genommen. Denn Johan van Leyden hatte noch eine Frau in Holland. Und so hat er alle Tage mehr Frauen genommen, so dass er am Ende vierzehn Frauen hatte. So haben die Holländer, Friesen und alle rechten Wiedertäufer auch mehr Frauen genommen. Sie haben sogar ihre ersten Frauen gezwungen, dass sie gehen mussten, um ihrem Mann eine weitere Frau zu holen. Da hat der Teufel gelacht. Da hatten die ihren Willen bekommen, die zu alte Frauen hatten, und konnten sich junge Frauen nehmen. Das gleiche sollten auch Männer annehmen, die keine Wiedertäufer waren, wenn sie wollten.

Die Wiedertäufer in der Stadt Münster lebten recht nach ihrem Sinne, die Obersten wie Johan van Leyden und die Predicanten und die zwölf Ältesten. Sie hatten alle Geld, Silber und Gold, und jeder hatte das seine auf die Seite geschafft. Sie saßen in Häusern oder sogar Gütern und hatten dazu noch zehn oder zwölf Frauen. Ich sage, ihnen ist die rechte Taufe gut bekommen.

Ferner haben die Propheten, Predicanten und die zwölf Ältesten beschlossen, dass es Gottes Wille sei, dass ein Mann, der eine junge oder alte Frau hatte, die unfruchtbar war, der soll eine andere nehmen, die fruchtbar ist. Wenn diese dann schwanger war, sollte der Mann mit ihr nichts mehr zu schaffen haben, bis sie entbunden hatte. Kann sich der Mann nicht einer Frau während der Schwangerschaft enthalten, so mag er eine andere nehmen. Nimmt der Mann dann eine andere Frau, und diese wird ebenfalls schwanger, so kann er diese dann sitzen lassen. Kann sich der Mann dann wieder nicht enthalten, so mag er noch eine andere nehmen; so viele er haben will, auf dass sie sich vermehren. Es kam vor, dass Männer allzeit eine andere Frau hatten, weil sie nichts mit nur einer zu tun haben wollten. So wollten sie die Welt vermehren durch ihren Ehestand, wie sie sagten.

Am Ende nahmen sie alle Frauen, die sie kriegen konnten, egal ob diese schwanger wurden oder nicht; sie nahmen sogar kleine Mädchen sage ich euch. Sie schliefen bei der einen Frau vor und bei der anderen Frau nach.

Den Ehestand den Gott eingesetzt hatte, den wollten sie nicht behalten.

All das taten sie mit dem billigen Schein, sich vermehren zu wollen.

Hätten die Wiedertäufer ihren Willen gekriegt, wie sie es meinten, sie würden die ganze Welt erobert und alle

Fürsten und Herrn vertrieben haben, und alle Obrigkeit in der Welt, so hätten sie die ganze Welt verdorben, so wie sie es in Münster taten. Und sie hätten noch so manchen Menschen umgebracht, genau wie in Münster. Aber Gott wollte nicht, dass sie ihren Willen haben sollten.

Dann haben die Propheten, Predicanten und die zwölf Ältesten in den Predigten sagen lassen, alle Frauensleute, Jungfern und Mädchen, Witwen, alle die mannbar sind, seien sie edel oder unedel, geistlich oder weltlich, sollen Männer nehmen. Und die Frauen, deren Männer außerhalb der Stadt waren, weil sie vor uns geflohen sind, sollten auch andere Männer nehmen, weil ihre Männer gottlos und vor Gott davongelaufen sind. Diese sind nicht mehr unsere Brüder. „Liebe Brüder und Schwestern, ihr habt zu lange als Heiden gelebt, denn euer Ehestand ist gar kein Ehestand gewesen." So haben es die Predicanten dem gemeinen Volk in der Predigt verkündet.

Einige Frauen sind auch willig gewesen, andere Frauen nicht. Und ein Teil der Jungfern und Dienstmägde ebenso.

Viele Frauen, deren Männer vor und nach dem Freitag ausgezogen sind, waren in der Stadt geblieben, weil sie gehofft haben, dass diese bald wieder in die Stadt zurückkommen würden. Auch gab es Frauen, deren Männer aus der Stadt gezogen waren, um Handel zu treiben. All diese Frauen sind in der Stadt geblieben, auf ihren Gütern, Haus und Hof und bei ihren Kindern, und wollten es beschützen. Hätten all diese Frauen gewusst, was am Ende auf sie zukommt, sie hätten alles stehen und liegen gelassen, was sie gehabt haben, und wären zu ihren Männern aus der Stadt gezogen. Weil sie aber in der Stadt geblieben waren, gleich den anderen Frauen, mussten sie tun, was die Propheten und Predicanten wollten. Nun war es zu spät, sie waren jämmerlich verraten. Manche, die noch heimlich aus der Stadt lief, bei Tage und auch bei Nacht.

Als der Befehl ergangen ist, dass sie alle Männer nehmen sollten, da sind die Holländer und Friesen und alle die Wiedertäufer, die in die Stadt gekommen waren, und auch ein Teil der Bürger der Stadt Münster, durch die ganze Stadt gelaufen, in alle Häuser, in denen sie eine Frau oder eine Jungfer oder eine junge Magd wussten. Da liefen sie alle kreuz und quer, der eine vor, der andere nach, dass er ja mehr Frauen haben konnte als der andere. Je mehr Frauen sie hatten, desto bessere Christen waren sie. Dann hat das Suchen nach Frauen in der Stadt einen solchen Umfang angenommen, dass die Propheten, Predicanten und die zwölf Ältesten in den Predigten haben verbieten lassen, weiter den Frauensleuten hinterherzulaufen. „Liebe Brüder, ihr sollt allein zur Schwester in das Haus gehen und sie zur Ehe begehren. Wenn es sich dann füget, dass sie einen anderen Mann haben will, so sollt ihr sie verlassen und zu einer anderen gehen; so lange, bis Gott in ihren Sinn greift und eine euch will." Und weiter haben die Predicanten gesagt: „Liebe Brüder und Schwestern. Wenn der Bruder bei einer christlichen Schwester stehet und es beiden beliebt, dass sie zusammenkommen, dann sollen sie Gott drei Tage bitten, damit es sein Wille sei, dass sie zusammenkommen und miteinander leben. Und Gott hat ein Wohlgefallen an ihnen und gibt ihnen seine Liebe und seinen Segen, damit sie sich mehren – mit allen Frauen, die sie kriegen."

Die Frauen und Jungfern und Mädchen, die einen Mann nicht nehmen wollten, aber der Mann wollte, dass die Schwester sich nicht länger verweigert, mussten zu den Predicanten kommen. Diese zwangen einige Frauensleute, dass sie den Mann nehmen mussten, egal ob sie wollten oder nicht, sonst wären sie des Todes.

Nachdem der Ehestand sich so verändert hatte, dass ein Mann so viele Frauen haben konnte, wie er wollte, da haben die einen daran geglaubt und die anderen nicht, und viele wurden deshalb auch noch totgeschlagen, wie ihr am Ende hören sollt. Wegen dieses Ehestandes hat sich so mancher Mensch in der Stadt gemuckt. Nicht alle waren froh über diese Entwicklung, und mancher wandte sich dem Tode zu. So haben sie einmal eine Frau im Wasser liegend gefunden; sie war ertrunken und schwamm auf dem Wasser, und hatte noch ihre Kleider an. Diese Frau war in der Stadt ertrunken. Aber die gemeinen Leute wussten nicht, wie sie ertrunken war; ob sie die Propheten und Predicanten ertränkt haben oder ob die Frau sich selber ertränkt hat. Einige Leute haben gesagt, die Propheten hätten sie ertränken lassen, einige andere sagten, dass die Frau sich selbst ertränkt hat, wegen des Ehestandes. Diese Frau lag im Wasser ungefesselt, deshalb meinten die meisten, dass sie sich selber umgebracht hat. Warum die Frau wirklich zu Tode kam, kann ich nicht schreiben. Diese Frau wohnte nicht in Münster; woher sie kam wusste niemand. So haben sie die Frau aus dem Wasser geholt und haben sie begraben.

Es haben sich viele in der Stadt mit dem Ehestand nicht abfinden wollen, und es war großer Unwille in der Stadt unter den Frauen. Da gab es in einem Haus zwei oder drei Frauen mit einem Mann. Allzeit war darin ein Schelten und Keifen zwischen den Frauen. Da wollte die erste Frau die ganze Zeit dem Mann nahe sein, und die anderen Frauen, die der Mann später genommen hatte, wollten dem Mann auch nahe sein. So konnten sie sich nicht in dem Hause vertragen, und sie hatten nie Frieden im Haus. Alle Tage kamen Klagen zu den Propheten, Predicanten und den zwölf Ältesten, dass sie zu den Frauen gingen und der Ersten sagten, dass sie auch an die anderen Frauen denken soll und mit den Konkubinen Frieden halten. Das taten sie aber nicht.

Dann pflegten die Propheten und Predicanten die widerstrebenden Frauen im Rosenthal festzusetzen, welches ich vorhin schon erwähnt habe. Doch konnten sie die Frauen mit dem Rosenthal nicht bezwingen. Da sagten die Predicanten, vor allem Stutenbernt: „Ich sage euch, das Rosenthal soll künftig nicht mehr angewendet werden, weil es niemanden bezwingen kann, künftig muss mit dem Schwert bestraft werden." Die Propheten und Predicanten haben entsetzlich mit dem Schwerte gestraft und viele hingerichtet. So waren die Frauen ein wenig still, aber das hat nicht lange gedauert. Dann sind viele gewesen, die sagten, dass das mit dem Ehestand Teufelswerk ist, und dagegen gab es keinen Rat, sie mussten das anders machen mit diesen Frauen.

Darum haben die Propheten, Predicanten und die zwölf Ältesten beraten, was sie mit den Frauen machen sollten, damit in den Häusern Frieden ist. Sie haben in den Predigten sagen lassen: alle die Frauensleute, die zu dem Ehestand gezwungen sind, und einen Mann nehmen mussten, den sie verlassen wollen, sollten auf das Rathaus kommen und sich scheiden lassen; man würde sie wieder aus der Ehe entlassen, weil sich die Predicanten mit dem Ehestand vertan haben.

Es war sehr klug gewesen von van Leyden, Stutenbernt und den zwölf Ältesten und auch einigen der Predicanten, dass sie sagten, diese hätten sich versehen mit dem Ehestand. Denn sie konnten so von sich weisen, dass sie den Ehestand bewilligt haben, und wollten die Schuld auf die anderen legen. Sie haben diese Predicanten dann als Boten nach Soest, nach Warendorf, nach Coesfeld und nach Osnabrück gesandt, und sie wussten genau, dass die Boten in den anderen Städten hingerichtet werden. Da meinten sie, sie würden mit dem Ehestand nicht in Verbindung gebracht werden können.

So ist das geschehen.

„Wenn sich die Predicanten mit dem Ehestand versehen haben, so sollt ihr auf das Rathaus kommen und euch scheiden lassen. Man wird euch wieder trennen. Niemand soll dazu gezwungen sein, der Ehestand soll frei sein. Wem es beliebt, der möge es tun, wem es nicht beliebt, der kann es lassen." Als sie das verkünden ließen in der Stadt, war es bereits zu spät, denn sie hatten viele wegen des Ehestandes hingerichtet. „Wie ein Mann mit einer Frau ein gottgefälliges Leben führen kann, kann er auch ein gottgefälliges Leben mit mehreren Frauen führen; und eine Frau kann auch ein gottgefälliges Leben ohne Mann führen."

Sie haben den Frauen acht Tage Bedenkzeit gesetzt, um sich scheiden zu lassen. Es haben sich einige hundert Frauensleute scheiden lassen, junge und alte. Und die kleinen Mädchen, die sie zur Ehe zwangen, wie ihr noch hören sollt, ließen sich auch scheiden. Den Frauen, die sich scheiden ließen, haben sie gesagt, dass sie nach einiger Zeit wiederkommen sollen. Als diese Frauen wiederkamen, haben sie jede von ihnen, ob jung oder alt, gefragt, ob sie zu ihrem Herrn gezwungen waren (Die Frauensleute pflegten ihre Männer „Herr" zu nennen.) Wer beweisen konnte, dass er zu dem Ehestand gezwungen war, den trennten sie. Nachdem das geschehen war, dass die Frauen wieder getrennt waren, hielten die Predicanten vor denselben eine Predigt und vermaledeiten, dass sie des Teufels wären mit Leib und Seele.

Die Frauen, die in der Stadt zu alt waren, Männer zu nehmen, mussten einen Schutzherrn haben. Diese Schutzherren behandelten die alten Frauen wie junge, als ob sie ihre richtigen Frauen wären, und sie mussten die Fürsorge für sie übernehmen. Außerdem mussten die

Schutzherren auf die alten Frauen achten und sie unterweisen und beaufsichtigen, dass sie bei dem Glauben blieben. Wollten die alten Frauen dem Schutzherrn nicht Gehorsam sein, so musste er sie bei den Propheten und Predicanten anklagen und sie wurden bestraft. Ehe die Frauensleute bestraft wurden, musste der Schutzherr sie erstmal unterrichten und belehren. Wollten sie sich aber nicht belehren lassen, wurden sie vor den Propheten und Predicanten verklagt, und wollten sie sich von den Propheten und Predicanten auch nicht belehren lassen, mussten sie sterben; die Männer wie die Frauen, die Jungen wie die Alten, der eine sowohl als der andere. Die Schutzherren mussten den alten Frauen Kost und Kleidung stellen, dass sie keine Not haben.

Auch die alten, armen und kranken Leute sollten keine Not haben in der Stadt. Aber wer arm war, der blieb arm; und wer etwas besaß, der wollte es behalten, obwohl aller Besitz gemein sein sollte. Und so kam der Hunger zuerst über die armen Leute und sie litten großen Kummer. Als die Zeit kam, dass der Hunger so groß in der Stadt war, da dachten die Propheten, Predicanten und Diakone nicht daran, dass die armen Leute auch gern gegessen hätten, und ließen sie am Ende jämmerlich dahinschmachten. Wenn einige von ihnen etwas bekamen, dann hielten sie sich nicht auf und sangen und tanzten und waren guter Dinge. Sie dankten dem Vater, dass er sie so reichlich tröstete, und aßen und tranken so lange sie etwas hatten. Als aber die Kost alle war, und der Vater nicht reichlich trösten konnte, da schwiegen sie still und sangen nicht mehr und tanzten auch nicht mehr. Und mit der Zeit benötigten sie einen Stock und konnten vor großem Hunger nicht mehr gehen, und am Ende ist ein Teil von ihnen gestorben.

Die fremden Bürger, die den Predicanten aus anderen Städten und anderen Landen in die Stadt gefolgt waren, und sich so von den falschen Propheten hatten verleiten lassen, die mussten auch Frauen nehmen, so viele wie sie haben wollten. Und sie hatten zu Hause Frau und Kind, Haus und Hof und einige waren reiche Leute gewesen. Sie ließen alles was sie hatten zurück, und waren den Predicanten gefolgt und ließen sich so überreden. Nun gab es einige, die meinten und sagten es auch, dass die Predicanten sie nicht überredet hätten, ihnen zu folgen. Es ist unmöglich zu sagen was stimmt, egal was sie erzählen. Aber viele dieser Bürger, die damals in die Stadt gekommen waren, würden gern wieder zurück zu ihren Gütern, Frau und Kind, zu Haus und Hof. Und manche meinten, dass sie jämmerlich betrogen worden waren.

Alle Mannsleute, die vor der Taufe echte Frauen gehabt haben, egal ob sie damals schon Bürger der Stadt Münster gewesen sind oder fremde Bürger, die mit ihren Frauen später in die Stadt gezogen waren, und ihre Frauen behalten wollten, die mussten sich noch einmal trauen lassen. Der Ehestand, den sie lange hatten, war kein Ehestand gewesen, und sie hatten gelebt wie Heiden. So mussten sich Männer und Frauen noch einmal trauen lassen, die bereits zehn, zwanzig oder dreißig Jahre zusammen gewesen sind. Das mussten sie deshalb tun, weil sie vor der Taufe noch keine rechten Christen waren. Die Propheten und Predicanten sagten, dass sie von ihrer Geburt an bis zur Taufe noch nicht den richtigen Glauben hatten und gewichen sind von Gottes Wort und hätten gelebt wie Heiden. Nun aber sei Gott zu ihnen gekommen um eine neue Welt zu errichten.

Als sie nun mitten in dem Ehestand waren und sahen, dass keine Frau davonkommen konnte und einen Mann nehmen musste, weil sie die frommen Leute zur Ehe gezwungen haben, hat jede Frau sich nach einem Mann umgesehen. Es gab einige Frauen, die wollten keinen Mann haben, der bereits eine Frau hatte, und nahmen sich einen Mann, der noch ohne Frau war. Und so sind die unverheirateten verheiratet worden. Es gab auch Männer in der Stadt, die nicht mehr Frauen als eine haben wollten, und nicht leben wollten wie Hunde oder Katzen.

Mancher fromme Mensch, Männer und Frauen, die gute Menschen waren, sind in der Stadt geblieben, und wollten nicht heiraten. Die wurden mit Gewalt dazu gezwungen. Gott sei ihnen barmherzig. Sie sind deshalb gestorben und hatten gar keine Schuld daran; den wahren Schuldigen mag Gott ihre Sünden vergeben. So haben der König Johan van Leyden und Knipperdollingk so manchem den Hof abgenommen und totgeschlagen, manchen sogar mit den eigenen Händen. So haben sie fromme Männer zu Tode gebracht und von ihrem Besitz gejagt, dass es Gott erbarmen könnte. Und alles was sie taten war rechtens, denn es war Gottes Wille. So hat Knipperdollingk mehr Leuten den Kopf abgeschlagen als Johan van Leyden.

Nachdem nun alle Frauensleute in der Stadt Münster Männer nehmen mussten, sind am Ende nur noch kleine Mädchen gewesen. Dieselben mussten auch Männer nehmen. Die Mädchen waren gerade elf, zwölf oder dreizehn Jahre alt, ich kann es nicht genau schreiben, wie jung sie waren. Sie waren noch Kinder und noch nicht in dem Alter um Kinder zu bekommen. Diese Mädchen mussten Männer nehmen, obwohl sie noch so klein wie Kinder waren. Da haben die Holländer und Friesen, die Bösewichter, und einige Bürger der Stadt Münster sie zu ihren ersten Frauen zusätzlich genommen. Die Männer, die alte Frauen hatten, haben zum Teil auch die Mädchen genommen, und haben sich die Mädchen geteilt, der eine kriegt sie hier, der andere da. So haben die Holländer und Friesen die kleinen Mädchen so lange gehabt mit ihrem bösen Willen, dass die Mädchen verdarben und haben ihnen ihr Leben zerbrochen. Es gab eine Frau in der Stadt Münster, die hat die Mädchen zu sich genommen und geheilt; einige der Mädchen sind gestorben. Diese Frau hatte fünfzehn Mädchen, die sie wieder gesund gemacht hat. Danach sind die Mädchen auf das Rathaus gegangen, um sich scheiden zu lassen.

Später ist es zu einem Aufstand in Münster gegen den Ehestand gekommen, denn einige Bürger und fromme Leute und Landsknechte aus anderen Städten wollten den Ehestand wieder aufheben, und ein jeder sollte sein Gut wiederhaben, und Bürgermeister und Räte sollten wieder eingesetzt werden, und alle Dinge sollten wieder so sein wie sie vorher waren. Diese Bürger und Landsknechte haben Johan van Leyden, Knipperdollingk und einige Predicanten festgenommen und in den Gefängniskeller unter dem Rathaus festgesetzt.

Hier sei ein Auszug aus dem Brief der Clevischen Kriegsräte vor Münster an des Herzogs zu Cleve bei Hof versammelte Räthe, vom 31. Juli 1534 eingefügt:
Als neue Nachricht lassen wir auch wissen, dass gestern zu Mittag ein vortrefflicher geschickter Bürger und Kaufmann aus der Stadt ausgebrochen ist. Der zeigt an, dass vorgestern zum Abend eine große Unruhe und Zwietracht in der Stadt gewesen ist, wie es auch hier draußen zu hören war. Dabei ist herausgekommen, dass eine Frau mit einem Kind begehrte, sie aus der Stadt zu lassen, denn sie hat nicht annehmen wollen, dass ein Mann mehr als eine Frau haben, oder die eine verlassen und eine andere zu nehmen vermochte. Deswegen hat Knipperdollingk sie in das Gefängnis werfen lassen. Aber weil viele aus

der Gemeinde, Männer und Frauen, auch die Landsknechte darinnen zum größten Teil diesem Glauben ebenfalls nicht anhängen wollen, haben sie Knipperdollingk dahin gedrängt, die Frau wieder frei zu lassen, und danach Knipperdollingk und den Propheten von Schleiden ins Gefängnis gesteckt, jeden für sich allein. Wie es aber weiterging kann er nicht sagen, denn er hat gestern die Tagwache auf dem Wall gehalten, und die darinnen waren, hatten die Tore verschlossen, dass niemand hatte hineinkommen können. Und gestern Abend hatte er wieder mit ihnen gesprochen, es sei aber nichts Vernünftiges dabei herausgekommen. Zuletzt kam es zwischen ihnen zum Streit.

Sie hatten auch einen Predicanten gefangen, genannt Schlachtschaep. Denselben hatten sie aus dem Bette mit zwei Frauen geholt und die zwei Frauen lagen unter ihm auf der Matratze. Dann haben sie den Schlachtschaep in den Kerker gebracht. Einige Frauen sind vor den Kerker gekommen und haben ihn mit Steinen und mit Dreck beworfen, und haben mit ihm gesprochen. Sie haben ihn immer gefragt, ob er immer noch mehr Frauen haben wollte und ob er nicht genug an einer Frau hätte. Dabei ist viel Volk zusammengeströmt auf dem Platz vor dem Rathaus, um zuzusehen, wie sich der Auflauf entwickeln würde. Sie waren etwa einen halben Tag lang auf dem Platz. Am Ende haben sich die Holländer und Friesen und Tillebecke und noch einige andere Bürger versammelt. Diese haben alle Stadttore besetzt. Darauf haben die, die den Auflauf machten, einen von ihnen zu Pferde zu den Toren geschickt, um nachzusehen. Dieser ist aber nicht zurückgekommen, weil es ihm nicht erlaubt wurde. Darauf haben sie einen anderen zu Pferde geschickt. Der ist geritten und nahm einige mit zu Fuß. Als er mit dem Pferd am Tor ankam, haben sie ihn zusammen mit denen zu Fuß gefangen, einige sind ihnen jedoch entkommen. Deshalb kam die Nachricht an den Marktplatz, dass der zu Pferd und einige zu Fuß gefangen genommen waren. Darauf haben sie noch einen zum Tor geschickt, um nachzusehen, ob das auch stimmt. So waren sie sicher, dass das wahr ist.

Darauf sind Tillebecke und einige der zwölf Ältesten zu dem Marktplatz gekommen, um zu sagen, dass sie den Auflauf lassen sollen, und ein jeder sollte wieder nach Hause gehen. Dem wollten aber die Bürger und Landsknechte nicht folgen, denn sie wollten alle Dinge wieder so haben, wie sie vorher waren. Als Tillebecke einsah, dass er so nicht weiterkam, ist er in der Stadt herumgegangen und hat von allen Wachen Holländer und Friesen und diejenigen, die zu den Wiedertäufern hielten, geholt und die Stadt besetzt. Dann sind sie zum Markt gezogen, und sie sind viele gewesen, über sechshundert Mann. Diejenigen, die sie gefangen hatten, mit dem Pferde und zu Fuß, haben sie wieder laufen lassen. All das war veranlasst durch Tillebecke, damit die Holländer und Friesen die Oberhand behalten konnten.

Zwischen den Bürgern und Landsknechten war einer, der hieß Mollenhecke. Er war früher ein Altermann gewesen, und wollte wieder werden, was er zuvor gewesen ist. Knipperdollingk und Mollenhecke sind vor einiger Zeit aneinandergeraten, weil er wollte, dass die Taufe rechtens würde und alles andere, was sie unternehmen. Mollenhecke, der Altermann, war dagegen. Es sei Unrecht, was die Predicanten vornehmen mit dem Ehestand und mit der Enteignung und mit allem anderen, was sie tun. Dieser Streit zwischen Knipperdollingk und Mollenhecke fand auf der Straße statt. Dabei hat Mollenhecke zu Gott im Himmel so laut wie er konnte, gerufen: „O Gott im Himmel, steige hernieder und nimm das große Unrecht, das in dieser Stadt geschieht, und strafe den, der das

Unrecht verursacht." Als Mollenhecke den Herrn im Himmel angerufen hat, da hat Knipperdollingk gesagt: „Nun wohlan, es soll noch in Kürze anders werden." Kurz darauf versammelte Mollenhecke die Bürger und Landsknechte in seinem Haus. Dann haben sie Johan van Leyden, Knipperdollingk und die anderen Predicanten festgesetzt, und der Aufstand begann.

Als nun die Bürger und Landsknechte wussten, dass sich die Holländer und Friesen um Tillebecke versammelt haben und zum Markt ziehen wollten, um sich mit ihnen zu schlagen, weil sie verhindern wollten, dass alles wieder so wird wie ehedem, da haben sich diese Bürger in Schlachtordnung gestellt und sie ließen die Trommeln Alarm schlagen und wollten sich zur Wehr setzen. Dann sind die Holländer und Friesen mit ihrem Anhang gekommen, diese Bösewichter, und haben die Landsknechte geschlagen, dass sie in das Rathaus geflüchtet sind. Einer der Bürger wurde an der Rathaustür erschossen. Er war auf der Stelle tot.

Als die Holländer und Friesen sahen, dass die Bürger das Rathaus eingenommen hatten, haben sie das Rathaus eingeschlossen. Sie wollten es stürmen und alle, die im Rathaus waren totschlagen. Sie haben von unten auf die Bürger und Landsknechte geschossen und brachten ein Geschütz vor das Rathaus, und schossen damit durch das Rathausfenster. Die Bürger und Landsknechte, die im Rathaus waren, die schossen zurück und warfen mit Steinen nach ihnen. Am Ende aber haben die Bürger und Landsknechte gesehen, dass sie verloren hätten, und mussten sich in Gefangenschaft begeben. Zwar wollten die Holländer und Friesen alle totschlagen, doch schließlich haben sie sie doch gefangengenommen. Es waren gefangen mehr als hundertundzwanzig. Die anderen waren bereits geflüchtet, als sie sahen, dass sich die Holländer und Friesen versammelten. Dieselben Hundertzwanzig haben sie in das Gefängnis unter dem Rathaus gesteckt. Dort wurden sie geschlagen.

Wenn die Bürger und Landsknechte in der Nacht als sie den Aufstand gemacht hatten und Knipperdollingk und Johan van Leyden gefangen nahmen, auch ein Tor eingenommen, so hätten sie die Oberhand behalten.

Von den hundertundzwanzig Gefangenen ließen Johan van Leyden, Knipperdollingk, die Predicanten und die zwölf Ältesten siebenundvierzig töten; die anderen wurden verbannt. Diejenigen, welche verbannt wurden, mussten Zeugen bringen, dass sie nachts nicht dabei gewesen sind, dass sie am Morgen erst dazu kamen. Wer dafür Zeugen bringen konnte, dass er erst morgens dazu gekommen war, der behielt das Leben, die anderen mussten sterben. Sie ließen sie totschlagen oder stachen sie mit kurzem Degen und einem Teil schlugen sie den Kopf ab. Wer Lust hatte, einen totzuschlagen, der suchte sich einen aus, und schlug ihn tot. Wie er ihn zu Tode brachte, war ihnen egal. Dieses Töten hat drei oder vier Tage lang gedauert. Sie haben auf dem Domhof zwei große Gruben gemacht, in die sie die Toten brachten. Jeden Tag brachten sie zehn oder zwölf um, so lange, bis alle tot waren. Damit haben sie das Volk in großen Zwang gebracht, damit sie das mit dem Ehestand in Gang kriegen. Nach dieser Zeit durfte niemand sagen, dass der Ehestand Unrecht sei; alles was sie taten war richtig.

Unter den Gefangenen war einer, der sollte auch sterben und sollte auf den Domhof gehen. Er war ein Bürger der Stadt Münster und es war sein Wunsch, ehe er sterben müsste, nach Hause zu gehen und mit seiner Frau und seinen Kindern zu sprechen. Das wollten sie ihm nicht gönnen. Als sie diesen Bürger vom Rathaus zum Domhof geführt haben, waren die anderen zu Paaren gefesselt, dieser Bürger aber war allein gefesselt, an den Händen. Unterwegs versuchte er zu seinem Haus zu laufen, um Frau und Kinder zu sehen. Da liefen sie ihm nach und holten ihn ein. Sie nahmen ihn zwischen sich und zerstückelten ihn mit dem kurzen Degen. Dann schleppten sie ihn an den Füßen auf den Domhof zu den anderen. Die Stücke, die sie ihm abgeschlagen hatten nahmen sie mit. Dort schlugen sie die anderen auch tot und warfen alle in die Gruben.

Die Gefangenen, die Gnade bekamen, brachten sie zusammen in das Sankt Joergens Kloster. Dort saß Schlachtschaep auf einem hohen Stuhl und hielt eine Predigt, weil Gott ihm offenbart hatte, dass er denen, die bei dem Aufruhr dabei waren, predigen sollte. Und so saß er auf seinem Stuhl und predigte ihnen, dass sie gegen Gottes Willen gehandelt hätten, und dass sie Gott danken sollen, dass er sie in Gnaden genommen hat, und dass man ihnen vergeben würde, wenn sie bereuten. So ist es auch geschehen. Sie haben öffentlich um Vergebung gebeten und sind so wieder in Gnade gekommen. Diese Predigt hatte jeder mit seinem Namen unterschrieben. Da sind sie wieder friedlich gewesen, und sind ihre Brüder geworden.

So haben sie fortan ihren Willen gehabt mit dem Ehestand und alle Frauen, Jungfern und Mägde mussten Männer nehmen. Wenn sich ein Paar verheiraten wollte, gingen sie nicht wie beim ersten Mal zur Hochzeit vor dem Predicanten. Wer zur Hochzeit ging und schon verheiratet war, der brachte seine eine, oft zwei seiner Frauen mit. Sie hielten einen Hochzeitszug und gaben einander die Hand. Damit waren sie echte Eheleute. Haben sie sich alle vertragen, wenn sie beieinander waren, so blieben sie beieinander; konnten sie sich nicht vertragen, gingen sie wieder auseinander. Und wenn ein Paar zur Hochzeit kam, und sich danach herausstellte, dass der Mann nicht mannbar war, aber eine junge Frau hatte, dann gingen sie auch wieder auseinander, und die Frau nahm einen anderen. Das ist in der Stadt oft geschehen.

Des Freitags, an dem sie die Bürger und Frauen von sich gejagt haben, damit sie die Stadt für sich allein haben, richteten sie in jeder Kirchengemeinde ein Haus ein, um darin morgens zu predigen. Die Predicanten beredeten Pfaffen und einige andere Bürger, Holländer und Friesen, auch Predicanten zu werden. Wer richtig lesen konnte, der wurde Predicant. Damals hielten sie noch den Ehestand, wie er in der Welt üblich war. Einige Leute, die vorher Pfaffen waren, heirateten, andere nicht. Und einige andere Bürger ebenfalls. Wenn sie sich verheiraten ließen, dann taten sie es in der Gemeinschaft des ganzen Volkes, ein jeder in seiner Kirchengemeinde. Aber das dauerte nicht lange. So wie alles Gemeingut war, so wurde auch der Ehestand mit den Frauen Gemeingut. Wenn sie keine Brüder und Schwestern von gemeinsamen Eltern waren, gingen sie zur Hochzeit und wurden echte Eheleute. Die anderen Verwandtschaften wollten sie nicht achten.

10 Zweite Bestürmung der Stadt

So hat mein gnädiger Herr von Münster noch einen Angriff durchgeführt, nach Mitsommer, an einem Montag (31. August 1534) von Grever Mannschaft, des Morgens bei Sonnenaufgang an sechs Toren gleichzeitig. Sie haben die Stadt zu stürmen versucht, haben geschossen, und haben die sechs Tore und noch ein paar andere zerstört. Dann haben sie um die Stadt herum Sturmschanzen aufgebaut. Als die in der Stadt bemerkt haben, dass die Landsknechte die Stadt stürmen wollten, da haben sich die Wiedertäufer auf die Wälle begeben, mit all ihren Frauen, die sich in der Stadt befanden, jung oder alt. Innerhalb der Stadt ist nicht ein Mensch geblieben, bis auf alte und kranke Leute. So haben sie dann auf den Wällen gelegen und beobachtet, wie die Landsknechte die Stadt angreifen, und sie waren in großer Furcht. So haben sie aus der Stadt gerufen: „Wenn sie kommen; wir haben gebacken und gebraut, drei oder vier Nächte lang; der Brei ist lange gar gewesen, sollen sie nur kommen." Denn sie haben sich in der Stadt auf den Angriff vorbereitet, mit heißem Wasser, in dem Kalk gesotten wurde, und sie haben Teer geschmolzen, und haben sich gerüstet und geschützt mit allen Dingen, die sie für nötig hielten, um zu leben oder zu sterben. Ehe nun die Landsknechte des Morgens angreifen wollten, da beschossen sie aus dem Lager die Stadt die ganze Nacht. Dann sind die Landsknechte zum Angriff gegangen und haben sechs Tore der Stadt Münster gestürmt. Die Widertäufer verteidigten sich indem sie aus der Stadt schossen, mit Steinen warfen, heißes Wasser gossen und den brennenden Teer warfen, so dass die Landsknechte wieder abziehen mussten. So führten die Landsknechte zwei Stürme an jedem Tor durch, an einigen sogar drei. Als die Landsknechte nun zurückgewichen sind, da haben sie aus der Stadt gerufen: „Kommet wieder! Wollt ihr wieder zurückweichen? Die Stürme können einen ganzen Tag lang dauern." Die Wiedertäufer konnten gut rufen, denn sie hatten eine stark befestigte Stadt. Wenn die Landsknechte die Stadt anderthalb Stunden eher angegriffen, so hätten sie die Stadt eingenommen gehabt, aber sie haben viel zu lange gewartet, so dass es lichter Tag geworden ist.

Ehe die Landsknechte die Stadt angegriffen haben, hielten sie Rat vor der Stadt. Sie waren zum Sturm unwillig, denn sie konnten nicht einig werden. Dieses hörten die Wiedertäufer, dass die Landsknechte uneins wären. Nachdem sich nun die Landsknechte in ihr Lager zurückgezogen hatten, haben die Wiedertäufer gesungen: „Wäre Gott nicht mit und in dieser Zeit, so müssten wir verzagen", und sie sind alle auf die Knie gefallen und haben gesungen. Da ging Johan van Leyden mit seinen Predicanten durch die Stadt und sie sangen und sprangen und waren fröhlich und haben gesagt: „Liebe Brüder, haben wir nicht einen starken Gott? Der hat uns geholfen. Mit unserer Macht ist es nicht am Ende. Lasset uns nun fröhlich sein, lasset uns dem Vater danken." Da meinten die Holländer und Friesen, diese Bösewichter, weil sie diesen Angriff gewonnen haben, haben sie das ganze Spiel gewonnen, und die ganze Welt erobert.

Aber, wären die Wiedertäufer sitzen geblieben und hätten ihren Vater den Sturm allein abwehren lassen, die Landsknechte hätten dem starken Vater die Stadt abgenommen.

Als nun der Sturm geschehen war, da haben die Wiedertäufer die zerstörten Tore wieder aufgebaut dass sie wieder dicht waren und sie haben vor jedem Tor eine zusätzliche Befestigung gelegt, und haben damit die Stadt so stark gemacht, wie sie zuvor gewesen ist. Dann haben die Predicanten verkündet, dass ihre Erlösung bald kommen werde. Dann könnten alle Holländer und Friesen und alle die, die noch in die Stadt zur Taufe gekommen waren, entlastet sein. Das war die Verkündung, auf die sie sich verließen. Die Predicanten machten dem gemeinen Volk weiß, Gott würde vom Himmel herunterkommen, um sie zu erlösen. Danach, sagten sie, werde Christus aus dem Himmel kommen und mit ihnen auf Erden sein und sollte sein Volk regieren und eine neue Welt errichten. Und wenn dann tausend Jahre vergangen wären, sollte der Tag des Herrn kommen. An dem würde Christus sein Volk an seinen himmlischen Vater übergeben. Uns sie sagten: „Hier sind einige Brüder unter uns, die sollen den Durst nicht erleiden, sie sind so heilig, dass sie in den Himmel fahren sollen."

Hier haben sie Gott verkehrt, denn wäre Christus tatsächlich aus dem Himmel gekommen, wie sie sagten, dann hätten sie wie die Juden gehandelt und hätten ihn gesteinigt, ohne ein Zeichen getan zu haben.

11 Der König

Nach diesem Sturm ist Johan van Leyden eine große Offenbarung gekommen, dass er König von Neu Israel und von der ganzen Welt sein solle, nächst Gott. In der ganzen Welt sollte kein König oder Herr außer Johan van Leyden sein, und in der ganzen Welt sollte keine Obrigkeit mehr sein außer Johan van Leyden; so hat er es vor den Wiedertäufern gesagt. Und so hat er es auch dem Volk gesagt, dass ihm Gott offenbart hat, er soll ein König der Gerechten sein und soll die Ungerechten in der Welt strafen und solle sein nächst Gott. Das gemeine Volk hat still geschwiegen in der Stadt. Der eine hat an die Offenbarung geglaubt, der andere nicht. Die Obersten von den Wiedertäufern in der Stadt, die Predicanten, Knipperdollingk, Bernt Krechtingk, Heinrich Krechtingk und Tillebecke und derselben mehr, sind sich einig gewesen. Sie haben Johan van Leyden zu einem König gemacht, dem Obersten der Wiedertäufer. Die gemeinen Leute in der Stadt haben Johan van Leyden nicht zu einem König gemacht. Deshalb hat Johan van Leyden fortan gesagt: „Nur Gott hat mich zu einem König über die ganze Welt erwählt. Aber ich sage euch, liebe Brüder und Schwestern, ich wollte viel lieber ein Mitglied der Erde sein, und würde viel lieber die Predigt halten an den Gräbern, als dass ich ein König wäre. Was ich tue, dass muss ich tun, denn Gott hat mich dazu auserkoren. Liebe Brüder und Schwestern, dafür lasst uns Gott danken." Da haben sie sich erhoben und einen deutschen Psalm gesungen, und ein jeder ist wieder nach Hause gegangen.

Dann hat es dem König nach einem Hofstaat verlangt und er hat alle Befehlsleute eingesetzt, so wie es einem Landesherrn zusteht. So hat er als erstes die zwölf Ältesten abgesetzt, die ich schon erwähnt habe. Dann hat er Knipperdollingk als Statthalter eingesetzt, und Tillebecke wurde sein Hofmeister. Er hat in seine Nähe Bürger von Friesen und Holländern geholt, so dass er einen großen Hofstaat hatte. Dann hat der König Leibwächter, Köche, Verwalter und Kämmerer vor allem, eingesetzt, so wie es einem Herrn zusteht. Dann hat der König alle Ämter besetzt, außer das des Scharfrichters, denn das machten der König und Knipperdollingk selber. Wer wollte, in der Stadt Münster, der konnte ein Amt einnehmen. So hat Johan van Leyden, der neue König, seine erste Frau zur Königin gemacht. Die anderen Frauen hat der König aber nicht zu Königinnen gemacht. Diese sind die Unterfrauen der Königin gewesen und dienten dem König als Konkubinen oder Gespielinnen. Die Königin hat gesagt, ihre Räte und Diener und Leibwächter sind ihre eigenen und denen des Königs gleichgestellt. So hatte der König seinen eigenen Hof und die Königin hat ebenfalls ihren eigenen Hof gehalten mit ihren Mitfrauen und Dienern.

Auch der König hat, wie zuvor die zwölf Ältesten, Artikel verfasst und diese am 2. Januar 1535 veröffentlicht. Sein „Artikel des Königs in Münster, welche in dieser Stadt den Israeliten sind vorgelegt worden", umfasste 28 Artikel. Auszug:
...sollen alle und jede Artikel, wie selbige hierbei folgen, zur Ehre des allmächtigen Gottes und Vermehrung seines Reichs bei Vermeidung der allerhärtesten Strafe in Acht genommen und beobachtet werden.

Erster Artikel: In diesem neuen Tempel muss nur ein einziger König sein, der das Volk Gottes beherrsche und das Schwert der Gerechtigkeit führe, damit derselbe durch keine falsche Lehre beflecket werde, dieweil er heilig ist, und denen, die in diesen Tempel eingehen, ist, nach dem Zeugnis Pauli, alles rein ...

Zweiter Artikel: Der König selbst, die Richter und Regenten dieses Volkes sollen ohne Ansehen der Person und auch ohne Rücksicht auf einen anderen Vorteil einem jeden Gerechtigkeit widerfahren lassen, (…) auch, wenn es die Not erfordert, gegen die Lasterhaften selbst das Schwert ziehen.

Dritter Artikel: Soll keiner sich unterstehen in des anderen Amt oder Dienst einen Eingriff zu tun, und dasselbe nach seiner Willkür zu missbrauchen; sondern ein jeder soll wie er versprochen hat, in den Schranken seines Berufs bleiben.
(…)
Fünfter Artikel: Wenn ein Prophet unter dem Volk Gottes aufstehen, und solche Dinge verkündigen würde, welche mit dem Worte Gottes nicht übereinstimmen, so soll derselbe von dem ganzen Volk abgesondert und von ihm um das Leben gebracht werden …

Sechster Artikel: Keiner der unter der Fahne der Gerechtigkeit streitet, soll sich mit dem schändlichen und hässlichen Laster der Trunkenheit, mit einer viehischen Schamlosigkeit, mit Spielen, wodurch er seine Geldbegierde verrät und wodurch oft Hass und Uneinigkeiten verursacht werden, auch nicht mit Hurerei und Ehebruch beflecken, indem der gleichen Laster unter dem Volk Gottes nicht ungestraft gelassen werden sollen.

Siebenter Artikel: Wenn jemand einen Aufstand zu erwägen anfängt, so soll er mit dem Tode bestraft werden.
(…)
Neunter Artikel: Niemand, (…) soll wegen einem geringen Verdacht einen anderen anklagen, sondern er soll vorher des Lasters und des begangenen Bubenstücks erst völlig überführt sein: Derjenige Ankläger aber, der dem anderen

das Laster, worüber er ihn angeklagt hat, nicht beweist, soll die Strafe ausstehen, welche der Beklagte hätte ausstehen müssen, wenn er wirklich für schuldig wäre erkannt worden.
(...)
Zwölfter Artikel: Niemand soll sich unterstehen, weder bei Tage noch bei Nacht, einer Schildwache zu nahe zu kommen ...

Dreizehnter Artikel: Niemand soll, bei Lebensstrafe, einen Unschuldigen um das Leben bringen, es sei denn, dass er Gewehr bei sich führe, und mit demselben Schaden tun wollte.
(...)
Fünfzehnter Artikel: Wenn jemand vorher ein Christ gewesen und zu den Feinden übergegangen wäre, er würde aber hernach anderen Sinnes, und wollte wiederum zu dem christlichen Glauben zurückkehren, so soll derselbe nicht angenommen werden, sondern vielmehr seine verdiente Strafe leiden ...
(...)
Vierundzwanzigster Artikel: Widerwillen soll niemand von einem anderen zur Heirat gezwungen werden, indem die Ehe eine freie Verbindung ist, und mehr durch die Natur und durch das Band der Liebe, als durch bloße Worte und äußerliche Zeremonien geknüpfet wird.
(...)
Sechsundzwanzigster Artikel: Keine, die keine Jungfrau mehr ist, soll sich dafür ausgeben, und ihren Mitbruder hintergehen oder betrügen, indem auch ein solcher Betrug sehr ernstlich soll bestrafet werden.

Siebenundzwanzigster Artikel: Eine jede unverheiratete Frau, oder die ihren ordentlichen Mann nicht hat, soll be-

rechtigt sein, sich einen Vormund oder Beschützer aus der Gemeinde Christi zu erwählen.

Achtundzwanzigster Artikel: Alle diese Artikel sind verordnet und herausgegeben von Gott und von Johan, dem gerechten König des neuen Tempels, auch Diener des allerhöchsten Gottes, im Jahr seines Alters sechsundzwanzig, seiner Regierung aber den ersten, den zweiten Tag des ersten Monats nach der Geburt Jesu Christi des Sohnes Gottes eintausendfünfhundertfünfunddreißig.

Johan van Leyden

Einmal hat der König alle reitbaren Pferde auf den Domhof rufen lassen. Dann hat er alle Pferde genommen und auf seinen Hof gebracht. Er hat jedem seiner obersten Befehlshaber ein Pferd zugeteilt. Dann hat er all jene aufgelesen, die reiten konnten und die so stark waren, dass sie einen Spieß führen konnten, die mussten auch aufs Pferd. Und er hat den Schützen gesagt, dass sie beim Reiten schießen sollten. So hat er eine berittene Armee geschaffen. Die hat der König auf dem Domhof auf und nieder reiten lassen, und sie mussten die Pferde versorgen. Es haben sich auch die Reiter in zwei Gruppen aufgeteilt. Die mit den Spießen sind alleine auf die eine Seite geritten, die Schützen auf die andere Seite. Dann sind die beiden Gruppen aufeinander zu geritten, die Reiter mit den Spießen gegen die Schützen, so wie sie es bei einer Schlacht tun würden, denn sie wollten lernen, wie sie sich zu verhalten hätten, wenn sie morgen auf die Feinde treffen würden.

Und es ist erfolgt, dass der König alle Dinge in der Stadt erneuert hat. Er hat die zwölf Ältesten abgesetzt, die die Gewalt in der Stadt gehabt hatten, und hat alle Befehlsleute und Hauptleute abgesetzt, die zuvor die Befehlsgewalt gehabt hatten. Alles musste anders werden. So hat der König niemals Hauptleute eingesetzt, sondern einen obersten Hauptmann. Dieser sollte sein Feldhauptmann sein über alle Hauptleute in der Stadt. So viele Tore wie die Stadt hatte, so viele Hauptleute gab es auch und der oberste Hauptmann war ihnen überstellt. Die Hauptleute mussten jeden Freitag zu dem obersten Hauptmann in sein Haus kommen. Wenn etwas bei den Hauptleuten vorgefallen war, dann mussten sie es dem obersten Hauptmann berichten. Wenn unter den Hauptleuten einer war, der nicht gehorsam sein wollte, dann wurde der verklagt. Den Beklagten ließ der oberste Hauptmann zu sich bringen. Konnte dieser sich nicht rechtfertigen, dann wurde er in Eisen geschlagen.

Auch hat der König eine große Bühne auf dem Marktplatz aufbauen, und mit seidenen Stücken behängen lassen. So ist der König sehr vornehm mit seinen Räten und seinem Statthalter Knipperdollingk und all den Predicanten erschienen. Er hat auf seinem Pferde gesessen, eine Decke umgehängt. Dann hat sich der König auf seinen Thron gesetzt und war vornehm ausgerüstet, mit samtenen und seidenen Kleidern und mit goldenen Ketten und goldenen Ringen an seinen Fingern. Das Schwert haben sie für den König getragen. Wenn der König nun auf seinem Thron saß, haben seine Räte und die Predicanten um ihn herum gesessen, und die Leibwächter haben um ihn gestanden. Stutenbernt ist auf eine Bank gestiegen und hat ein Register verlesen, in dem alle Diener des Königs aufgelistet waren. Er hat jeden vor der gesamten Öffentlichkeit bei seinem Namen und seinem Amt aufgerufen. So wusste ein jeder der Reihe nach, wer welches Amt hatte. Nachdem das verlesen war, haben sie den König in sein Haus geleitet, damit er Hof halte. Zum Abschied hat der König gesagt: „Liebe Brüder und Schwestern, nun habe ich meine Räte ernannt und alle Diener, die ich zu meinem königlichen Staat brauche. Diese soll ein jeder kennen und achten, wenn ich vielleicht morgen schon in die Welt ziehen muss. Sonst benötige ich keine Diener und will auch keinen Hofstaat in Münster halten." So ist der König zu seinem Staat gekommen und hat diesen Staat gehalten bis zum Ende.

Des anderen Tags sind die Räte und all diejenigen gekommen, die des Königs Diener und an seinem Hof sein sollten. Da hat der König jeden unterwiesen, wie er sich zu verhalten hat. Dann hat der König alle seine Diener eingekleidet, rot und grau geteilt die Hosen, eines rot, das andere grau, und an den Röcken waren Ärmel, darauf war die Welt mit einem Kreuz und zwei Schwertern gestickt. Und seine Leibwache trug köstliches Seidenwerk, samtene Wämser und Hosen aus dem besten Tuche. Alle hatten die feinsten Kleider. Die ersten, die mit der Taufe begannen, hatten keine feinen Kleider, da wollten sie bescheiden sein, denn sie wollten solche Kleider nicht tragen; diese Kleider waren weltlich und fleischlich, für die Gottlosen.

Des Königs Reiter hatten zuerst eine besondere Kleidung, aus den Messgewändern gemacht. Aus dem schlechtesten Seidwerk ließen sie sich Überröcke machen, die waren geteilt, so dass der eine Ärmel darüber und der andere Ärmel darunter war, wenn die Reiter zu Pferde saßen. Der König kleidete dann die Reiter, wie er sein Hofgesinde kleidete, mit roten Röcken und mit grauen Leisten rundum besetzt und auch ein Ärmel mit der Welt darauf gestickt, so wie die Kleidung der anderen. Alle seine Diener, das waren Schneider, Schumacher, Bäcker oder Brauer, von allen Ämtern, hatten sie alle des Königs Kleidung. Es hatte der König an jedem Stadttor einen Torwächter, diese hatten auch eine besondere Kleidung. Auch rot mit grauen Leisten rundum besetzt, auf dem einen Ärmel einen Schlüssel gestickt, dass man daran denken soll, das Tor auf- und zuzuschließen. Ein jeder seiner Diener hatte einen goldenen Ring am Finger, einige Ringe zu fünf Gulden, einige zu acht Gulden, einige zu zwölf Gulden und einige zu zwanzig Gulden. Von der Rangordnung hing es ab, welchen Ring man bekam.

Nun hatte der König alle seine Diener, kleine und große, edle und unedle, an seinem Hofe. Aber sie wollten eigentlich den einen nicht besserstellen als den anderen, und der eine sollte so viel haben wie der andere. So hatte es der König auch geäußert.

Er hatte sich auch damit gebrüstet, dass er die Offenbarung Gottes empfangen hatte, er solle König sein. Aber damit trieben sie Betrug. Jetzt hat er sich und seine Diener vornehm ausgerüstet, und hat sich einen samtenen Rock anfertigen lassen und vornehme Hosen und Wämser aus kostbarer Seide, und eine kostbare goldene Haube und ein samtenes Barett mit einer Krone, und ein Schwert mit einer goldenen Scheide und einen Degen mit einer goldenen Scheide, und viele goldene Ketten, die er um den Hals trug. So hatte der König eine goldene Kette, an der hatte er die Welt, sein Wappen, hängen mit einen runden goldenen Apfel und dieser Apfel war blau gesprenkelt mit einem grauen Stein. Ob der Stein ein Edelstein war, das kann ich nicht sagen. Aber dieser Stein war von einem goldenen Ring eingefasst, wie man es tut, um die Welt darzustellen. Oben auf dem Apfel war ein goldenes Kreuz in dem zwei goldene Schwerter steckten. Diese Kette pflegte der König immer um den Hals zu tragen. Und er trug auch seidene Schnüre um den Hals, darin war das schönste Gold, das in der Stadt war, eingearbeitet. So hatte sich der König sehr kostbar ausgerüstet. Und auch das Pferd des Königs hatte das Geschirr mit Gold beschlagen, aber ich glaube, dass das Silber war, das vergoldet wurde. Außerdem hatte der König auch zwei goldene Sporen. Ich glaube, dass auch die aus vergoldetem Silber waren, es mag aber auch reines Gold gewesen sein. Und der Beschlag an seinem Sattel war auch vergoldet. So hat sich der König aufs teuerste mit seinen Dienern ausgerüstet, und alles ist des Vaters Wille gewesen, wie er sagte. Er täte das alles zu Ehren Gottes. So konnte er das wohl tragen; und alle diejenigen, die dem Fleisch und der Welt entsagt hatten, die sind frei solche Dinge zu tragen. Sie wollten noch auf silbernen Stühlen sitzen und wollten noch von silbernen Tellern essen. Silber und Gold sollte nicht mehr geachtet werden als Dreck oder andere Steine. So unwert sollten Gold und Silber sein.

Aber der gemeine Mann konnte sein Geld, Silber oder Gold nicht zurückbekommen, denn der König und seine Räte trugen es und behielten es bei sich. Dieser König und seine Predicanten pflegten dem Volk zu sagen, dass sie nicht nach dem Fleisch und der Welt trachten sollten, denn in dem Menschen solle nichts anderes sein, als der Geist, alles Schlechte und Glanz sollten in der Welt ausgerottet sein. Aber jeder der Predicanten, Holländer und Friesen und rechten Wiedertäufer konnten so viele Weiber haben, wie sie wollten. Wenn das Fleisch in dem Mensch so tot ist, das er keine Frau begehrt, dann soll er ohne Frau leben. Am Ende ist das Fleisch abgestorben, dass nur noch Haut und Beine übrig sind, dann sind sie verschmachtet und haben ihre Frauen verlassen.

Der König hat auch seine Räte ausgestattet und seine Baumeister und Statthalter und oberste Hauptleute und Kanzler. All denen hat er eine große silberne Kette anfertigen lassen, die sie immer trugen. Und diese Kette hing um die Arme über den Kopf auf die Schulter. Die Kette hatte große, breite Glieder und war fein gemacht. Sie haben sich auch Knechtsdegen anfertigen lassen, die Scheiden überall mit Silber beschlagen, und der Griff des Degens war auch mit Silber beschlagen. Sie hatten auch Kurzdegen, die mit Silber beschlagen waren. Und sie hatten dicke goldene Ringe an den Fingern und waren in köstliche Röcke gekleidet. Diese Röcke hatten sie den reichen Leuten genommen, die sie aus der Stadt vertrieben hatten. So liefen sie herum, wenn sie mit dem König durch die Stadt gingen. Die anderen Haupt- und Befehlsleute hatten so etwas nicht. Diese bekamen nur ein silbernes Band um den Degen und einen goldenen Ring und die Kleidung, die ich eben beschrieben habe.

So wie der König sich mit seinen Räten ausgestattet hatte, so hat der König seine Königin und all seine Frauen ausgestattet. So hat der König seine Königin mit ihren

Dienern so vornehm ausgerüstet, wie sich selbst. Aber nicht alle seine Frauen waren so ausgerüstet wie die Königin. So hatte die Königin ihre Diener genauso gekleidet, wie es der König getan hatte. Sie waren rot gekleidet, aber nicht zweifarbig. Des Königs Statthalter hatte seine Diener auch so gekleidet: rote Röcke und auf dem Ärmel ein Schwert gestickt, und unter dem Schwert eine gestickte blaue Wolke. Der König hatte dem Statthalter das Schwert befohlen, damit er damit richten solle. So pflegte der Statthalter Hinrichtungen selber vorzunehmen, oder sein Knecht. Am Ende hat sogar der König Hinrichtungen selber durchgeführt. Und wenn der Statthalter durch die Straßen ging und wenn er Predigten abhielt, ließ er sich sein großes Richtschwert nachtragen.

Vor einiger Zeit hat ein Landsknecht das Lager verlassen, und ist in die Stadt gelaufen. Denselben haben sie in das Heidenhaus gebracht, damit er sich taufen lassen sollte. Aber als der Knecht in der Stadt angekommen war, da wollte er die Stadt wieder verlassen. Deshalb begehrte der Knecht vom König Urlaub, damit er wieder aus der Stadt ziehen könne; und der König hat gesagt, dass er Urlaub hätte, und aus der Stadt ziehen könne. So haben sie den Knecht abends an das Stadttor gebracht und wollten ihn auf den Weg bringen. Sie sagten zu dem Landsknecht: „Nun geh den Weg nach draußen." Und der Landsknecht ist den Weg nach draußen gegangen. Aber sie liefen ihm mit dem Richtschwert nach, und schlugen ihm den Kopf ab, und sagten: „Nun geh hin, wie du wolltest."

Es kam so mancher Landsknecht in die Stadt gelaufen, denn sie meinten, sie würden ihren Sold regelmäßig jeden Monat bekommen. Deshalb kamen Landsknechte aus dem Lager in die Stadt, die noch Sold von meinem gnädigen Herrn zu bekommen hatten. Die haben sie meist umgebracht; den einen erschossen, den andern geköpft. So taten diese Bösewichter.

Nachdem nun der König und seine Königin mit all ihren Bediensteten ausgestattet waren, ließen sie dem gemeinen Volk in den Predigten verkünden, dass sich niemand über den König oder die Königin oder die Räte ärgern soll, denn Gott hätte sie dazu auserkoren und in den Stand gesetzt. Und ein jeder solle sich in dem Stande halten, zu dem er berufen wäre. So ist der König mit seiner Königin einmal vornehm auf den Marktplatz getreten, um eine Predigt abzuhalten. Der König ist an seinen mit Seide bezogenen Thron getreten, und der Thron ist so hoch gestanden, dass er über alle Menschen sehen konnte. Um diesen Thron standen viele Bänke herum. Die Königin hatte ein Haus auf dem Marktplatz, dem Thron des Königs genau gegenüber. Das war ein Haus, mit Decken behangen und zwei seidenen Hussen.

Eines Morgens ist die Königin auf den Marktplatz geritten und hatte den Kopf mit einem Schleier bedeckt. Der König hatte seine Räte und all seine Diener bei sich, die gingen vor und hinter ihm, und sein Hofmeister mit einem weißen Stab; und sein Lakai lief neben dem Pferd und seine Wache lief um ihn herum; so ritt er auf den Marktplatz, wo die Predigt gehalten werden soll. Als nun der König auf dem Marktplatz ankam, ist das ganze Volk dort gewesen, Männer und Frauen, Junge und Alte, und haben den König ankommen gesehen und haben ihm Referenzen getan. So hat sich der König auf seinen Thron gesetzt, und seine Räte, Leibwachen und Predicanten und alle seine Bediensteten haben auf den Bänken um ihn herum gesessen. Der Statthalter hat dem König zu Füßen gesessen; er saß dem König am nächsten, dann kamen die Räte und die Predicanten. Als der König nun auf seinem Thron saß, da stand an jeder Seite von ihm ein Junge. Der eine Junge an der rechten Seite hatte ein Buch in der Hand, das war das alte Testament; und der andere Junge zu seiner Linken, hielt ein blankes Schwert in seiner Hand. Der Junge mit dem alten Testament in der Hand bedeutete, dass der König für Gott stand und sich auf David's Stuhl an dessen Stelle setzte, um Gottes Wort auf's Neue zu verkünden, das so lange verschollen war. Und der Junge zur Linken, mit dem Schwert in der Hand, bedeutete, dass er ein König der Gerechten wäre und über die ganze Welt herrsche, und alle Ungerechten bestraft. Als nun der König in das Heilige getreten und das ganze Volk bekehrt hatte in der Stadt Münster, dem neuen Israel, da hatte er Gottes Wort wieder auf's Neue verkündigt und hat alle Ungerechtigkeit zunächst nur aus Münster verbannt; und wie in Münster, sollte es in der ganzen Welt geschehen. So meinten der König und die Predicanten, sie würden die ganze Welt beherrschen können, so wie sie Münster beherrschen. Dann hat der König die beiden kleinen Jungen umgestellt. Den, der zu seiner rechten stand, stellte er zu seiner linken, und den zu seiner linken, stellte er zu seiner rechten Hand. Das umstellen der beiden Jungen bedeutete, dass er Gottes Wort wieder hervorgebracht hatte. Der Junge nun zu seiner Linken bedeutete, dass er Gottes Wort nun neu verkündet hatte, der nun zu seiner Rechten bedeutete, dass er nun die Ungerechten gestraft hatte. So meinten der König und die Predicanten, und die Holländer und Friesen und alle Wiedertäufer mit ihrem Anhang, würden sie die ganze Welt erobern, wie sie Münster erobert haben. Sie haben den Unsinn mit den beiden Jungen mit dem Buch und dem Schwert, für das gemeine Volk getrieben, um es blind zu machen. Ein Teil des Volkes wusste es wohl besser, aber viele einfache Leute meinten, das alles solle so sein. Die es besser wussten, mussten schweigen und durften nicht dazu sagen, was sie von diesem Unsinn hielten, denn der König hätte ihnen allen den Kopf abschlagen lassen. So hat der König auf seinem Stuhl zwischen den beiden Jungen gesessen. So haben die beiden Jungen die ganze Zeit bei dem König gestanden, bis zum Ende.

So haben sie auf dem Marktplatz gepredigt. Der König kam immer so vornehm zur Predigt auf den Markt. Die ganze Zeit stand vor dem König ein Predicant, Stutenbernt, an der Bank und hatte ein Pult vor sich stehen, mit einem Buch darauf. Wenn irgendetwas zu sagen war, das dem König am Herzen lag, so sagte das Stutenbernt. Der war des Königs Advokat und sein Wortführer.

Bei einer Predigt ist es vorgekommen, dass die Königin auf ihrem Pferde erschien, mit ihren Dienern und Leibwachen, und einem Lakaien, der das Pferd führte. Als sie nun auf den Marktplatz kam, da musste sie durch das Volk hindurch reiten, um zu ihrem Platz zu gelangen. Deshalb mussten die Leute teilweise aufstehen um sie mit ihren Dienern und Mitfrauen durchzulassen. Dieselben Mitfrauen sind ihr paarweise in der Reihe gefolgt. So ist die Königin zu ihrem Haus gekommen, hat sich an das Fenster gelegt und konnte auch der Predigt beiwohnen. Als nun die Predigt zu Ende war, ist der König von seinem Stuhl gestiegen und hat sich wieder auf sein Pferd gesetzt, und ist mit seinen Dienern wieder nach Hause geritten, als ob er einen Ausflug gemacht hätte. Und die Königin ist wieder nach Hause geritten, wie sie gekommen war. Dann hat das Volk einen deutschen Psalm gesungen und ist auch nach Hause gegangen.

Als der König so ausgerüstet gewesen ist, ist er einmal köstlich aufgemacht durch die Stadt geritten, zu allen Toren, und aus einem Tor heraus, um das Lage zu beschauen. Aber er ritt nicht weit aus der Stadt hinaus. Der König trug einen samtenen Rock und das ganze Gold was er hatte. Das Geschirr des Pferdes und seine Sporen waren ebenfalls vergoldet, wie ich es schon beschrieben habe. Es sind alle seine Reiter und Diener zu Pferd und zu Fuß bei ihm gewesen, und die Wachen sind um ihn herumgelaufen. So ist der König mitten zwischen seinen Reitern geritten, und die Schützen sind vor ihm geritten und einige der Räte. Und der Rittmeister mit den anderen Reitern ist hinter dem König geritten, und der Lakai lief neben seinem Pferd. So ist er durch die ganze Stadt geritten. Als nun der König so durch die Stadt geritten kam, ist das Volk auf die Straße gelaufen, um den König zu sehen. Wenn er vor dem Volk war, huldigten sie ihm und verbeugten sich vor ihm. Die alten Frauen standen auf den Straßen und sagten: „Seid willkommen im Namen des Herrn, der Vater sei gelobet." Einige der Männer und Frauen hätten wohl gewollt, dass er zu tausend Teufeln verschwand. Aber die alten Weiber meinten, der König sei der Herrgott selber; so blind hatten sie die alten Weiber gemacht.

12 Falsche Propheten

Da nun Johan van Leyden König war, hatten sie nun keinen Propheten mehr, der die Lügen hervorbringen konnte. So ist ein anderer Prophet aufgestanden, um die Lügen hervorzubringen. Sein Name war Henricus, der war ein Schulmeister in der Stadt. Diesem Propheten war einmal offenbart, so hatte er es jedenfalls dem gemeinen Volk erzählt, dass er eines Nachts eine Stimme hörte, die ihm sagte: „Bereite, bereite, bereite." Da hat er sich sehr erschreckt und war in großer Furcht, und wusste nicht, was die Stimme bedeutet. Die Stimme ist in der anderen Nacht, zu Mitternacht, wiedergekommen und hat wieder dreimal „bereite", zu ihm gesagt. Und er war wieder erschrocken und wusste immer noch nicht, was die Stimme bedeutet. In der dritten Nacht hat sich der Prophet nicht zu Bette begeben, sondern ist in seine Schlafkammer gegangen und hat sich dort hingesetzt und hat zu Gott gebetet, dass er ihm offenbaren solle, was er denn bereiten soll. Und die Stimme ist wieder zu ihm gekommen und hat wieder dreimal „bereite" gesagt. Da ist er auf die Knie gefallen und hat gesagt: „Lieber Vater, was soll ich bereiten?" Darauf hat ihm die Stimme geantwortet: „Du sollst meinem Volk große Freude verkünden." Dann ist die Stimme wieder fort gewesen; der Prophet ist aufgestanden und hat dem Vater gedankt. Diese Offenbarung hat der Prophet dem König und den Predicanten kundgetan. Darauf hat der König am nächsten Tag eine Predigt halten lassen. Dabei ist dieser Prophet auf eine Bank gestiegen und hat dem gemeinen Volk die Offenbarung verkündigt, wie diese Stimme drei Nächte hintereinander zu ihm gesprochen hat: „Bereite", und wie er in der dritten Nacht in seiner Schlafkammer auf den Knien lag und zu Gott gebetet hat, dass er ihm offenbare, was das bedeuten soll. Da habe die Stimme zu ihm gesprochen, dass er seinem Volk große Freude verkünden soll. Nachdem der Prophet dies gesagt hatte, ist der König aufgestanden und hat zum gemeinen Volk gesprochen: „Liebe Brüder und Schwestern, lasst uns dem Vater dafür danken", und ist auf seine Knie gegangen. Da ist das Volk ebenfalls auf die Knie gegangen und hat einen deutschen Psalm gesungen und hat dem Vater für seine Wohltat gedankt. Dann ist ein jeder nach Haus gegangen. Doch dieser Henricus ist Prophet geblieben. Und diese Offenbarung war Lüge und Betrug, wie so oft.

Es ist noch ein anderer Prophet erschienen. Dieser konnte ebenfalls große Lügen hervorbringen. Er pflegte zu sagen, dass nun niemals mehr Gnade wäre, sie sollten alle im Höllenfeuer versinken und verbrennen. Und weil er so gerufen hat und das Volk einschüchtern konnte, machten sie ihn zum Propheten. Derselbe Prophet hatte viel Einfluss in der Stadt, und pflegte das Volk zu verdammen, von dem sie meinten, dass es noch ungläubig sei, und nicht geheilt werden wollte. Der König, die Räte und die Predicanten machten dem gemeinen Volk weiß, dass Gott denselben zum Propheten gemacht hätte. Aber der König, die Räte und die Predicanten haben ihn selber zum Propheten gemacht. Wenn dieser Prophet seine Lügen hervorbrachte, pflegte er zu sagen, „Gott hat durch mich gesprochen", dass ihm sollte offenbaret sein. So war ihm offenbart, wie viele Kleider ein christlicher Bruder und eine christliche Schwester haben dürften. Ein christlicher Bruder sollte nicht mehr als einen Rock, zwei Hosen, zwei Wämser und drei Hemden haben. Von anderen Kleidungsstücken wurde nicht gesagt, wie viele man haben sollte. Eine christliche Schwester sollte nicht mehr haben, als einen Umhang, einen Rock, einen Mantel, zwei Kragen, zwei Paar Ärmel, zwei Hosen und vier Hemden. Wenn jemand mehr Kleidungsstücke besaß, musste er sie abgeben. Sie haben auch jedem ein Bett gelassen, wenn mehrere in einem Haus wohnten, durfte jeder ein Bett haben, und zu jedem Bett vier Laken. Die Diakone fuhren mit Wagen in ihren Kirchengemeinde vor jedes Haus. Sie gingen hinein und sagten: „Gottes Friede sei mit euch, liebe Brüder und Schwestern. Ich komme auf Gottes Befehl, denn unser Prophet hat uns von Gott verkündet, dass ich sehen soll, was ihr in eurem Haus habt. Habt ihr mehr als erlaubt, dann sollen wir es von Gottes wegen von euch nehmen und denen geben, die es brauchen. Wenn euch etwas fehlt, was ihr braucht und erlaubt ist, sollen wir es euch von Gottes wegen geben." Dann haben die Diakone nachgesehen, was jeder in seinem Haus hatte. Wenn jemand mehr in seinem Haus hatte, als der Prophet verkündet hatte, das nahmen sie und warfen es auf den Wagen. Aber diejenigen, die etwas bedurften, denen wurde versprochen, dass sie etwas bekämen. Das dauerte aber so lange, dass sie darüber starben. Auf diese Art haben die Diakone so viele Männer- und Frauenkleider gesammelt, dass sie damit ein ganzes Haus füllen konnten. Diese Kleider haben sie dann fremden Leuten, die in die Stadt gelaufen kamen und keine Kleider hatten oder Landsknechte oder Holländer und Friesen waren, gegeben. Diese wurden mit einem Teil der Kleider eingekleidet. Die besten Kleider haben die Diakone behalten, um sie zu verwahren, bis eine große Menge Menschen nach Münster käme. Die wollten sie dann damit bekleiden. Dafür haben sie auch einige Rinder geschlachtet, damit diese auch zu essen hätten. Wenn jemand ein großes Haus hatte, sagten sie dem Volk, der sollte den fremden Brüdern und Schwestern Herberge bieten, wenn sie kämen. Bis Gott offenbaren würde, wer das Land bewohnen soll. Nach Münster sollte noch so viel Volk kommen, dass sechs oder acht Leute in einem Haus wohnen müssten, und es sollten noch so viele Brüder und Schwestern nach Münster oder Neu Israel kommen, dass sie noch eine halbe Meile um Münster herum lagern würden. „Da wo jetzt noch die Gottlosen wohnen, sollen dann unsere Brüder und Schwestern wohnen." Sie wollten die Gottlosen aus Münster vertreiben und ihre Häuser den Brüdern und Schwestern geben. Diejenigen aber, die Münster verlassen mussten, sollten an anderer Stelle das Dreifache wieder bekommen, was sie zurücklassen mussten.

Des Königs Räte, die Predicanten, Friesen und Holländer hatten vor, dass alle Leute in der Stadt herumfahren sollten, um die Häuser zu tauschen, damit die Fremden die besten Häuser bekämen, die in der Stadt zu haben waren. Dasselbe hat der Prophet, den ich eben erwähnt habe, vorgegeben. Aber die gemeinen Leute oder die Bürger waren damit nicht einverstanden. Aber ein Teil der Bürger war damit einverstanden, und die zogen aus ihren Häusern aus, in andere Häuser, die besser waren.

Dieser Prophet war in dem Stift von Münster geboren, in einem Städtchen, dass Warendorf heißt. Es liegt drei Meilen Weges von Münster entfernt. Er war von Beruf Goldschmied, und ein großer Betrüger. So kam er mit der Wiedertaufe nach Münster. Als Erstes warf er sich in Münster vor einen Büchsenschuss, dass ihn alle für einen Narren hielten. Er hinkte mit dem einen Bein, denn das eine Bein war etwas kürzer als das andere. Und er war ein abenteuerlicher Mensch, von allem wollte er etwas wissen. Einige Leute haben sich gewundert, dass er ein Prophet geworden ist, und hatten Zweifel, dass er wirklich ein Prophet wäre.

Dieser Prophet pflegte die Männer auf der Straße, von denen er wusste, dass sie nicht mehr als eine Frau hatten, zu fragen: „Haben sie nicht mehr als eine Frau? Sie müssen doch mehrere Frauen haben." Denn er wollte, dass sie viele Frauen nehmen sollten, so viele sie wollten.

Es waren in der Stadt zwei kleine Mädchen. Diese Mädchen taten so, als ob sie stumm wären, und die Leute glaubten auch, dass sie stumm wären, und einen bösen Geist bei sich hätten. Eines Tages gingen diese Mädchen auf die Straße und suchten die Männer, die Hosen mit schönen Hosenbändern trugen. Wenn sie an einen Mann kamen, der schöne Hosenbänder trug, dann stellten sie sich ihm gegenüber und wiesen mit den Fingern auf ihn und gaben ein Geräusch von sich, wie es Menschen tun, die stumm sind. Wollte der Mann sich die Hosenbänder nicht aufbinden lassen, dann wurden die Mädchen zornig und schrien. Ließ sich aber der Mann die Hosenbänder willig aufbinden, dann waren die Mädchen zufrieden, sprangen in die Luft und klatschten in die Hände. Auch gingen die Mädchen durch die Stadt und suchten die Frauen, die schöne Halstücher oder Seidenwerk am Kragen und am Ärmel trugen. Und wenn die Frauen Seidenzeug an sich trugen, dann liefen ihnen die Mädchen nach und wollten, dass sie das ablegen; sie sprangen den Frauen an den Hals und zogen denen die Tücher ab, die sie nicht freiwillig geben wollten.

Es kam, dass die Frauen keine Halstücher und Seidenzeug am Kragen und am Ärmel mehr tragen mochten. Einige schnitten sogar die Stücke ab und warfen sie ins Feuer, denn sie wollten nicht in Sünde leben. Aber das ganze hat nicht länger als etwa drei Wochen gedauert, dass sie so schmucklos gehen wollten. Deshalb haben sie sich schwarze Hüftgürtel der Männer umgelegt Da kamen die jungen Frauen dahergelaufen und sahen aus wie Landsknechte. So ist das schnell in der Stadt wieder verschwunden, Hüftbänder zu tragen. Sie nahmen wieder ihr Seidenzeug, wie sie es zuvor getan hatten.

Die stummen Mädchen haben die Hosenbänder der Männer und die Seidenstücke der Frauen, die sie kriegen konnten, verbrannt. Es ging acht Tage, dass sie so in der

Stadt herrschten. Auch hatten dieselben Mädchen ein wundersames Verhalten an sich. Sie legten sich auf den Rücken, warfen sich herum und rauften sich die Haare und verstellten ihr Angesicht so gräulich, dass sich die Menschen davor grausten und davonliefen. Einige Männer in der Stadt sagten, dass die Mädchen einen bösen Geist in sich hätten, der sie plagt. Und all diejenigen, die bei den Mädchen waren, die wurden von dem Geist mitgeplagt, dass sie dachten, dass den Mädchen das Herz aus dem Halse springen wollte. Sie mussten dann auf dem Rücken liegen bleiben, bis es vorbei war.

Es standen auch einige Frauen bei den Mädchen, wenn sie sich so anstellten. Die eine Frau nahm sie am Fuß, die andere Frau an dem anderen Fuß, und die anderen nahmen sie an den Armen, und reckten die Mädchen. Und dann riefen sie, „o Vater, o Vater, gib Gnade! So wurde Christus ans Kreuz geschlagen!" Das riefen sie und zogen an den Mädchen; es dauerte oft drei Stunden lang, jeden Tag an dem die Mädchen den Teufel in sich hatten. Es ist mir unmöglich zu sagen oder zu schreiben, welches Wunder die Mädchen betrieben. Aber es ist so mächtig geworden in der Stadt, dass die Leute halb verzweifelt waren. Am Ende mussten der König und die Predicanten dazu kommen. Sie ließen die Mädchen zu sich bringen, und wollten die Mädchen verhören, und fragen, was sie für einen Geist in sich hätten. Aber sie konnten nicht sagen, was sie für einen Geist in sich hätten. Da ließen sie die Mädchen wieder nach Hause bringen, damit sie nicht zwischen die Leute kommen mussten, und niemand auch mit ihnen zusammenkommen musste, ehe sie den Geist wieder losgeworden waren. Die Predicanten sprachen über die Mädchen nicht viel. Sie wollten nur sagen, dass die Mädchen einen fliegenden Geist in sich hätten.

Diese Mädchen hatten ein Alter von sieben oder acht Jahren, nicht älter.

Die Mädchen sind wieder gesund geworden.

Der König ist einmal fünf oder sechs Tage lang stumm gewesen und hat nicht gesprochen. Ob er auch einen bösen Geist in sich hatte, oder woran es sonst gelegen hat, kann ich nicht sagen. Aber er war eine ganze Zeit stumm. Auch die gemeinen Leute sagten von dem König, dass er stumm wäre. Einige sagten, dass Gottes Geist in ihm regiere und dass er von Gott eine Offenbarung empfange. Einige andere sagten, dass er einen bösen Geist in sich hätte. Wieder andere sagten, dass es wohl Unsinn sei, und er wohl wieder sprechen würde, wenn ihm daran gelegen sei. Am Ende hat der König wieder gesprochen und hatte eine Offenbarung empfangen: Gott wäre über ihn erzürnt gewesen, weil er seine Dinge nicht richtig getan hat, und nicht so gestraft, wie er es tun sollte. Aber Gott hat ihn wieder in Gnaden angenommen, und er solle sich bessern. Mit dem Geist den der König bei sich hätte oder dem stummen Geist hätte man ihn wohl geknebelt. Es war der Geist des Narren, nur die Mädchen hatten einen bösen Geist. So sagten sie in der Stadt.

Tagsüber gingen die Männer und Frauen auf die Straße und waren besessen vom Geiste, und sie sahen im Gesicht aus wie ein besessener Mensch. So haben sie auch beim Gehen wie Narren, mit einem Grinsen, gelacht. Und alles was sie sagten, handelte von dem Vater und „bittet den Vater." Wenn die Wiedertäufer so den Geist bei sich hatten, waren sie nicht recht bei Verstand, und sie dachten daran, wie ihnen das Herz aus dem Leibe bricht, so große Bangigkeit hatten sie in ihrem Inneren. So ist es wohl zu glauben, dass die Wiedertäufer einen Geist hatten, der sie plagte. Gott behüte uns alle vor einem solchen Geist.

So hat Knipperdollingk auch eine Weile in seinem Haus gesessen und ist nicht ausgegangen, dass die Leute schon über ihn sprachen. Aber schließlich ist Knipperdollingk doch wieder ausgegangen. Was mit ihm war, kann ich nicht schreiben, aber der Geist schien ihn zu plagen. Einmal ist ihm eine Offenbarung gekommen, und er ist in der Stadt umher gegangen, vor alle Tore, an denen die gemeinen Leute an den Befestigungen arbeiteten. Er hat an jedem Tor die Leute zusammenkommen lassen und hat gesagt: „Liebe Brüder und Schwestern, Gott hat mir offenbart, dass ich euch von Gottes wegen große Freude verkünden soll. Wenn ich lüge, dann soll mich der Teufel holen mit Leib und Seele." Und er hat sich von ihnen gekehrt und innerlich ein wenig gelacht. Aber das Volk hat dem Vater gedankt und hat einen deutschen Psalm gesungen und Knipperdollingk ist fort gegangen.

Wenn der König vornehm in seinem Bau gesessen hat, mit seinen Räten und Dienern, hat er gern seine Räte und Hauptleute und die obersten Diener und die Predicanten zu Gast geladen, mit einem Teil der Frauen. Dann sind des Königs Boten durch die Stadt gelaufen; sie trugen eine silberne Posaune mit des Königs Wappen. Als sie alle bei Tische saßen und aßen, kam der Geist über den König und er saß über eine Stunde in sich gekehrt; am Ende kam der König wieder zu sich. Dann aßen sie und tranken und waren guter Dinge. Der König ließ sich bei Tische bedienen wie ein richtiger Landesherr. Auch hatte der König Musiker in seinem Haus, die spielten während sie aßen. Bisweilen las ein Junge ein Kapitel aus dem alten Testament. Und manchmal pflegte der Geist den König zu plagen, wie ich es schon gesagt habe. Nachdem sie gegessen hatten, spielten Pfeifen, Trommeln und Flöten und sie begannen zu tanzen und mit den schönen Frauen zu plaudern. Das haben sie die ganze Nacht hindurch getan, und alles war Gottes Wille.

Danach haben sie noch ein Abendmahl ausgerichtet, das wollten sie auf dem Berg Zion abhalten; das war auf dem Domhof. Dem Domhof hatten sie nämlich den Namen gegeben, dass er heißen soll „Berg Zion".

Das Abendmahl sollte nicht beginnen, ehe Gott den Propheten dieses offenbare. So war dem hinkenden Propheten offenbart, dass die Posaune des Herrn dreimal geblasen sein sollte. Wenn sie zum dritten Mal tönte, dann sollte jeder aufstehen und in das Land der Gläubigen ziehen und sich auf dem Berg Zion versammeln. Dann sollten sie aus der Stadt ziehen, und jeder sollte alles was er besaß zurücklassen, Haus und Hof und sollte nichts mitnehmen. Die Stadt sollte verlassen sein und vollkommen zerstört werden und es soll eine Wildnis aus der Stadt werden. Aber einige Leute hatten Angst davor, die Stadt zu verlassen, um in die Welt durch das feindliche Lager zu ziehen. Sie fürchteten, dass sie totgeschlagen werden, was auch geschehen wäre, wären sie aus der Stadt gezogen. Der König, die Propheten und die Predicanten machten dem gemeinen Volk weiß, dass Gott den Feinden in das Herz schlagen würde, wenn sie das Heer stürmen; fünf von ihnen soll ihrer hundert schlagen, zehn sollen tausend schlagen. Das haben die armen Leute geglaubt und haben sich darauf vorbereitet. So hat das Volk wahrgenommen, weshalb die Posaune des Herrn blasen sollte. Und einige von ihnen meinten sogar, dass ein Engel aus dem Himmel kommen würde, um die Posaune zu blasen. Am Ende kam der hinkende Prophet daher, durch die ganze Stadt in allen Straßen und Gassen, mit einer Trompete in der Hand und blies an allen Orten der Stadt, wie Reiter zu Pferde es tun. Als dieser Prophet zu Ende geblasen hatte, da haben einige Leute sich angesehen. Der eine sah den anderen an und traute sich nichts dazu zu sagen; sie schwiegen still und meinten, Gott solle das blasen lassen.

Die Predicanten, Holländer und Friesen und die rechten Wiedertäufer gingen auf die Straßen und wünschten sich gegenseitig Frieden und sagten zueinander: „Lieber Bruder, der Herr will Wunder schaffen, die Posaune des Herrn wird bald geblasen, wir sollen bereit sein, denn der Herr will mit seinem Volke in das Reich der Gläubigen ziehen." Dann hat der Prophet nun vierzehn Tage mit blasen aufgehört. Die Predicanten haben jeden Tag gepredigt, dass sich jeder auf den Tag vorbereiten soll, an dem Gott die Posaune bläst. Sie wussten nicht, wann Gott das tun würde, aber sie haben jede Stunde darauf gewartet. Dann ist der Prophet wieder durch die Stadt gehumpelt und hat geblasen, wie er es beim ersten Mal getan hatte.

Die Holländer und Friesen, diese Bösewichter sind durch die Stadt gegangen: Wenn die Posaune des Herrn ein anderes Mal ertönt, dann wolle der Herr mit seinem Volk aufstehen und in das gelobte Land ziehen. Der eine ist fröhlich, der andere betrübt gewesen, weil sie ausziehen und alles stehen und liegen lassen sollten und nicht wussten, wo sie hin sollten. Einige der Männer und Frauen haben nicht geglaubt, dass sie aus der Stadt ziehen, und dass die Feinde vor ihnen weglaufen würden. Aber ein anderer Teil hatte den Glauben, dass Gott ein großes Zeichen gesendet hat und hat sich zum Auszug gerüstet.

Der König und die Predicanten hatten verkünden lassen, dass das Abendmahl bald beginnen würde, denn der Herr werde bald die Posaune blasen. Jeder Bruder, jede Schwester, die noch etwas hatten, sollten Lebensmittel geben und dem Diakon bringen. Diesen Proviant würde man beim Auszug benötigen. Aber es hat nicht jeder abgegeben. Die Leute haben lieber aufgegessen, was sie noch in der Stadt hatten. Andere haben gegeben, der eine einen Schinken, der andere eine Seite Speck, bis sie viele Lebensmittel zusammen hatten. Schließlich verkündeten die Predicanten, wer Bänke, Stühle oder Tische hätte, der solle sie auf den Berg Zion bringen, auf den Domhof. Dann haben sie die Bänke und Tische aufgestellt, dass die eine Seite von dem Domhof voller Tische und Bänke war. Und der Domhof ist ein großer Platz.

Als das geschehen war, haben der König, die Propheten und die Predicanten verkünden lassen, wenn die Posaune des Herrn ein letztes Mal ertönt, soll ein jeder Bruder mit seinen Frauen und seinem Hausgesinde mit denen er leben oder sterben wolle, auf den Berg Zion kommen, und man würde ausziehen in das gelobte Land. Und die Frauensleute sollten ihre Kleider mitnehmen, wenn sie wollten, aber sie sollten sich nicht mit Kleidern überladen, denn sie würden genug Kleider haben, wenn sie ankommen. „Wenn wir nur schon auf dem Wege in das gelobte Land wären", redeten sie sich ein. Wir werden müde vom Gehen, wir haben Hunger und Durst; dennoch soll uns nichts aufhalten. Die Predicanten sagten: „Nun werden wir wohl sehen, wer ungläubig ist und wer sich auf Gott verlässt, wer hervorkommt und wer sich im letzten Winkel verstecken will. Wird da jemand gefunden, so wird der ausgeschlossen sein. Besser die Ungläubigen melden sich sofort und schließen sich selber aus."

So ist die Posaune zum dritten Mal ertönt. Und derselbe hinkende Prophet ist eines Morgens zwischen fünf und sechs durch die Stadt gegangen und hat auf seiner Trompete geblasen, so wie er es bereits zweimal getan hat. Das Volk ist zu der Stunde auf dem Domplatz erschienen, zu der sie aus der Stadt ausziehen wollten. Es sind auf den Domhof gekommen alle Männer und Frauen, jung oder alt und ein jeder hatte sich ausgerüstet, als ob er aus der Stadt ausziehen wolle; die Männer mit ihrem Harnisch oder ihrem Gewehr, die Frauen hatten die Sachen gepackt, die sie mitnehmen wollten. So sind sie alle, die gehen konnten, auf den Domhof gekommen, und die Frauen trugen ihre kleinen Kinder auf dem Arm, die sie mitnehmen wollten. Es sind sogar Frauen auf den Domhof gekommen, die gerade das Kindbett verlassen haben, und sie hatten die Kinderchen am Halse hängen, und die Kinderchen waren nicht älter als zwei oder drei Tage. Dass der König und die Propheten und die Predicanten so eine Herrschaft hatten zu dieser Zeit in der Stadt, war allemal das Werk der Holländer. Da ging mancher betrübte Mensch auf den Domhof; alte und kranke Leute, die an Stöcken gingen und kaum gehen konnten, dennoch sollten sie aus der Stadt ziehen. Die Predicanten sagten, die Lahmen, die nicht gehen konnten, die sollten Gehende werden. Und Knipperdollingk sagte: „Sehet, da steht ein Blinder." Und da stand wirklich ein Blinder. „Der soll auch wieder sehend werden, solche Zeichen wird Gott uns senden." Aber die Lahmen und Blinden blieben wie sie waren. Solche Zeichen wollten nicht geschehen auf dem Domhof.

Als sie auf dem Domhof waren, haben sich die Leute aufgestellt, alte und junge, jene, die etwas tragen konnten. Die Frauen standen auf der einen Seite zusammen. Die Männer waren, mit alten und mit jungen, etwa zweitausend. Die Wiedertäufer sind niemals stärker gewesen in der Stadt Münster, als im sechzehnten Jahrhundert. Die Frauen waren in der Stadt Münster, junge wie alte, etwa acht bis neuntausend, mehr oder weniger, das weiß ich nicht so genau. Es waren wohl auch kleine Kinder, die schon gehen konnten oder auch nicht, zehn oder zwölfhundert.

So haben diese Männer auf dem Domhof an ihren Plätzen gestanden, und die Frauen an ihrem Haufen und haben auf den König und die Königin gewartet. Schließlich sind der König und die Königin sehr vornehm erschienen. Der König mit seinen Räten und mit all seinen Reitern und sie haben alle in ihrem vollen Harnisch gesteckt, die Reiter mit ihren Spießen und die Schützen mit ihren Gewehren, und der König ist mitten zwischen seinen Leuten geritten in seinem vollen Ornat und ein Junge hinter ihm mit einem kurzen Spieß und der König hatte eine goldene Krone auf seinem Haupt. Diese Krone war zwei handbreit hoch. All seinen Zierrat hatte der König bei sich und der Beschlag seines Pferdes war aus Gold. Und seine Wachen liefen um ihn herum und sein Lakai führte das Pferd. So ist er um den Domhof herumgeritten, dass das Volk ihn sehen konnte. Und die Königin kam auf ihrem Wagen mit ihren Mitfrauen.

Der König hatte auch neue Hauptleute und Diener und sie bildeten einen gewaltigen Haufen und einen anderen, kleineren, verloren sie gegenüber. Am Ende haben sie eine Schlacht gegeneinander geschlagen, der große Haufen gegen den verlorenen, als ob sie einander Feinde wären und eine Schlacht auf dem Felde führen. Und die Reiter sind den Domhof rauf und runter geritten, sind gerannt und gerast und die Trommeln schlugen Alarm. Sie taten, als wären sie aus der Stadt in das gelobte Land gezogen. Als sie den Unfug lange genug auf dem Domhof getrieben hatten, sagte des Königs oberster Hauptmann: „Liebe Brüder, so wie mein König, der Gerechte, uns in den großen Haufen und den verlorenen Haufen geschickt hat und alle Hauptleute und Befehlsleute, so wird er uns morgen oder später wieder schicken, damit wir ausziehen."

Aber die Leute wollten nicht aus dem Tor. Das gelobte Land war ihnen zu weit weg von Münster. Die Posaune des Herrn war nicht zu recht geblasen.

Sie haben den größten Unsinn betrieben, den ein Mensch sich vorstellen konnte. So hat der Hauptmann fortan gesagt: Liebe Brüder, wir werden nicht ausziehen und die Stadt zurücklassen, sonst kommen die Gottlosen wieder in die Stadt zurück. Das ist Gottes Wille nicht. Es ist nur eine Versuchung an euch. Nun, liebe Brüder, ein jeder nehme seine Frau und setze sich an die Tafel des Herrn und sei mit dem Herrn fröhlich." Da hat sich jeder mit seinen Frauen niedergesetzt, und der König ist wieder mit seinen Reitern zu seinem Hof geritten. Und alle Reiter sind nach Hause geritten und haben den Harnisch wieder ausgezogen und sind dann wieder zum König gegangen. Der König hat sich wieder sehr vornehm aufgemacht mit samtenem Rock und goldenen Ketten, die goldene Krone auf seinem Haupt. Und die Königin war ebenfalls vornehm ausgestattet gewesen, mit samtenem Rock, und hatte auch eine Krone auf dem Kopf. So sind der König und die Königin wieder auf dem Domhof erschienen, mit Räten und Dienern. Und er sagte, dass ein jeder sich solle niedersetzen mit seinen Frauen. Dann ließ er all diejenigen aufrufen, die Befehl hatten, an der Tafel zu dienen, und der König und die Königin sollten selber auch an der Tafel dienen. „Und wenn wir das Abendmahl gehalten haben, dann soll ein Teil hier bleiben, und uns an der Tafel dienen." Und so geschah es. Der König und die Königin sind an der Tafel entlang gelaufen und haben mit ihren Gästen gesprochen, und der König hat sie getauft, dass sie den Herrn erfreuen sollten. Desgleichen haben auch die Predicanten getan und gesagt, dass sie den Herrn erfreuen sollten, und sie mussten singen und den Herrn loben; sie haben die deutschen Psalmen gesungen. Jeder Mann hat bei seiner Frau gesessen. Die Predicanten haben gefragt, „Bruder, wie viele Frauen hast du?" Der Bruder hat geantwortet „zwei" oder „drei" oder „vier", demnach hatte jeder viele Frauen. Einer hat dagesessen und gesagt: „Diese vier Frauen sind meine Frauen." Da hat der Predicant geantwortet, „da sei der Herr gelobet, ich verneige mich vor dir, denn ich habe nicht mehr als drei." So sind die Predicanten an der Tafel entlanggegangen und haben die Brüder und Schwestern angesprochen. Die Brüder, die nicht mehr als eine Frau hatten, die haben beschämt dagesessen, denn sie waren noch nicht gläubig genug und noch keine rechten Christen. Da haben die Predicanten gesagt: Hier sind noch einige Leute auf dem Berge Zion, ehe die Glocke zwölf schlägt, sollen sie lebendig und tot sein." Das gemeine Volk wusste nicht, was sie damit meinten, und hat das so verstanden, dass diese sterben sollten und danach wieder lebendig werden. Sie meinten, dass solche Zeichen nicht geschehen würden. Sie saßen zusammen, aßen und tranken und waren guter Dinge. Und glaubten nicht, dass jemand auf dem Domhof sterben würde. Jeder Bruder saß bei der Frau, wie er Lust hatte. Als es auf den Abend zuging, wollten sie zu Bette gehen, sie dachten nicht ans Sterben.

Vor einiger Zeit begehrte Knipperdollingk, dass der König ihm das Haupt abschlagen solle; in drei Tagen wollte er wieder von den Toten auferstehen. Das aber wollte der König nicht tun. Aber wäre es irgendein Knecht gewesen, dann hätte der König ihm wohl den Kopf abgeschlagen. Aber der König konnte Knipperdollingk nicht entbehren, er hatte immer ein gutes Blatt in der Hand nachdem er des Königs Statthalter geworden war, er war der erste und der letzte.

Als die Mahlzeit vorüber war, haben sie am Ende das Abendmahl gehalten, wie ein Sakrament. Der König und die Königin, Knipperdollingk und des Königs Räte standen mitten auf dem Domhof, und sie haben kleine runde Küchlein gehabt, die haben sie entzwei gebrochen, und das ganze Volk, Männer und Frauen, jung und alt, sind zu dem König und der Königin und Knipperdollingk gegangen und jeder hat ein Stück von dem Küchlein gegessen und einen Schluck Wein dazu getrunken. So haben sie das Abendmahl gehalten.

Nachdem sie das Abendmahl gehalten hatten, hat der König das ganze Volk zusammengerufen auf einen Haufen; und alle Predicanten sind beieinander gewesen und alle Obersten der Wiedertäufer. Dann haben sie einen hohen Stuhl geholt und ihn mitten zwischen das Volk gestellt. Auf den sind die Predicanten nacheinander gestiegen und haben gepredigt, was das Abendmahl zu bedeuten hat. Am Ende hat sich der König selber auf den Stuhl gestellt und hat gesagt, Gott habe ihn abgesetzt, denn er sei zornig, dass er das Land nicht so regiere, wie er es tun sollte. Und sagte: „Liebe Brüder und Schwestern. Es war meine Meinung nicht, dass wir aus der Stadt ziehen sollen, und das ist Gottes Wille nicht. Es war nicht mehr als eine Versuchung für uns." Als der König oder Johan van Leyden dies sagte, da müsste er eigentlich über sich selber lachen. Seine wahren Gedanken sind uns unbekannt. Wären der König, die Propheten und die Predicanten mit den obersten Wiedertäufern wirklich aus der Stadt gezogen, das gemeine Volk, Männer wie Frauen, wäre ihnen gefolgt. Kein Mensch wäre in der Stadt geblieben.

Als Letztes ist der hinkende Prophet auf den Stuhl gestiegen, und hat gesagt, dass er eine Offenbarung von Gott erhalten hat, dass die Predicanten aus der Stadt ausziehen sollten. Sie sollten in vier Städte ziehen: nach Soest, nach Osnabrück, nach Warendorf und nach Coesfeld. Der Prophet hatte ein Register in der Hand, und hat dieses Register in vier Teile geschnitten. Dann hat er in den ersten Teil gesehen und die Predicanten mit ihren Namen aufgerufen. Diese sind zu dem Propheten gekommen, und der Prophet hat zu ihnen gesagt: „Ihr lieben Brüder, ich sage euch das Wort des Herrn, ihr sollt nach Warendorf bei lichtem Tage ziehen und in die Stadt gehen und sollt den Frieden verkünden. Wenn sie den Frieden nicht annehmen wollen, so wird die Stadt in derselben Stunde versinken und im Höllenfeuer verbrennen." Dann hat der Prophet das Register genommen und hat es den Predicanten vor die Füße geworfen und hat gesagt: „Das Register mache ich zu einer Urkunde." Da haben die Predicanten das Register aufgenommen und gesagt, sie wollten das von Gottes wegen ausrichten. Dann hat der Prophet das andere Register auch gelesen. Dieselben sollten nach Soest ziehen. Und er hat diesen Predicanten auch gesagt: wollten sie den Frieden nicht annehmen, dann sollte die Stadt auch versinken. Dann hat der Prophet das dritte Register gelesen und hat die Predicanten auch aufgerufen. Diese sollten nach Coesfeld ziehen. Wollten die auch nicht den Frieden annehmen, so sollten sie auch mit der Stadt versinken. Dann hat der Prophet das vierte Register verlesen und hat die Predicanten aufgerufen. Sie sollten nach Osnabrück ziehen. Wollten sie auch den Frieden nicht annehmen, sollten sie ebenfalls mit der Stadt versinken. Dann hat der Prophet die Predicanten zusammengenommen und zu ihnen gesagt: „Ich sage euch das Wort des Herrn, dass ihr in die Städte ziehen sollt und ihnen den Frieden verkündet. Wollen diese vier Städte den Frieden nicht annehmen, dann sollen sie alle vier zur Stunde versinken." Dann ist dieser Prophet mit ausgezogen und ist mit nach Soest gezogen mit seinen Gesellen. Da haben die Predicanten gesagt: „Seht ihr nun, dass wir hinaus müssen. Wir wollen das Schwert schärfen. Zu lange haben einige von uns gesagt, dass wir nicht über den Wall kommen an die Feinde. Wir wollen nun die Ersten sein, die ausziehen.

Als das vorbei war, hat der Prophet zu dem König gesagt: „Bruder Johan van Leyden, Gott will, dass du weiter regierst; du sollst ein König bleiben, wie du gewesen bist und sollst die Ungerechtigkeit bekämpfen." Dann hat der

Prophet Johan van Leyden wieder zum König gemacht. Das soll Gott ihm offenbart haben.

Die Predicanten sind am selben Abend noch aus der Stadt gezogen und haben sich durch das Lager gebracht. So ist jeder in seine Stadt gegangen, der eine nach Coesfeld, der andere nach Warendorf, der Dritte nach Soest und der Vierte nach Osnabrück. Als nun jeder von ihnen in seine Stadt gekommen ist, da haben sie ihnen den Frieden geboten, aber die Städte wollten den Frieden nicht annehmen. Die Städte sind nicht zur Stunde versunken, wie es der hinkende Prophet vorhergesagt hatte. Aber alle vier Städte haben die Predicanten gefangen genommen und alle hingerichtet, bis auf einen, Henricus, der hatte sich in der Stadt für einen Propheten ausgegeben, wie ich bereits berichtet habe.

Nachdem das auf dem Berge Zion geschehen war, hat der König zum Volk gesprochen, dass ein jeder solle nach Hause gehen, und ein Teil solle dableiben um an der Tafel zu dienen. Der König, die Königin und die Räte und alle diejenigen, die das Abendmahl noch nicht gehalten haben, sollten auch an der Tafel des Herrn sitzen und das Abendmahl halten. Dann hat der König mit seiner Königin und all seinen Frauen, und alle Räte mit ihren Frauen und alle Diener des Königs mit ihren Frauen an der Tafel gesessen und sind fröhlich gewesen und haben das Abendmahl gehalten, so wie es die Ersten getan hatten. Sie haben dem König sehr köstlich an der Tafel gedient. Bei manchem Gericht, das sie dem König servierten, stand einer mit einer Trompete und blies zum Himmel.

Als der König das Abendmahl beendet hatte, überkam ihn des Täufers Geist und er hörte eine Zeitlang auf zu sprechen. Aber schließlich wurde er wieder wach und lebendig. Da hatte er eine Offenbarung empfangen von Gott oder dem Teufel, was er tun sollte. Er hat zu einem seiner Diener gesagt, dass sie ihm einen Gefangenen aus dem Gefängnis bringen sollten. Darauf hat einer der Diener den König gefragt: „Will der Herr König alle haben?" Und der König hat geantwortet: „Nein, bringe mir den einen Landsknecht her und bringe mir auch das Richtschwert. Es ist Gottes Wille, dass er sterben muss." So haben sie den Landsknecht und das Richtschwert geholt. Der König hat dem Landsknecht gesagt, dass er sterben müsse, und dass er auf die Knie gehen soll. Aber der Landsknecht war nicht willig auf die Knie zu gehen, um so schnell zu sterben. Der König hat gesagt, er solle auf die Knie gehen, sonst würde er ihn mitten auseinanderhauen. Da hat der Knecht um Gnade gefleht. Aber er musste sterben. So ist der Knecht auf die Knie gegangen und der König hat ihm den Kopf abgeschlagen. Da hatte der König die Offenbarung vollbracht. Sie haben den Knecht die ganze Nacht auf dem Domhof liegen lassen, bis zum Morgen. Dann haben sie ihn begraben.

So wurde das Abendmahl vollendet. Und die Predicanten sind aus der Stadt gezogen, wie ich schon berichtet habe.

Der hinkende Prophet ist mit den Predicanten ausgezogen und in die Städte gereist. Nun wollten der König, die Holländer und die Friesen und die rechten Wiedertäufer wissen, wie es ihnen ergangen ist. Nachdem etliche Tage vergangen waren, wollte der König Nachricht kriegen, dass die Predicanten wohlbehalten angekommen sind, ein jeder in einer der vier Städte, um darin zu predigen und wie sich das Volk in diesen Städten taufen ließ. Doch im Gegenteil bekamen der König und die Wiedertäufer die richtige Nachricht, dass alle Predicanten gefangen waren, wie das mein gnädiger Herr von Münster in Warendorf getan hatte. Zuletzt erfuhr der König, dass sie alle hingerichtet waren. Da war eine große Betrübnis in Münster.

Als der König mit seinem Hof nun sah, dass sie keine der Städte für sich einnehmen konnten, das alles verloren war, da hat der König das Volk getröstet, und hat dazu gesagt, dasselbe musste so geschehen und dass es Gottes Wille war, dass sie sterben mussten. Aber nach diesen Predicanten würden neue Predicanten kommen, die das Wort Gottes noch viel klarer ausdrücken und predigen würden. So hat er das Volk getröstet und beruhigt. Die es besser wussten, mussten still schweigen und gaben ihm in allen Dingen recht. So wollte ihm das Vorhaben nicht gelingen. Dass ihm das nicht gelungen ist, dass er von den vier Städten nicht einmal eine oder zwei für sich einnehmen konnte, konnte er nicht die ganze Welt erobern. Und die vier Städte sind nicht in der Stunde versunken, wie es der Prophet gesagt hatte. Die vier Städte haben den Frieden nicht angenommen und sind bei ihrem Glauben geblieben und wollten den falschen Propheten nicht glauben. Hätten die vier Städte die Wiedertäufer angenommen und hätten den Predicanten geglaubt, es wäre ihnen ergangen wie Münster.

Später ist derselbe Henricus, der sich für einen Propheten ausgab, wie ich bereits gesagt habe, wiedergekommen, und hat gesagt, dass ihm Gott im Gefängnis offenbaret habe, dass er nochmals nach Münster, Neu Israel, kommen soll, um die Stadt zu sehen. So hat ihn das Volk willkommen geheißen, und hat ihm die Hand gereicht und ihn auf den Mund geküsst mit einem Frieden. Dann hat ihnen der Prophet erzählt, wie er aus dem Gefängnis entkommen ist, wie er aus dem Fenster gesprungen und in der Nacht verschwunden ist, um in die heilige Stadt zu kommen. Und er hat weiter gesagt, dass er noch aus der Stadt ziehen soll, und er wollte am lichten Tag in die Blockhäuser gehen, denn die Gottlosen hätten nicht die Macht, ihm irgendetwas anzutun. Darüber ist er mit dem

König und seinen Räten zu Rate gegangen. Und der König ist mit ihm übereingekommen, dass er nach Deventer in Holland ziehen soll, um dort die Brüder zu versammeln und mit ihnen bewaffnet nach Münster zu ziehen. Sie haben Henricus zweihundert Gulden mitgegeben, falls die Wiedertäufer in Holland Geld benötigen würden. Außerdem hat der König dem Henricus ein weißes Fähnchen mitgegeben. Das sollte Henricus in Deventer auf dem Marktplatz flattern lassen, damit sich die Wiedertäufer darunter versammelten. Dieses Fähnchen sei ein Fähnchen der Gerechten, ein Christenfähnchen. Wenn Henricus dann das Fähnchen hätte flattern lassen, und alle Wiedertäufer beieinander gehabt, sollte er mit ihnen nach Münster ziehen. Wenn sie dann an die Blockhäuser kommen würden, sollte er das Fähnchen wieder flattern lassen, dann sollten sie erlöst werden. Denn der König wollte mit den meisten Soldaten, die er hatte, aus der Stadt ausfallen, um sie mit Gewalt in die Stadt zu holen.

Mit diesem weißen Fähnchen sollte Henricus zum letzten Mal aus der Stadt ziehen, um es in Deventer flattern zu lassen, sagten die Wiedertäufer in Münster. Ob das dann so geschehen ist, kann ich nicht sagen. Aber Henricus zog aus der Stadt mit seinen zweihundert Goldgulden, um die Wiedertäufer zu sammeln. Henricus kam aber nicht weiter von Münster weg, als bis zu den Blockhäusern; und er ging geradewegs zu meinem gnädigen Herrn von Münster. Das ging so:

Henricus ist bei Nacht aus der Stadt gezogen, er hatte einen Knecht mitgenommen. Und so haben sie diesen Henricus auf den Weg gebracht, zwischen die Blockhäuser. Als Henricus mit dem Knecht ein Stück von den Blockhäusern entfernt war, brachte er den Knecht in ein Versteck und hat ihn angewiesen, dass er auf ihn warten solle. Das hat der Knecht getan, und Henricus ist zurück zu dem Blockhaus gegangen, zu meinem gnädigen Herrn von Münster. Der Knecht hat gewartet, aber Henricus kam nicht wieder. Da hat sich der Knecht wieder nach Münster begeben und ist wieder in die Stadt gekommen. Und er hat dem König erzählt, wie Henricus, der Prophet, von ihm gegangen ist, und er auf ihn warten sollte, aber Henricus ist nicht gekommen. Da war der König mit seinen Räten und seinem ganzen Anhang enttäuscht, dass Henricus so etwas getan hatte, das hätten sie nimmer von ihm gedacht.

Als es bekannt wurde in der Stadt, dass Henricus so ein falscher Prophet war, und sich zu meinem gnädigen Herrn begeben hat, wurde viel darüber gesprochen. Die Leute sagten, dass das alles Betrug sei, was er prophezeit hatte, was ihm in seiner Schlafkammer offenbart sein sollte und was er auf dem Marktplatz verkündet hat. Ich habe davon berichtet.

Dann haben der König und Stutenbernt eine Predigt halten lassen auf dem Marktplatz, und Stutenbernt hat in der Predigt gesagt: „Liebe Brüder und Schwestern. Es geht das Gerücht herum, dass Henricus, der Prophet, von uns abgefallen ist. Liebe Brüder und Schwestern, es ist seltsam, dass falsche Propheten unter uns sind. Henricus ist so einer. Aber das kümmert uns nicht mehr, denn dass wir sie angreifen, ist bekannt und das wird auch der Bischof wissen." Dass dies von Stutenbernt gesagt wurde, war dem König sicher nicht recht: „Es kümmert uns nicht mehr, dass sie von unserem Angriff wissen." Das hat die ganze Öffentlichkeit in der Stadt Münster gehört. Einige schwiegen dazu, ein Teil sprach heimlich untereinander: „Was mögen sie für Angriffe vorhaben, sollen wir wieder den Unsinn mit dem Auszug aus der Stadt erleben?"

Aber Stutenbernt sagte fortan: „Liebe Brüder und Schwestern, wir haben Henricus zweihundert Gulden mitgegeben. Diese waren für die Brüder bestimmt, die er holen sollte. Die zweihundert Gulden sind in einem kleinen Sack, mehr haben wir nicht aus der Stadt gesandt. Aber die Predicanten, die wir mit Briefen ausgesandt haben, denen haben wir kein Geld mitgegeben." Einige Leute sagten, der König soll vor einiger Zeit sechs oder achttausend Gulden geschickt haben. Ob das stimmt, kann ich nicht sagen, aber ich will wohl glauben, dass er einen Teil des Geldes aus der Stadt geschickt hat.

So haben sie wohl viel gepredigt, von diesem Henricus und von den zweihundert Gulden, und dass jeder dazu schweigen muss.

Zu dieser Zeit hätte Henricus dem König und allen Wiedertäufern schaden können, wenn der König mit allen wehrhaften Männern aus der Stadt gefallen wäre. Mehr dazu ist mir unbekannt.

Der Prophet Henricus hat einen Brief an die Stadt geschrieben, als er bei meinem gnädigen Herrn von Münster war. Er schrieb dem König und der ganzen Öffentlichkeit, dass die Dinge, die die Wiedertäufer und der König mit den Räten durchführen Unsinn sind, und dass sie die armen Leute betrügen, und um ihr Hab und Gut bringen wollten; aber wenn sie noch umkehren, würden sie Gnade von meinem gnädigen Herrn bekommen. Und er schrieb: „Alle eure Propheten und Predicanten und euer König sind ebenso wenig Propheten und Predicanten und König, wie ich einer bin. Es sind allemal falsche Propheten und Predicanten und ein falscher König." So stand der Kanzler und las den Brief auf dem Marktplatz öffentlich vor. Ich glaube wohl, dass der Kanzler nicht alles aus dem ganzen Brief vorgelesen hat, was darin stand. Das hat der König genauso getan, wenn sie Briefe in die Stadt bekamen, und dem gemeinen Volk nicht alles kundtun wollten, was in den Briefen stand.

So hat der Landgraf einmal an die Stadt geschrieben. Diese Schrift war kopiert aus einer Schrift, die sie vor langer Zeit aus der Stadt geschickt haben.

Die Wiedertäufer wollten nichts von Marien halten. In dem Brief, den der Landgraf an die Stadt geschickt hatte, stand dass Christus Maria erhoben hätte, und dass Maria Christus' Mutter wäre, und ihn gesäugt hätte, und dass sie Christus durch den heiligen Geist empfangen hätte. Das las Stutenbernt vor und lachte darüber. Dann gab Stutenbernt einen Bescheid vor der ganzen Allgemeinheit und sagte: „Wenn Christus Fleisch und Blut von Marien empfangen hat, durch ihre Brust zu saugen, dann wären wir Menschen Kühe, wenn wir Milch von Kühen trinken, und die kleinen Kinder trinken Milch von Kühen und werden groß damit. So müssten wir alle Kühe sein. Stutenbernt wusste es besser, aber er sagte es im Spott.

Und sie lasen noch mehr aus dem Brief, dass ich dachte, sie wollten ihn mit Geschrei widerlegen. Stutenbernt gab den Brief dem obersten Hauptmann, und gesagte: „Liebe Brüder und Schwestern, diese Schrift ist zu lang zum Verlesen, deshalb habe ich sie dem obersten Hauptmann gegeben, der soll sie den anderen Hauptleuten geben. Der eine Hauptmann soll sie von dem anderen nehmen, einer nach dem anderen, und der soll selbst vorlesen, ein jeder vor seinem Tor mit seinem Volk." So hat Stutenbernt den Brief der Allgemeinheit übergeben. Aber der Brief kam nicht weiter als bis zu dem obersten Hauptmann. Was sonst noch darin stand, hat der gemeine Mann nie erfahren.

So hatte Henricus an die Stadt geschrieben, hat von der Wiedertaufe abgelassen und sich bekehrt, und hat von den Herren Gnade erlangt und ist am Leben geblieben.

13 Die Erlösung bleibt aus

Nun hat Stutenbernt mit dem König und mit den Predicanten etwas anderes unternommen. Stutenbernt hat ein Buch geschrieben, das Buch heißt „Restitution". Und er hat das Buch auch drucken lassen. Sie haben es durch Boten nach Holland und Friesland geschickt. Und sie haben diese Bücher in das Lager geworfen vor die Blockhäuser. Und sie haben die Bücher an Pfeile gebunden und haben sie nachts in das Lager geschossen, damit die Landsknechte sie bekommen konnten, und sie hofften, die Landsknechte in den Blockhäusern würden zur Stadt überlaufen. Aber die Landsknechte wollten nicht helfen.

Darin stand (Auszug): Wir wünschen Gnade und Barmherzigkeit und Friede von Gott dem Vater, durch Jesum Christum, unsern einzigen und der ganzen Welt Heiland, allen frommen, günstigen und der Wahrheit der christlichen Religion zugetanen Seelen! Höret, ihr Völker, und vernehmet, ihr Jünglinge und Alten, die ihr rings um unsere Stadt euer Lager gezogen habt. Da wir von Herzen wünschen, nicht allein mit jedermann Friede zu haben, sondern auch die brüderliche Liebe in Christo gegen alle Menschen ausüben mögten, so werdet ihr zusehen müssen, wie ihr es vor frommen Leuten (geschweige vor Gott) verantworten wollet, dass wir von euch gegen alle geschriebene und unterzeichnete Friedensverträge, ohne getane ordentliche Kriegserklärung, gewaltsamerweise belagert und um das Leben gebracht werden. Gott aber wird den Gerechten helfen. Die Ursache aber, warum wir euch diesen Text schicken, könnt ihr aus nachfolgendem erkennen:

Wir hoffen, dass unter euch noch viele Fromme sein werden, die Gott und ihren Schöpfer lieben, und lieber den Tod leiden, als ohne vorhergehende Kriegserklärung, wider die Billigkeit, wider Gott und die liebenswürdige

Wahrheit, bloß um Geld zu gewinnen, Krieg anfangen wollten, die um deswillen uns Feind geworden sind, weil man sie mit Lügen dazu gebracht hat, und die sich einbilden, sie zeigten sich dem Willen Gottes gehorsam, wenn sie uns mit Waffen verfolgten. Damit aber ein jeder unter euch wisse, und genau bei sich überlegen könne, was er tue, und gegen wen er Krieg führe. So wollen wir unseren Glauben und unser geführtes Leben kürzlich beschreiben. Unser Glaube und unser Vertrauen stehet auf dem einzigen wahren und lebendigen Gott. (...) Unterdessen fürchten wir uns nicht, der Antichrist, die Priester, die Mönche und der Teufel mit seiner Schalkheit und seinem ganzen Heer, samt den Pforten der Höllen, mögen gegen uns vornehmen, was sie wollen, unser Leben ist in Christo verborgen, und nimmt erst seinen Anfang, wenn dieses Fleisch die Sterblichkeit abgeleget hat. Alsdann werden die Feinde Gottes, so wider den Stachel Christi gelecket haben, gedehmütigt und vertrieben, mit Schanden bestehen und zu Schanden gemacht werden. Derowegen tuet Buße und erkennet eure Irrtümer, in der Zeit, da ihr noch könnet, auf dass ihr nicht eine Grube grabet und selbst hineinfallet. (...) Nehmet dieses als eine gutherzige Ermahnung an, und hütet euch, dass ihr unsere alten und wohlgeübten Heerführer nicht verachtet. Alle Feinde Gottes sehen wir nicht anders an als Spreu und Staub, denen wir uns unerschrocken widersetzen...

Aber die Boten, die sie mit den Büchern nach Holland und Friesland geschickt hatten, sind zurückgekommen und haben Briefe mitgebracht. Darin stand, dass sie sich versammeln wollten und nach Münster kommen, um die Stadt zu befreien, und sie wollten Proviant mitbringen. Als die Briefe ankamen, da hat der König die große Offenbarung von Gott erhalten, dass die Erlösung an Ostern erfolge. Das hat der König der Öffentlichkeit auf dem Marktplatz in der Predigt verkündet.

Der König hatte einen Landsknecht vor sich stehen, den er aus dem Gefängnis hatte holen lassen, und wollte ihm das Haupt abschlagen. Dieser Landsknecht war in des Königs Diensten. Er wollte von dem König Urlaub bekommen und dass er ihm seinen Sold geben soll. Da hat der König zu ihm gesagt: „Du hast doch noch Geld."

Der Knecht hat gesagt: „Ich habe kein Geld."

Der König hat gesagt: „Warum lügst du?"

Der Knecht hat gesagt: „Wenn ich lüge, so schlage mir den Kopf ab."

Darauf hat der König den Knecht durchsucht und hat bei ihm Geld gefunden, zwei Joachimstaler und etwas Kleingeld. Darum musste der Knecht sterben. Möglich, dass jemand dem König verraten hatte, dass der Knecht noch Geld hat.

Als nun der König verkündete, dass zu Ostern die Erlösung sein solle, fügte er noch hinzu: „Wenn es so ist, dass Ostern die Erlösung nicht kommt, so macht mit mir, was ich mit diesem Bösewicht machen werde, und schlagt mir auch den Kopf ab." Da haben alle Leute geglaubt, dass Ostern die Erlösung kommen würde, aber einige haben auch nicht daran geglaubt. Dann ist der Knecht vor dem König auf die Knie gefallen und hat um Gnade gefleht, und hat das Volk angefleht, es sollte für ihn um Gnade bitten. Doch die Gnadentür ist zu geblieben. Da sind viele vor dem König auf die Knie gefallen, aber auch sie konnten keine Gnade erlangen, und die Gnadentür blieb die ganze Zeit geschlossen. So hat der König den Knecht vor das Tor bringen lassen und hat ihm das Haupt abschlagen lassen, um der zwei Joachimstaler willen und weil er gesagt hatte: „Wenn ich lüge, so schlaget mir den Kopf ab."

Nachdem der König verkündet hatte, dass die Erlösung zu Ostern sein sollte, da haben sich die Leute sehr auf Ostern gefreut. Die Männer haben sich mit ihrem Gewehr und ihrem Harnisch gerüstet und haben sich in Hose und Wams gekleidet, wie ein Landsknecht. Der König ließ jede Woche die Männer einmal auf den Domhof kommen mit ihren Waffen und sie verteilten sich in zwei Haufen und gingen in die Schlachtordnung, um die Schlachten gegeneinander zu führen, als ob sie Feinde wären. So wollten sie lernen, wie sie sich verhalten mussten, wenn sie morgen eine richtige Schlacht mit den Feinden schlagen müssten. Das Volk hat sich ausgerüstet wie die Landsknechte und sie haben alle Tage mit dem Schießgewehr geübt, und sie waren sehr stolz darauf. Ob sie einen Menschen töten machte ihnen nicht mehr aus, als wenn sie einen Hund töten. Wurden die Wiedertäufer getötet, dann fragten sie auch nicht nach, denn wenn ein Wiedertäufer tot war, sagten sie, er hätte fromm gestritten und hätte die Krone verdient. Er wäre jetzt beim Vater, und so würde Gott sein Volk bald erretten. Wenn sie tot blieben, dann war das des Vaters Wille.

Der König hat eine Wagenburg bauen lassen um die Erlöser zu empfangen. Damit wollten sie zu Felde ziehen, wenn ihre Brüder aus Holland und Friesland kämen. Das war die Erlösung auf die sie und der König sich verließen, aber sie machten dem gemeinen Volk weiß, dass Gott sie erlösen würde. Hätte Gott sie wirklich erlöst, dann hätten sie aber keine Wagenburg gebraucht. Wäre Gott wirklich mit ihnen gewesen, dann hätte niemand etwas gegen sie tun können. Es war alles Betrug, was sie unternahmen. So aber haben sie die Wagen ausgerüstet, und haben Geschütze darauf machen lassen, die beieinander standen wie Orgelpfeifen. Dieselben lagen zu sechs oder acht auf einem Karren beieinander. Wenn sie damit schossen, gingen alle gleichzeitig los. So haben sie fünfzehn oder sechzehn Wagen gemacht, dann hatten sie kein Holz um noch mehr zu machen. Sie haben auch einen Zaun um die Wagen gebaut. Dieser war so gemacht, dass man ihn in einzelne Teile zerlegen und tragen konnte, und ein jedes Stück konnte mit einem eisernen Stift verbunden werden. Somit konnten sie die Wagen im Feld bewegen und sich gleichzeitig schützen, denn die Zäune hatten Stäbe mit eiserne Spitzen, damit die Reiter sie nicht überwinden konnten, ohne ihre Pferde zu verletzen. Sonst hätten sie die Stangen in den Pferdekörper gerammt. So gerüstet wollte der König ins Feld ziehen, wenn die Erlösung kommt, und die ganze Welt erobern.

Ostern ist gekommen, die Erlösung ist ausgeblieben. Da hat das gemeine Volk gesagt, dass das alles Lügen waren, die man ihnen erzählt hat. Sie sagten: „Wir müssen nun auch dem König das Haupt abschlagen, wie er es gesagt hat." Der König hat davon erfahren, dass die Leute durch die Stadt liefen und sagten, dass die Erlösung ausbliebe und nicht Ostern kam, wie der König es versprochen hatte, und das er gesagt hatte: wenn die Erlösung an Ostern nicht käme sollten sie mit ihm das gleiche machen, was er mit dem Knecht getan hatte und ihm den Kopf abhauen. Da hat der König eine Predigt gehalten, und hat in der Predigt gesagt: „Einige von euch sagen, dass die Erlösung an Ostern nicht gekommen ist, wie ich es euch vorhergesagt habe. Und dass ich gesagt habe, wenn die Erlösung nicht kommt, sollt ihr mit mir dasselbe tun, was ich mit dem Knecht getan habe, der vor mir stand. Nun, liebe Brüder und Schwestern, habt ihr das so verstanden? Wollt ihr Gott Zeit setzen? Nein, Gott lässt sich keine Zeit setzen. Ihr müsst erst rein von Sünde sein, von allen Sünden; erst dann wird Gott uns erlösen." So hat der König das Volk ruhig gestellt und die meisten schwiegen. Der König hätte sie aber nicht allein ruhig stellen können; hätte er seinen Anhang nicht gehabt, nicht Knipperdollingk und die anderen Bürger, die zu ihm hielten, als auch die Holländer und Friesen, diese Bösewichter und all jene, die zum König hielten. Alles was er sagte und tat, das wurde ihm aufgegeben von Räten und Predicanten. Was der eine nicht wusste, das wusste ein anderer. Darin waren sie ein Haufen Betrüger aus allen Ländern.

Der König und sein Anhang wussten nicht, was sie unternehmen sollten, die Erlösung kam nicht. Aber Stutenbernt hat noch einen Rat gefunden und ein Büchlein gemacht. Das Büchlein sollte handeln von der Rache. Dieses Büchlein haben sie drucken lassen und haben es auch nach Holland und Friesland geschickt, wo sie Wiedertäufer kannten. In dem Büchlein stand, dass ein jeder sein Schwert in die Hand nehmen und sich aufmachen sollte nach Neu Israel. Denn die Rache des Herrn solle beginnen, und wenn sich jemand dagegenstellte, mit Gewalt. So hofften der König und Stutenbernt würden sie die Unterstützung kriegen, die Stadt zu entsetzen. Wenn der König Nachricht aus Holland oder Friesland bekam, oft per Brief, dann machte er dem Volk weiß, das sei eine Offenbarung Gottes.

Als die Büchlein fertig waren, sollte in drei Wochen die Erlösung sein, und sie ließen in der Predigt verkünden, dass all diejenigen, die mit ausziehen wollten, auf den Domhof kommen sollten, und diejenigen, die in der Stadt bleiben wollten, auf Wache zu gehen hatten. Niemand sollte zu irgendetwas gezwungen werden. „Wer nicht mit aus der Stadt ziehen möchte, dem ist freigestellt, in der Stadt zu bleiben, denn wir müssen auch Leute in der Stadt lassen, um sie zu beschützen. Es ist viel besser, wenn derjenige in der Stadt bleibt, der das möchte, als wenn er mit uns auszieht, denn der hat den rechten Glauben noch nicht. So betet zu Gott, dass ihr den rechten Glauben bekommt. Und die, die aus der Stadt ausziehen, müssen den tiefen Glauben haben, dass Gott mit uns ist. Wenn Gott mit uns ist, wer kann dann gegen uns etwas tun? Die Gottlosen sollen die Macht nicht haben, uns ein Härchen zu krümmen." Weiter haben sie in der Predigt verkünden lassen: „Wenn es Frauensleute oder Schwestern gibt, die gern ausziehen würden, die sollen auch auf den Domhof kommen. Denn wir werden die Schwestern brauchen, wenn wir krank werden oder angeschossen."

Daran hat man auch gesehen, wie gläubig sie waren.

Und es haben sich alle die Männer auf dem Domhof versammelt, die ausziehen wollten. Diese wurden aufgeschrieben. Und jeder hat seine Waffe gehabt und seine Ausrüstung, mit der er ausziehen wollte. Der König hat neue Haupt- und Befehlsleute ernannt, und hat viele Fähnchen verteilt und die Leute in zwei Haufen, einen verlorenen und einen großen, eingeteilt. Diese kämpften gegeneinander, als ob sie Feinde wären, wie sie es zuvor bereits getan hatten. Dieses fand jede Woche am Donnerstag statt.

So hat der König gemacht, dass sie jede Woche einen Spieltag hatten. Sie haben sich zu Haufen zusammengefunden und führten eine Schlacht untereinander. Aber aus dem Tor kamen sie nie, und sie haben auch keine Schlacht mit den Feinden geschlagen oder auf sie geschossen. Wenn sie sonst nichts auf dem Domhof zu tun hatten, so kamen sie eben dorthin, wenn Spieltag war, um zu spielen. Die einen spielten Karten, andere schlugen den Ball, oder sie liefen gegeneinander und stritten sich. Sie spielten auch Riemen (*eine Art Glückspiel*) wie die Kinder, nicht um Geld, denn das Geld hatten der König und die Obersten.

An solchen Spieltagen spielte die eine Hälfte der Männer und die andere Hälfte hielt Wache. Aber am Ende wurde der Spieltag wieder abgeschafft. Denn der König wollte, dass sie wieder werden wie sie waren.

Des anderen Tages sind die Männer auf den Domhof gekommen, die in der Stadt bleiben wollten. Das waren ungefähr dreihundert, junge wie alte. Dann kamen der König und Stutenbernt auf den Domhof, um die zu sehen, die in der Stadt bleiben wollten. Und einige, die ausziehen wollten, kamen ebenfalls auf den Domhof um sie zu sehen, und um sie zu verspotten. Dann gingen der König mit Stutenbernt und allen Männern in den Dom, und Stutenbernt ist auf eine Bank gestiegen und hat gesagt: „Liebe Brüder, hier haben wir noch einen großen Haufen. Es ist so, dass wir noch eine Menge Volk in der Stadt haben, die wollen wir nehmen und zu euch setzen, damit ihr stark genug seid." Und Stutenbernt sagte weiter: „Liebe Brüder, es ist nicht unser Wille, ohne euch aus der Stadt zu ziehen. Aber wenn wir draußen sind, dann werden wir um euch mehr Sorgen haben als um uns selber, denn wir werden unsere Frauen und Kinder bei euch lassen. Aber wir werden nicht so weit ziehen und bald wieder bei euch sein." Dann hat der König gesprochen: „Nun, liebe Brüder, ein jeder soll auf seiner Wache sein, der in der Stadt bleiben will, und die anderen, die ausziehen wollen, sollen auf den Domhof kommen. Und so ist es geschehen; der eine Teil ist auf die Wache gegangen, der andere Teil auf den Domhof. Der König ist mit seinen Räten durch die Stadt gegangen und hat auf jeder Wache nachgesehen, wie viele es waren. Und wo es zu viele waren, nahm er welche weg und versetzte sie dahin wo zu wenige waren. Auf jeder Wache hat er einen Befehlshaber eingesetzt, der das Kommando hatte, wenn der König mit den anderen Brüdern aus der Stadt gezogen war. Jeder Befehlshaber hat dafür gesorgt, dass alle wussten was sie tun sollten. Und der König hat noch Leute, die aus der Stadt ziehen wollten, zu den Wachen versetzt, damit diese stark genug wären, die Stadt zu verteidigen.

Am nächsten Tag sind die Frauensleute auf den Domhof gekommen, die mit ausziehen wollten. Das sind etwa dreihundert gewesen. Aber der König wollte so viele nicht mitnehmen, deshalb hat er sie gemustert. Die, die ihm dienten, hat er aus dem Haufen genommen, die anderen sind wieder nach Hause gegangen. Die Frauen, die mit ausziehen wollten, kamen auch mit Waffen auf den Domhof. Die eine hatte eine Hellebarde, die andere einen Spieß; so gingen sie in der Reihe. Die Frauen, die der König mitnehmen wollte, waren an die fünfzig und die wurden alle aufgeschrieben mit ihrem Namen.

Am folgenden Tag haben sie alle Frauensleute auf dem Domhof versammelt, die in der Stadt bleiben wollten. Diese sind auch mit ihren Waffen gekommen und sind auf dem Domhof umhermarschiert wie ein Haufen Landsknechte. Dann haben sie die Frauensleute auf die Tore verteilt, die um die Stadt waren, wie die Mannsleute. Und wenn ein Haufen den Domhof verlassen hat, haben sie einen deutschen Psalm gesungen: „Eine feste Burg ist unser Gott." Und so ist jeder Haufen zu dem Tor gegangen, dem er zugeordnet war. Dann wurden die Frauen von den Hauptleuten auf die Erdhäuser und die Wälle verteilt.

Wenn dann die Sturmglocken läuteten und Alarm war, musste jeder Mann an seine verordnete Stelle laufen, denn er wusste, wo sein Platz war. Das gleiche galt für die Frauen; die liefen dann auch mit ihrem Gewehr an die verordnete Stelle.

Auf dem Domhof sind sie immer umher gegangen, aber es wollte nicht werden, dass der Haufen aus der Stadt auszog. Die Erlösung wollte nicht kommen. Sie warteten auf die Holländer und Friesen, die kommen sollten um sie zu entsetzen. Dasselbe sollten hunderttausend sein, die nach Münster zur Befreiung kommen sollten. Das war die Erlösung auf die sie warteten, aber sie machten dem gemeinen Volk weiß, Gott würde sie erlösen. Wären die Holländer und Friesen tatsächlich in solcher Stärke gekommen, so hätten sie als erstes das ganze Stift von Münster eingenommen, dann das Stift von Osnabrück, dann das Stift von Köln und das Land von Kleve, und hätten dann die ganze Welt erobert.

Dass aber die Erlösung nicht kam, daran waren ihre Sünden Schuld und dass sie nicht so gerecht waren, wie sie sein sollten. Der König hat gesagt, dass die Wiedertäufer nach Münster unterwegs seien.

Die Wiedertäufer hatten ein Kloster besetzt. Jorgen Schenck hat sie in dem Kloster belagert und hat das Kloster dreimal gestürmt. Beim dritten Mal hat Jorgen Schenck den Sturm gewonnen, und hat alle totgeschlagen und hat die Obersten auf die Mauer gehängt (*7. April 1535*). Das hat den König sehr erschreckt, dass Jorgen Schenck gesiegt hatte. Da haben sie wohl gemerkt, dass sie so nicht weiterkommen konnten, dass es mit ihnen zu Ende ging. So sagten die Holländer und Friesen, dass die Wiedertäufer in Holland drei Städte innehatten, und dass sie nach Holland gehen sollten.

Da ließ der König eine große Predigt auf dem Marktplatz halten. Dort stand Stutenbernt auf einer Bank und sagte: „Liebe Brüder und Schwestern, als wir im Dunkeln waren, da verließen wir uns auf unsere fremden Brüder, die zu uns kommen sollten. Darauf hätten wir uns nicht verlassen sollen. Gott wird uns wohl erlösen, wenn unsere Zeit gekommen ist. Aber wenn sie kommen, werden wir ihre Hilfe annehmen. Wir würden sogar die Hilfe des Teufels in der Hölle annehmen, wenn wir dadurch Gottes Willen erfüllen könnten. (Ihren eigenen Willen meinten die Bösewichter.) Aber ihr sollt euch nicht nur auf die Brüder verlassen. Kommen sie jedoch, so geschieht das auf Gottes Veranlassung." So haben sie dem gemeinen Volk etwas vorgemacht, wann immer sie konnten. Sie mochten noch so viel predigen, aber die Erlösung kam nicht. Alles haben sie versucht mit ihren Waffen und ihrer Wagenburg, aber es wollte nicht so werden, wie sie es gern gesehen hätten.

Als nun der König, seine Räte und alle Obersten der Wiedertäufer gemerkt haben, dass die anderen Wiedertäufer in Holland und Friesland, oder woher sonst noch, nicht in ihre Lande kamen, da wussten sie wohl, dass sie ihr Spiel verloren hatten.

Doch noch wollten sie nicht aufgeben. Hätten sie die Stadt jetzt aufgegeben, hätte noch so mancher Mensch Gnade vor dem Herrn erlangen können. So war dem König offenbart, dass sie die Wagenburg nicht einsetzten sollten, sondern sie stehen lassen, denn es sei Gottes Wille nicht, dass wir sie aus eigener Kraft schlagen. „Unsere Kraft reicht nicht aus. Gott wird sie ins Herz schlagen, damit sie davonlaufen, als hätten wir sie mit Gewalt besiegt. Liebe Brüder und Schwestern, wir haben Gott dadurch erzürnt, dass wir auf unseren Verstand und unsere Klugheit gesetzt haben. Wir müssen die Zeit abwarten, bis uns Gott erlöst." So wurde die Wagenburg abgebaut, und sie haben die Teile stehen lassen. Da haben sie alle gemerkt, dass es nichts werden würde, dass die Erlösung ausblieb.

Die Erlösung ist dann aber eher gekommen, als ihnen lieb war, als der Hunger und der Kummer kamen. Wer nicht fasten konnte, der musste vor dem Hunger aus der Stadt laufen oder sich totschlagen lassen. Das war ihnen eine schwere Erlösung. Diese Art von Erlösung wollten sie haben,, als die rechten Wiedertäufer sagten, ehe sie die Stadt aufgeben würden, wollten sie lieber Hungers sterben; dasselbe taten sie um Gottes Willen, dafür würden sie in den Himmel kommen.

Hier noch einmal aus dem Brief von Wirich und seinen Kriegsräten an die Räte des Herzogs von Cleve vom 7. Mai 1535: Am 4. Tag dieses Monats kamen 2 Männer aus der Stadt. Der eine war ein Bürger, der andere ein Landsknecht. Sie sagten beide gleich, der eine wie der andere, dass darin große Gebrechen und Armut sind. Und die Gemeinde ist vor den König gezogen. Da hat der König mit seinem Anhang, um einen Aufruhr unter den Gemeinen zu vermeiden, 12 Fürsten ernannt und für jeden Fürsten 3 Räte. Jeder Fürst soll um seinen Hals 13 große Goldpfennige haben, und jeder Rat 18 große Silberpfennige. Der König soll sitzen in Davids Stuhl in der Stadt Gottes, und die 12 Fürsten mussten geloben, die ganze Obrigkeit, geistlich und weltlich und die ganze Christenheit unter sich zu bringen. Dies haben sie am 3. Tag des Monats gemacht. Und sagten auch, dass der König jedem, der die Stadt verlässt, verbot, anzuzeigen, dass großer Mangel an Proviant in der Stadt sei. Und Stuten Bernhard ist wahrhaftig bei dem Scharmützel ins Bein geschossen.
Item am 5. Tag kam eine Frau mit ihrem jungen Kind heraus, die hatten wir gleich zurückgeschickt, aber sie kam sofort wieder. Sie sagt, sie wäre lieber mit dem Kinde tot, als in der Stadt vor Hunger zu sterben. So nahmen die Knechte ihr das Kind ab, und die Frau sitzt noch in einer Einfriedung innerhalb des Lagers. Es sitzen noch 2 Frauen aus der Stadt bei ihr, die bereits mehr als 8 Tage dort sitzen. Die Knechtsfrauen geben ihnen aber durch den Zaun genug zu essen.
Item auf denselben 5. Tag kam noch ein Junge aus der Stadt, 16 oder 17 Jahre alt, gut bekleidet und beritten. Diese, die Frau und der Junge sprachen auch von dem

König, den Fürsten und den Räten und bestätigten, was die andern beiden auch gesagt hatten.

Item sagen auch, dass sie die jungen Kinder, die unter 2 Jahren alt waren, gezählt haben; es waren wahrhaftig ihrer 1007. Für die brauchten sie den größten Teil der Milch.

So ist der Hunger zu ihnen gekommen und war ihnen ein Prophet; und er hat sie nicht belogen, hat ihnen nichts vorgemacht. Zu ihrer Erlösung haben sie nichts mehr unternommen, sie haben auf ihren Vater gewartet, aber der Vater blieb aus.

Nun hatten sie allerlei Spielereien unternommen und haben die Stadt bewahrt so lange sie konnten. Dem König war offenbart, dass Wunder über Wunder geschehen würden, und sie große Freuden erwarten könnten. Deshalb ließ er ein Drittel der Einwohner der Stadt auf den Domhof kommen, Männer und Frauen. Das dauerte drei Tage lang. Die Einwohner waren in drei Teile geteilt; das andere Drittel wachte an den Toren und Wällen bei Tag und das letzte Drittel wachte bei Nacht. Die, die auf dem Domhof waren, haben auf das große Wunder gewartet, das da kommen sollte. Es kam der König mit seiner Königin und seinen Räten und all seinen Dienern auf den Domhof. Er ging in ein Haus und hat sich aus dem Fenster gezeigt. So lag der König auf dem Fenster, prächtig ausgerüstet, mit goldenen Ketten und mit seidenen Kleidern. Die Königin und die Räte waren ebenso prächtig ausgerüstet. Der König hatte ein Buch vor sich am Fenster liegen, das war das Buch der Könige. Daraus las er ein Kapitel vor. Das Kapitel, das er las, gefiel ihm. Denn er las, wie König David gekämpft hatte, und wie der Engel mit dem glühenden Schwert vom Himmel kam und die Feinde in die Flucht schlug. „Liebe Brüder und Schwestern, dasselbe kann bei uns auch geschehen. Derselbe Gott lebet noch." Während der König las, standen die Predicanten und Schulmeister unter seinem Fenster auf dem Domhof. Sie hatten kleine Jungen bei sich gehabt, und haben Diskant gesungen, Deutsche Psalmen, so wie die Studenten Cantulen zu singen pflegen. So haben die Predicanten und Schulmeister einen Vers mit den kleinen Jungen im Diskant gesungen. Und das gemeine Volk, das drumherum stand, die haben einen anderen Vers auf Deutsch gesungen. Als sie die Verse gesungen hatten, da hat der König weitergelesen. Dann haben die Predicanten wieder gesungen. Danach kam Stutenbernt an das Fenster und hat gepredigt. Am Ende seiner Predigt hat er gesagt: „Liebe Brüder und Schwestern, alle die hier unterwiesen sind, sollen hier auf dem Domhof bleiben; die anderen sollen wieder nach Hause gehen, auf ihre Wache." Die, die auf dem Domhof geblieben sind, haben sich niedergesetzt, ein jeder mit seinen Frauen. Dann ist der König mit seiner Königin und mit all seinen Frauen, sechzehn waren es insgesamt, und mit seinen Räten und den Predicanten mit ihren Frauen gekommen, und sie haben sich ebenfalls niedergesetzt. Der König hatte sich einen Platz bereiten lassen, für sich und seinem Gesinde. So haben sie dagesessen, um ein Abendmahl abzuhalten. Die Diener haben auf die Tafel Brot und Bier gelegt, nichts weiter. Sie haben gesessen und gegessen und waren fröhlich. Aber der König hatte auf seiner Tafel genug zu essen und zu trinken. Die Predicanten sind die Tafel entlang gegangen und haben gesagt: „Liebe Brüder und Schwestern, ihr müsst euch mit Brot und Bier bescheiden, bis Gott uns die Erlösung bringt. Ihr werdet noch in große Versuchung kommen, ehe Gott euch erlöst. Gott will euch prüfen und wird euch versuchen, um zu sehen, ob ihr nicht wieder von seinem Wort abfallen werdet. Wenn ihr immer einhalten wollt, was ihr ihm gelobet habt, dann wird Gott auch die Zusage einhalten, die er euch gegeben hat." So haben sie das Volk überredet, dass sie zufrieden sind, sie würden gern erleiden um Gottes willen, was sie erleiden konnten. Nachdem diese Mahlzeit vorbei war, da wollte jeder gern noch mehr essen. Die, die noch etwas zu Essen zu Hause hatten, die konnten nach Hause gehen und essen. Von dem großen Wunder und den Freuden, die man ihnen versprochen hatte, konnten sie nicht satt werden. Zum Schluss hat Stutenbernt gesagt: „Liebe Brüder und Schwestern, wer nach Hause gehen möchte, der mag das tun und dann wiederkommen, hier soll noch große Freude geschehen. So ist ein jeder nach Haus gegangen, und der König mit seiner Königin und den Räten sind auch nach Haus gegangen. Da hat sich der König mit seinen Reitern zu Pferde gerüstet, mit Waffen und Harnisch, der König mit voller Rüstung, und hatte seine goldene Krone auf dem Haupt, und die Räte hinter sich. So sind sie auf den Domhof hin und her geritten. Und das Volk kam auch wieder auf den Domhof und hat den König in all seiner Pracht gesehen. Es ist auch die Königin mit ihren Mitfrauen gekommen, um zu sehen, welche Wunder nun geschehen würden. Es wurden zwei Stangen aufgerichtet, und an den Stangen hingen Kränze aus Rosmarin, etwa so groß wie eine Hand. Die eine Stange war für den König mit seinen Reitern, die Spieße führten, die andere Stange war für die Schützen. Nun hat der König eine Lanze genommen und ist mit voller Kraft nach dem Kranz geritten um ihn mit der Lanze aufzuspießen. Als der König nun auf den Kranz zuritt, hat der Trompeter geblasen und die Trommeln haben Alarm gegeben. So ist der König voran geritten und die anderen Reiter sind ihm gefolgt, auch mit Lanzen. Der König hat den Kranz getroffen und gewonnen. Dann haben die Schützen versucht, den anderen Kranz zu treffen, einer nach dem anderen. Das ging so den ganzen Tag.

Wenn der König wieder dran war, ertönten die Trommeln und die Trompete. Wenn der König den Kranz traf, dann sah man große Freude, und was für ein Lachen; da hatte der König den Preis. Die Königin und ihre Mitfrauen standen dabei und freuten sich mit ihm.

Sie hatten gut lachen, denn der König hatte genug zu essen. Die anderen begannen krank zu werden vor Hunger, dass sie am Stock gehen mussten. Der König wollte dem gemeinen Volk für ihre Höfe Essen geben. Aber das wurde nichts. Niemand gab seinen Hof für Essen.

So haben sie die Freude auf dem Domhof betrieben, mit Lanzen und mit Rennen nach dem Kranz. Einige Leute haben dem Treiben auf dem Domhof zugesehen, und einige haben auch gespielt und den Ball geschlagen.

Als das Lanzenspiel zu Ende war, da war auch der Tag zu Ende. Da haben sie das ganze Volk zusammengerufen auf einen Haufen. Und des Königs Kanzler, Heinrich Krechtingk, hat gesagt: „Liebe Brüder und Schwestern, das was hier den ganzen Tag auf dem Berge Zion geschehen ist, dass ist kein Spiel des Spieles wegen. Ich sage euch, so will Gott das haben; es geschah um ihn zu loben und zu preisen. Also lasst uns dem Vater danken." Da sind sie alle aufgestanden und haben einen deutschen Psalm gesungen „Allein Gott in der Höhe sei Ehr'." Als alles vorbei war, da ist jeder wieder nach Hause gegangen.

Am folgenden Tag ist ein anderer Teil von den Leuten auf den Domhof gekommen. Der König hat wieder an dem Fenster gelegen und hat aus dem Buch vorgelesen, so wie er es am Tage zuvor auch getan hat. Die Königin und die Räte sind auch wieder dabei gewesen, und die Predicanten standen wieder unter dem Fenster mit den kleinen Jungen und haben die deutschen Psalmen im

Diskant gesungen, wie sie es am Tag zuvor getan hatten. Und Stutenbernt ist wieder ans Fenster gekommen und hat gepredigt. Am Ende hat er gesagt: „Liebe Brüder und Schwestern, diejenigen, die hier unterwiesen sind, sollen zum Rathaus gehen und sich dort niedersetzen, ein jeder mit seinen Frauen." Das haben sie getan und die anderen sind wieder nach Hause gegangen.

Und der König ist auch wieder mit seiner Königin und mit all seinen fünfzehn Frauen, und seinen Räten und all seinen Dienern gekommen, und er war wieder sehr prächtig gekleidet. Der König hat mit seinem Gefolge in der Ratsstube gesessen und das Volk vor dem Rathaus. Auf den Tafeln lag Salz, Brot und Bier und vor dem Rathaus haben sie gepfiffen und getrommelt und gesungen. Sie haben auch wieder dasselbe gepredigt, dass sie versucht würden, und dass sie zu Gott stehen sollten, genau wie sie es am ersten Tag getan hatten. Als nun die Mahlzeit vorbei war, ist der König mit der Königin und all seinem Gefolge aufgestanden und ist von der Ratsstube auf den Platz vor dem Rathaus gegangen, mit Pfeifer und mit Trommeln. Der König hat die Königin an die Hand genommen und hat einen Vortanz gehalten. Seine Räte sind ihm mit den anderen Frauen gefolgt. Als der Tanz aus gewesen ist, da ist der König mit seiner Königin und den Räten wieder in das Rathaus, in die Ratsstube, gegangen, wo sie zuvor schon gesessen hatten. Sie hatten in der Ratsstube Pfeifen, Trommeln, Lauten und Fideln, und haben weiter mit ihren Frauen getanzt. Das war Gottes Wille, dem Vater zu Ehren. Das gemeine Volk vor dem Rathaus hat auch getanzt, sie hatten auch Pfeifen und Trommeln. Wer Tanzen mochte, hat getanzt. Es haben die Junggesellen und die jungen Frauen getanzt und einige haben gesagt: „Es wird nun wieder gut werden, wenn wir wieder tanzen; es wird wieder gut werden, nach der alten Art und Weise." Da hat das junge Volk den ganzen langen Tag vor dem Rathaus getanzt und gerast, als ob sie nach langer Gefangenschaft wieder in Freiheit gekommen wären. Sie hatten einmal Urlaub vom König. Und die Predicanten haben mit dieser Spielerei das Volk bis zum Ende gehalten.

Danach ist Stutenbernt aus der Ratsstube gekommen, ist auf eine Bank gestiegen und hat eine Predigt gehalten. Er sagte: „Liebe Brüder und Schwestern. Dieselbe Freude, die hier geschehen ist, ist Gottes Wille. Ich habe sehr wohl bemerkt, dass einige nicht gern sehen, dass man wieder tanzt. Das macht aber nichts. Sie können denken was sie wollen, denn wir Christen sind aller Dinge frei, die wir wollen, sei es tanzen, singen oder springen und spielen; diese Freude brauchen wir, um Gott zu loben und zu preisen. Und alle Freuden, die die Gottlosen haben und brauchen, die sollen wir auch haben, denn die stehen uns zu. Denn dadurch loben wir Gott, und die Gottlosen loben den Teufel." Wer noch Lust zu tanzen hatte, dieselben sollten tanzen so lange sie wollten, um sich und Gott fröhlich zu machen. So haben sie getanzt bis in den Abend hinein. Dann ist der König mit seinen Räten und Hauptleuten und dem ganzen Hof aus der Ratsstube gekommen. Diese sind vor und hinter dem König gegangen, mit silbernen Ketten um den Hals und sehr kostbaren Röcken, die sie anhatten. Diese Röcke gehörten früher den Bürgern und Junkern, die sie aus der Stadt getrieben hatten. Und der König ging in ihrer Mitte und hatte sein Zepter in der Hand und eine goldene Krone auf dem Haupt, und der Hofmeister vor ihm mit seinem weißen Stab. So sind sie nach Haus gegangen. Die Königin ist ihnen mit ihren Dienern und Mitfrauen gefolgt. So haben sie den Tag mit großer Freude in der Stadt begangen.

Am nächsten Tag ist der dritte Teil des Volkes auf den Domhof gekommen. Der König hat wieder am Fenster gelegen, mit seiner Königin und den Räten und Befehlsleuten und hat wieder aus dem Buch gelesen, wie er es die anderen beiden Male auch getan hatte. Und die Predicanten und Schulmeister und die kleinen Jungen haben auch wieder wie bei den letzten beiden Malen gesungen. Als der König fertig gelesen hatte, ist Stutenbernt an das Fenster gekommen und hat, wie letztens, gepredigt. Er sagte: „Liebe Brüder und Schwestern, alle diejenigen, die hier belehrt sind, sollen zum Rathaus gehen, und sich dort niedersetzen." Da sind dieselben hin gegangen und haben sich nebeneinander gesetzt, und der König ist wieder mit seiner Königin und dem Hofstaat gekommen, prächtig gekleidet, und sie haben sich wieder in die Ratsstube gesetzt und hatten wieder Pfeifen und Trommeln gehabt, und haben Salz und Brot gegessen, haben getanzt und gesungen, und hatten auch viel Freude.

Und es war der reinste Unsinn; es war das Werk der Holländer. Wenn ein Holländer sieben Jahre alt ist, dann ist er so klug – er kann nicht mehr klüger werden. Sie sind im Allgemeinen halbe Narren. Sie betreiben Unsinn ohnegleichen. Es ist unmöglich, das näher zu beschreiben, man kann es sich auch nicht alles merken. Die gemeinen Leute haben wohl wahrgenommen, dass das nichts Rechtes war, dass es Unsinn war. Aber weil der fremde Mann die Stadt beherrschte mussten sie still schweigen, und hoffen, dass alles besser wird.

Als sie nun genug getanzt haben vor dem Rathaus, und Salz und Brot gegessen hatten, und genug Freude hatten, ist der König mit seinen Räten und der Königin und mit dem ganzen Volk auf den Domhof gegangen. Da hat der König große Freude betrieben, denn er hat einen Wettlauf mit seinen Dienern und Räten abgehalten. Der König hat sie alle zurückgelassen, so schnell ist er gelaufen. Und die anderen sind auch gelaufen und haben Spiele gespielt, welche sie wollten. Und die Königin und die Mitfrauen und einige andere Frauen haben dabeigestanden und haben dem Laufen zugesehen, der großen Freude, die da geschah. Als der König des Laufens müde geworden ist, sind einige Leute nach Hause gegangen, und hätten viel lieber was gegessen, wenn sie gehabt hätten. Denn von der Freude, die sie da hatten, wurden sie nicht satt. Der König aber, hat das Laufen einstellen lassen und hat wieder mit seinen Frauen getanzt. Dann hat der König seine Wachen zusammengerufen. Sie mussten ihre Degen ablegen und mit den Klingen über Kreuz zusammenstellen, dass sie nicht umfallen konnten. Dann haben die Spielleute zum Tanz aufgespielt, damit die Wachen tanzen konnten, wie sie wollten. Das war ein rechtes Malheur, ein Holländer-Stückwerk. Sie haben eine ganze Weile getanzt. Der König und die Königin mit den Mitfrauen und die anderen Frauen haben dem Tanzen zugesehen, der großen Freude, die die Wachen mit ihrem Tanzen betrieben. Diese Wachen waren ein paar ehemalige Landsknechte und ein paar dahergelaufene Papen, die in die Stadt gekommen, oder gefangen waren. Wenn diese Gefangenen aus dem Heidenhaus entlassen wurden und sich taufen ließen, dann pflegte der König sie an seinen Hof zu nehmen, und sie wurden seine Wachen. So waren sie auch in das Heilige eingetreten, und die letzten sollten so viel haben wie die ersten. Nachdem nun das Tanzen vorbei war, hat Stutenbernt das Volk zusammenkommen lassen und hat gesagt. „Liebe Brüder und Schwestern, das was hier geschehen ist, ist Gottes Wille, und dass das niemand als Unsinn ansehe. Wem das nicht behagt und wer meint, dass wir das lassen sollten, der ist uns egal. Denn es ist Gottes Wille So wollen wir nun nach Hause gehen; lasset uns dem Vater danken für seine Wohltat." Dann sind sie aufgestanden und haben einen deutschen Psalm gesungen, und jeder ist nach Hause gegangen.

Und so hatten sie des Königs Offenbarung erfüllt, diese Freude, und haben drei Tage lang Unsinn betrieben. Und das soll Gottes Wille sein, und man sollte Gott dadurch loben. Aber sie mochten tun was sie wollten, denn wenn die Erlösung von Gott nicht kam, mussten sie den Leuten die Zeit vertreiben. Gott mochte sich erbarmen über das Unwesen, das sie in der Stadt trieben; dieses Teufelsregiment mit dem sie das Volk betrogen und so manchen jämmerlich gebrochen haben; und sie haben so manchen Menschen arm gemacht. Manche einfachen Menschen, die es nicht besser wussten, die konnten darüber den Verstand verlieren. Aber viele wussten es besser und halfen dem König bei seinem Regiment. Nun, die haben ihren Lohn gekriegt und wurden gestraft; Gott vergebe ihnen ihre Sünden. Ein jeder hüte sich vor solch falschen Propheten und Predicanten und lasse sich nicht verleiten. Er nehme sich ein Beispiel an der Stadt Münster und an einigen anderen Städten, und lasse die Wiedertäufer nie so weit kommen, wie in Münster. Wenn sie die Oberhand erlangen, werden sie so herrschen wie in der Stadt Münster. Da hüte sich jeder vor. Denn sie sind nicht so harmlos wie sie tun. Das haben sie in einigen Städten gezeigt.

Nun wurde der Hunger in der Stadt so groß, dass Frauen und Kinder nach Brot schrien. Die Diakone hatten dem Volk nicht mehr zu geben, als das ein jeder hin und wieder ein Stück Brot bekommen konnte. Aber solange sie noch ein Stück Brot bekommen konnten, war das Volk ruhig und hat geglaubt, dass sie noch Korn hätten. Der König hatte verbieten lassen, dass niemand so kühn sei, in seinem Haus Brot zu backen oder Bier zu brauen. Der König und die Räte vermuteten, dass dasselbe heimlich geschieht, und dass es noch Korn in der Stadt gibt. Sie ließen die Predicanten in den Predigten sagen, dass, wer noch Korn hätte, der sollte dieses abgeben. Und sie ließen die Diakone in der Stadt umherfahren, und sie sollten in alle Häuser gehen und in allen Ecken und Winkeln suchen. „Finden die Diakone etwas, was das Volk verborgen hatte, dann sollten sie es nehmen und ihn bestrafen. Alles was sie finden, soll der Gemeinschaft zukommen." So sind die Diakone umhergefahren in jeder Kirchengemeinde, sind in alle Häuser gegangen und haben an allen Orten nachgesehen. Da haben die Diakone noch viel gefunden, was die Leute heimlich behalten hatten. Der eine hatte es in seinem Bettstroh versteckt, ein anderer im Keller unter dem Holz, und an vielen anderen heimlichen Orten, die ihnen einfielen. Die Diakone haben an allen Orten gesucht, die ihnen in den Sinn kamen, und alles was sie finden konnten, haben sie den Leuten genommen und sind damit weggefahren. Diejenigen, die noch etwas versteckt hatten, was die Diakone nicht finden konnten, behielten es und haben davon gegessen, so lange sie konnten. Denn von den Diakonen haben sie nichts wieder gekriegt. Wer noch etwas heimlich behalten hatte, Mehl oder Malz, der pflegte nachts zu backen oder zu brauen. Das hat der König erfahren, und ließ den Müllern verbieten, für jemanden zu mahlen; und wer backen oder brauen wollte, der musste zu des Königs Bäcker und Brauer. Die Müller aber, mahlten heimlich für die Leute. So gingen die Leute nachts zu der Mühle, um ihr Korn mahlen zu lassen. Der Müller war bereitwillig, auf dass er etwas abbekommt. Wenn das der König und die Räte gewusst hätten, dann hätten sie die Müller hängen lassen, die es in der Stadt gab.

Als der König nun gemerkt hatte, dass der Proviant zur Neige ging, da war er in tiefer Sorge und hat sich Wein und Bier beschafft. Den besten Wein und das beste Bier, das es in der Stadt gab, ließ der König an seinen Hof schaffen, und er ließ auch Korn und Fleisch an seinen

Hof schaffen, damit sich der König mit seinem Hofstaat noch ein halbes Jahr erhalten konnte und genug Proviant hatte. Während der König es sich mit seinen Räten und seinem Hofgesinde gut gehen lassen konnte, hat sich das gemeine Volk tot geschmachtet.

Der König ging eines Nachts um die Stadt herum und auf die Wälle in seinem Hemd, mit bloßem Haupt und bloßen Füßen und hat gerufen: „Israel, erfreue dich, die Erlösung ist nah", dass die Landsknechte aus dem Lager riefen, er solle zu Bette gehen, sie würden fortan wachen. Da hat sich das arme Volk gefreut, weil sie meinten, die Erlösung solle bald kommen. Aber sie blieb aus und der Hunger wuchs.

Der König hat noch gemeint, die Holländer und Friesen kämen, weil sie an die Erlösung glaubten. Und es sollte sich noch ein jeder rüsten, der mit ausziehen würde; und die anderen, sie in der Stadt bleiben sollten, die sollten sich auch rüsten, dass sie die Stadt schützen konnten, wenn die anderen draußen waren. So ließ der König befehlen, dass alle, die Säcke hatten, diese den Diakonen bringen sollten, und alle, die mehrere Gewehre hatten, diese auf das Rathaus bringen sollten. Und die Leute sollten zusammenkommen, ob zu Pferde oder zu Fuß. Das ist auch geschehen. So haben die Leute den Diakonen die Säcke gegeben, dass sie einen großen Haufen Säcke beieinander hatten. Die Säcke wollten sie mitnehmen, wenn sie aus der Stadt in das gelobte Land zogen, und wollten die Säcke voll mit Korn wieder nach Münster zurückschicken, um die Stadt wieder zu ernähren. Aber die Säcke blieben ledig. Sie kamen nirgends hin. Es wollte nicht werden, es war vergebens, was sie versuchten. Dass es nichts werden wollte, daran waren ihre Sünden schuld. Es ist weiter ihre Schuld gewesen, dass sie Nachrichten bekamen, die ihnen nicht behagten.

So haben die Landsknechte aus dem Lager gerufen, wo sie denn mit den Säcken blieben, ob sie ihnen die Säcke nicht bringen wollten, sie würden sie ihnen mit Korn füllen.
So ist die Erlösung wieder einmal ausgeblieben. Sie haben es aufgegeben und weiter gewartet.

Danach ist das Gerücht in der Stadt aufgekommen, es solle in der Stadt ein großes Wunder geschehen; das war dem König offenbart worden. Und das Wunder sollte auf dem Marktplatz geschehen. So hat der König auf dem Marktplatz eine Predigt abhalten lassen. Das ganze Volk, das in der Stadt war, ist zusammengekommen. Der König hat in voller Pracht auf seinem Thron gesessen, um ihn all seine Diener. Und die Predicanten haben nacheinander gepredigt, als ob sie einen Disput der Hoffnung führten. Das Volk hat dagesessen, und zugehört. Die Predicanten hatten eine Manier, wenn sie predigten in der Predigt zwei oder dreimal innezuhalten. Dann predigten sie weiter. So predigten sie fortan. Während der Predigt der Predicanten ist Knipperdollingk aufgesprungen und hat begonnen zu schreien und zu rasen und hat gerufen: „Heilig, heilig, heilig ist der Herr, heilig ist der Vater, und wir sind ein heiliges Volk." Und er begann zu tanzen und er stellte sich so besessen an, dass das Volk ihn anstarrte und die Predicanten aufhörten zu predigen. So hat Knipperdollingk vor dem König getanzt und gesagt: „Herr König, dies ist mich über Nacht angesprungen. Ich soll dein Narr sein." Und er hat gesagt: „Herr König, guten Tag. Warum sitzen Sie hier, Herr König?" Und er machte dem König Referenzen und verneigte sich vor ihm. Er steckte seine Hände in die Seiten und sprang vor dem König auf und nieder; er setzte sich dem König vor die Füße und schlug das Haupt zurück und sah den König an, so als wenn er ein rechter Narr wäre. Am Ende ist

Knipperdollingk aufgesprungen und griff die Hellebarde von einem der Wachen und legte die Hellebarde über die Schulter und trat so vor den König und sagte: „Siehst du wohl, Herr König. So wollen wir gehen wenn wir ausziehen um die Gottlosen zu strafen." Dann hat Knipperdollingk den Wachmann angerufen und gesagt: „Komm du her, folge mir nach." Und ist dann vor dem Volk gegangen und der Wachmann ist ihm gefolgt. Und er hat zu dem Wachmann gesagt: „So wollen wir antreten, wenn wir ausziehen." Dann hat er dem Wachmann die Hellebarde zurückgegeben, sie ihm über die Schulter gelegt, und gesagt: „Geh du dorthin und denke, was du tun sollst, wenn du morgen an die Feinde kommst, die Gottlosen." Dann hat Knipperdollingk gesagt: „Du kannst dich hinsetzen." Er hat sich hingesetzt und Knipperdollingk hat einen anderen Wachmann aufgerufen: „Komm nun du her. Du weißt, wie du die Gottlosen köpfen sollst. Folge mir nach. So wollen wir in die Welt gehen und die Gottlosen strafen. Und Gott befiehlt dir, dass du die Gottlosen köpfen sollst, so wie du es mit jedem tust, der sich nicht bekehren lassen will." Dieser Wachmann hatte viele Bürger und Landsknechte, auch einen Oberst, totgeschlagen, die den König und Knipperdollingk einmal gefangen hatten, weil sie den Ehestand wieder aufheben wollten. Darum rief Knipperdollingk gerade diesen Wachmann auf. Der Wachmann durfte sich wieder hinsetzen.

Knipperdollingk hat weiter getanzt und sein Angesicht sah aus, wie das eines Toten. Das eines Besessenen wäre auch nicht besser gewesen. Dann ist Knipperdollingk über die Bänke hergefallen, auf denen die Frauen saßen, er ist über die eine, dann über die andere Bank gefallen, er ist umhergetaumelt, wie ein Trunkener und hat sich herumgewälzt. Dann hat er sich wieder aufgerichtet und hat wieder auf seinen Füßen gestanden und hat einige

Männer und einige Frauen gesegnet. Aber er hat sie nicht alle gesegnet. Denen, die er gesegnet hat, hat er die Hand gegeben und hat sie auf den Mund geküsst und gesagt: „Du bist gesegnet. Gott hat dich gesegnet." Knipperdollingk wollte, dass nicht alle gleich gesegnet sind, darum hat er nicht alle gesegnet. So kam Knipperdollingk an einen Krämer, der noch seinen Kram hatte. Zu dem hat Knipperdollingk gesagt: „Du könntest auch gesegnet sein, aber du wolltest deinen Kram nicht verlassen. Setz dich aufrecht und denke darüber nach, ob du deinen Kram nicht verlassen willst, denn dann sollst auch du gesegnet sein." So wollte Knipperdollingk sie nicht segnen. Aber am Ende hat er sie doch gesegnet, und hat immer mehr Leute gesegnet. Da ist eine alte Frau ihm aufs Gemüt gegangen, die sollte er auch segnen. Aber er wollte die alte Frau nicht segnen. Knipperdollingk sagte. „Da kommt eine alte Frau dahergelaufen, die soll ich segnen. Aber ich würde ihr lieber mit der Faust in den Rücken schlagen als sie zu segnen." Und er hat die alte Frau nicht gesegnet. So ist Knipperdollingk weiter gegangen und hat mehrere gesegnet: „Gesegnet bist du, Gott hat dich gesegnet." Und hat sie auf den Mund geküsst. Und der König hat auf seinem Thron gesessen und hat zugesehen, und alle seine Räte und Diener und Predicanten und das ganze Volk, wie Knipperdollingk da handelte. Und einige Leute, die nicht gesegnet wurden, standen und schrien, die armen einfachen Leute, die es nicht besser wussten. Ein Teil der Leute merkte aber sehr wohl, dass der Teufel so mit ihnen umsprang. Aber jeder musste still schweigen. Knipperdollingk hat nicht einen von des Königs Räten, Predicanten oder Wächtern gesegnet, und von dem gemeinen Volk nur einen Teil gesegnet.

Während der König auf seinem Thron gesessen und zugesehen hat, da ist ihm des Täufers Geist erschienen. Er ist von seinem Stuhl gefallen und das Zepter ist ihm aus der Hand geglitten; und er hat seine Hände zum Gebet gefaltet und hat lange so gesessen und nicht gesprochen, bis das Schweigen unerträglich wurde. Dann haben die Weiber gekreischt, denn der Geist begann auch sie zu plagen, dass jeder Mensch Angst bekommen konnte, wenn er das sah. Es ist unmöglich zu sagen oder zu schreiben, und niemand kann glauben, was hier geschehen ist. Als Knipperdollingk gesehen hat, dass der König vom Stuhl gefallen war und dass der Geist in ihm regiert –die armen Leute meinten nichts anderes als dass der Geist Gottes in ihm herrscht- da ist Knipperdollingk zu seinem König gelaufen und hat das Segnen seinlassen. Er hat den König umarmt und ihn wieder auf seinen Stuhl gesetzt, und hat ihm den Geist eingeblasen. Da ist der König wieder lebendig geworden und hat gesagt: „Liebe Brüder und Schwestern, was sehe ich für eine große Freude. Die Stadt dreht sich und ist voller Engel. Einer ist noch schöner als der andere. So heilig seid ihr alle." Da haben die Weiber wieder gekreischt und geschrien und nach dem Vater gerufen, weil der König eine solche Offenbarung empfangen hatte. Dann ist dem König der Geist nochmal gekommen. Aber das dauerte nicht lange, und er hat wieder richtig dagesessen. So ist er am Ende wieder richtig lebendig geworden und hat gesagt: „Sehet, liebe Brüder und Schwestern, das Ereignis, die Stadt dreht sich noch. Das bedeutet soviel, dass es ein Zeichen Gottes ist, dass wir noch rund um die Welt ziehen sollen, und dass ich der König über die ganze Welt sein soll, um darüber zu herrschen." Dann hat ihn der Geist wieder verlassen, oder der Teufel, und er ist wieder bei Sinnen geblieben. Dann hat der König einen gerufen, der mitten unter dem Volk stand. Der König hat zu ihm gesagt: Bruder, komm du her, mit der grauen Kappe." Derselbe ist zum König gegangen. Das gemeine Volk fürchtete, der König werde ihm den Kopf abschlagen, wie er es oft getan hatte, wenn er dazu Lust hatte. Aber der König hat zu dem Knecht mit der grauen Kappe gesagt: „Steig her zu mir, an meinen Thron." Der Knecht ist an seinen Thron gestiegen. Da hat der König den Knecht genommen und hat ihn mit seinen Armen umfangen und hat den Knecht von der einen Seite zu der anderen geschwungen. Schließlich hat er dem Knecht auch den Geist eingeblasen, so wie Knipperdollingk es zuvor bei ihm getan hatte. Dann zog der König einen Ring mit einem edlen Stein von seinem Finger und steckte den Ring dem Knecht an seinen Finger. Dann hat der König beurkundet, dass er die Offenbarung von Gott für die ganze Gemeinde empfangen hatte, dass sie ein heiliges Volk seien, dass der eine schöner sei als der andere und engelsgleich, und dass er der König über die ganze Welt sein sollte, um darüber zu herrschen. Dann hat der König zu dem Knecht gesagt, dass er nun wieder absteigen soll. Und der Knecht ist wieder abgestiegen. Und der Knecht sollte dem Vater danken, dass er so heilig geworden war. Knipperdollingk sagte zu dem Knecht: „Ich hätte dir vorhergesagt, dass du so heilig und groß werden wirst." Nachdem der Knecht vom König gekommen war auf den Erdboden zurück, da hat er sofort gerufen: „Betet und lobet dem Vater und danket ihm für seine Wohltat." Und er ist aufgesprungen und hat getanzt und hat seinen Körper bewegt wie der König und Knipperdollingk. Das geschah mit dem König und dem Knecht. Danach ist Knipperdollingk wieder unter das Volk gegangen und hat weiter gesegnet, wie er es vorher getan hatte. Und der Knecht hat getanzt bis er nicht mehr tanzen konnte, und Knipperdollingk ist auch müde geworden, die Leute zu segnen.

Dann hat Knipperdollingk die Leute holen lassen, die gefangen wurden, weil sie mit meinem gnädigen Herrn von Münster die Stadt belagerten. So sind diese auf den Marktplatz gekommen. Sie mussten sich auf eine Bank setzen und Knipperdollingk blies ihnen auch den Geist ein. Aber er konnte ihnen den Geist nicht einblasen. Es waren arme und kranke Leute. Sie verstanden nicht den Betrug, den der König, Knipperdollingk oder die Predicanten betrieben. So haben sie auf der Bank gesessen und haben in die Luft gestarrt und haben die Hände zum Gebet gefaltet. Und sie sind aufgestanden und hüpften auf und nieder, aber den rechten Geist konnte Knipperdollingk ihnen nicht einblasen. Da ist Knipperdollingk ganz nah an sie herangetreten und hat ihnen zugeraunt: „Er will heraus, er will kommen. Wollt ihr ihn nicht auch sehen? Betet treulich." Aber es wollte nicht werden, der Geist wollte nicht kommen; Knipperdollingk konnte ihnen den Geist nicht einblasen. Es waren ihrer vier oder fünf, denen er den Geist einblasen wollte, aber es wurde nichts.

Dann hat er jedem von ihnen den Namen eines Apostels gegeben. Der eine sollte Paulus heißen, der andere Petrus, Jacobus, Simon, so der Reihe nach. Aber auch jetzt konnten diese Apostel den Geist nicht empfangen, und blieben so, wie sie auf den Marktplatz gekommen waren. Knipperdollingk hat sein Regiment mit ihnen immer weiter getrieben, bis der König gesagt hat, er wolle nach Hause gehen, und ein jeder solle nach Hause gehen. Knipperdollingk sagte, sie wollen noch nicht nach Hause gehen, sie sollten noch dableiben. Er meinte, er könne den Aposteln den Geist doch noch einblasen, aber es wollte nichts werden. Schließlich hat der König gesagt: „Liebe Schwestern und Brüder, wir wollen Gott loben und danken und nach Hause gehen." Als aber der König die Schwestern zuerst und die Brüder zuletzt anredete, da sagte Knipperdollingk: „Herr König, du sprachest unrecht. So habe ich dir das nicht beigebracht. Du sollst die Brüder zuerst nennen und die Schwestern danach. So hat es zu sein. Und ihr Brüder, wenn ihr unsern Herrn, den König, verehren wollt, so soll er euch in der richtigen Weise anreden. Und ihr Schwestern, ihr sollt euch vor unserem Herrn, dem König, und vor euren Männern über das linke Bein verneigen. So gehorsam sollt ihr euren Männern sein. Das tut, so wie ich es euch sage." Als letztes hat Knipperdollingk zu den Aposteln gesagt: „Gott Gott weiß, Gott gibt gibt euch Urlaub Urlaub, dass ihr nach Haus gehen gehen könnt." Das sagte Knipperdollingk ganz langgezogen. Da haben sie einen Lobgesang gesungen und ein jeder ist zu seinem Haus gegangen. Das alles ist an einem Tag in der Stadt Münster geschehen.

Am nächsten Tag sind sie wieder auf den Marktplatz gekommen. Da hat Knipperdollingk wieder getanzt und ist gerast, wie er es am Tag zuvor getan hatte. Dann hat sich Knipperdollingk an des Königs Stelle begeben und sich auf des Königs Stuhl gesetzt und wollte auch ein König sein. Er sagte zum König: „Ich soll zu recht ein König sein; ich habe dich zum König gemacht." Als der König hörte, dass Knipperdollingk sagte, dass er eigentlich ein König sein sollte und dass er ihn zum König gemacht hatte, da wurde er sehr zornig und ging nach Hause. Knipperdollingk ist sitzen geblieben. Aber am Ende ist der König doch wieder auf den Marktplatz gekommen. Da ist Knipperdollingk wieder von seinem Stuhl gestiegen, und der König hat sich wieder auf seinen Stuhl gesetzt. Der König hat Knipperdollingk geboten, dass er still schweigen soll. Knipperdollingk hat geschwiegen.

Als Knipperdollingk sagte, dass er ein Recht habe König zu sein, und dass er ihn erst zu einem König gemacht hatte, da hat er die Wahrheit gesagt. Wäre er nur dabei geblieben. Aber das gemeine Volk sagte, sie sollten sich schämen, dass ihr Streit so offen ausgebrochen war.

Da sagte der König: „Liebe Brüder und Schwestern, das was Knipperdollingk sagte, das lasset nicht an euch, denn er war nicht bei Sinnen." Und er hat dem Volk das Schönste gesagt und hat dem gemeinen Volk wieder nach dem Sinne gepredigt. Wie sie fortan wirklich ausgekommen sind, Knipperdollingk und der König, da kann ich nichts drüber schreiben.

Am Ende sind alle wieder nach Hause gegangen und haben einen Lobgesang angestimmt.

Knipperdollingk hat sich beim König für seine Reden entschuldigt und um Gnade gebeten, er wusste nicht, was er getan hatte; es hat ihn der Teufel verführt. Der König hat Knipperdollingk in das Gefängnis setzen lassen, zwei oder drei Tage lang, damit er Penitenzien (*Bußübungen*) tun solle, dass er ihn strafen wolle, nicht nur wegen dieser Angelegenheit, sondern auch wegen anderer Sachen.

Knipperdollingk war nicht allein. Es gab einige Wiedertäufer in der Stadt, die wollten, dass man noch einen König kürt. Sie wollten einen weltlichen und einen geistlichen König haben. Diejenigen, die das wollten, die ließ der König ins Gefängnis setzen, dass sie Penitenzien tun sollten. Dasselbe waren Holländer und Friesen. Wären es Bürger oder Landsknechte gewesen, hätte der König sie hinrichten lassen.

14 Spottmessen im Dom

Sie hatten noch eine andere Freude vor. Der König hat Männer und Frauen in den Dom geladen, die eine Hälfte am Vormittag, die andere Hälfte am Nachmittag. Deshalb ist die Hälfte der Männer und Frauen vormittags in den Dom gekommen. In dem Dom ist des Königs Hofmeister gewesen; der hatte einen Altar aus Brettern aufstellen lassen. Den Altar hatte er mit Tüchern schmücken lassen, so wie man das bei Altären tun muss. Da hat das Volk gestanden und hat zugesehen, was am Ende daraus werden soll. Es ist der König mit seiner Königin gekommen, mit all seinen Frauen, Räten und Dienern, und hat einen Narren mitgebracht, genannt Carl. Diesen Narren haben sie in ein Messgewand gekleidet, damit er die Messe abhalten kann. Aber derselbe war ein richtiger Narr, der pflegte bei dem Domherrn zu sein. Der Narr ist in der Stadt geblieben, als sie das andere Volk aus der Stadt vertrieben haben. Der Narr ist vor den Altar gegangen und hat die Messe abgehalten, und das Volk hat über den Narren gelacht, der sogar einen Messdiener bei sich hatte.

Als die Messe vorbei war, hat Stutenbernt gesagt: „Liebe Brüder und Schwestern, alle Messen, die in der Welt gehalten werden und die Messe, die der Narr gehalten hat, halte ich so wenig heilig wie die andere. Darum haben wir den Narren die Messe abhalten lassen, dass wir euch zeigen wollten, was diese Messen in sich haben." Nach der Messe hat der König Pfeifen und Trommeln schlagen lassen und hat mit seinem Fechtmeister im Dom mit Schwertern, Spießen, Stangen und Hellebarden gefochten. Als dass Fechten beendet war, ist jeder nach Haus gegangen.

Danach ist der andere Teil aus der Stadt in den Dom gekommen, und haben auf den König gewartet und wollten auch die Messe hören. Der Altar war genauso zurechtgemacht, wie am Vormittag. Am Ende ist der König mit seinen Räten und Wächtern, prächtig gekleidet, gekommen. Die Königin kam auch mit ihren Frauen und Räten und Dienern. Dann kamen die Priester, die die Messe halten sollten. Es waren ihrer drei: Einer, der die Messe sang, einer der das Evangelium sang, und der dritte, der die Epistel sang. Alle Drei sind an den Altar geschritten, und begannen die Messe abzuhalten. Der, der die Messe sang, war ein Bürger der Stadt. Sein Name war Evert Remenschneider, und der das Evangelium sang hieß Johan von Schwerten. Und die Epistel sang Knipperdollingks Knecht. Sein Name ist mir unbekannt. Da haben diese Pfaffen die Messe abgehalten und sangen „Gaudeamus". Dann hat der Pfaffe Evert Remenschneider „Gloria in excelsis Deo" gesungen, und das gemeine Volk hat geantwortet und gesungen „Et in terra pax hominibus." Dann hat der Epistler die Epistel gesungen, und der Evangelier das Evangelium. Dann haben sie den credo gesungen. Danach hat sich der Pfaffe Evert Remenschneider umgedreht und hat mit unhöflichen Worten gepredigt. Am Ende hat er für die Lebenden und die Toten mit unflätigen Worten gepredigt, das ging alles unverschämt zu. Als die Predigt aus war, haben sie geopfert. Der König und die Königin haben vorgeopfert und das gemeine Volk hat nachgeopfert, mit allerlei, was sie finden konnten, Ratten, Mäuse, Fledermäuse, Pferdebeine und andere schändliche Dinge. Der Pfaffe Evert Remenschneider stand da und nahm die Opfer entgegen, und alle küssten ihm die Hand.

Der König und die Königin mit ihren Mitfrauen und des Königs Räte standen zusammen mit den Predicanten, Knipperdollingk und Tillebecke – dieser war der Küster- und allen Obersten der Wiedertäufer und lachten und sagten die große Freude an, die sie mit dieser Messe hatten. So lange das Opfern dauerte, stand das Volk da und lachte über die Opfer. Dann bewarfen sie sich mit Katzenköpfen und Katzenfellen und Mäusen. Die Katzen und die Ratten hatten sie vor Kurzem gegessen und nun bewarfen sie sich mit den Fellen. Daran hatten sie viel Freude und es war ein großes Lachen im Dom. So weit haben sie den Unsinn getrieben, dass sie sich mit Katzenköpfen und Katzenfellen und mit Ratten und Mäusen beworfen haben. Aber am Ende haben sie wohl die Ratten und Mäuse mitsamt dem Fell essen müssen. Und der König ist an seinen Hof gegangen und hat Katzen braten und fingerdick mit Zucker bestreuen lassen.

Nach dem Opfern hat der Pfaffe die Messe weiter gehalten und hat zu Gott erhoben. Die andern beiden standen hinter ihm und haben ihm das Messgewand angehoben. Sie haben es so weit angehoben, dass das Volk seinen Hintern sah. Da hat das Volk viel gelacht. Als man das Agnus dei singen sollte, und ihm den Friedenskuss geben sollte, da hat sich der Evangelist umgedreht und hat ihm seinen Hintern gezeigt, dass er ihm den Hintern küssen sollte. So haben sie den Unfug getrieben. Am Ende der Messe hat er die Benedictie mit unflätigen Worten gesprochen.

Nach der Messe ist Stutenbernt aufgestanden und hat eine Predigt gehalten. Er hat dem gemeinen Volk gesagt, warum sie diese Messe gehalten haben und hat gesagt, dass diese Messe das Gleiche in sich hat, wie alle Messen, die in der Welt gehalten werden. Damit trieben sie Schimpf und Spott.

Als alles vorbei war mit der Messe, da hat der König wieder Pfeifen und Trommeln schlagen lassen und hat wieder mitten im Dom mit seinem Fechtmeister gefochten. Und alle, die fechten konnten, mussten mitfechten. Und die Königin und die Mitfrauen haben dem Fechten zugesehen. Und das gemeine Volk hatte große Freude an dem Fechten und den Pfeifen und den Trommeln.

Schließlich ist der König mit seinen Frauen nach Hause gegangen, und hat die Pfeifen und die Trommeln für sich schlagen lassen, und ist so an seinen Hof gezogen. Und das gemeine Volk ist auch nach Hause gegangen.

So haben sie die Messe am Vor- und am Nachmittag gehört.

15 Namen werden geändert.

Sie haben auch allen Stadttoren andere Namen gegeben. Ehe die Taufe nach Münster kam, ehe der König mit seinen Bösewichtern die Oberhand hatte, waren in der Stadt zehn Tore, die hießen über hundert Jahre, und heißen heute noch:

Sankt Tilligens Tor
Das Bispincks Tor oder das neue Werk
Unser lieben Frauen Tor
Das Judenfelder Tor
Das Kreuztor
Das Neubrücker Tor
Das Horster Tor
Sankt Mauritius Tor
Sankt Servatius Tor
Sankt Ludgers Tor

Andere Tore und Blockhäuser um die Stadt haben ihren Namen unverändert behalten.
Nun aber hat der König den Toren andere Namen gegeben. Ich zeige sie in der Reihenfolge in der ich die Tore oben aufgeführt habe:

Der Königinnen Tor
Das Bispincks Tor oder das neue Werk; dies Tor behielt unverändert seinen Namen.
Das Westtor
Das Goldtor
Das Nordtor
Das Osttor
Das Silbertor
Das Königstor
Das Südtor

Die Straßen, die zu den Toren führten hießen ehe die Wiedertäufer nach Münster kamen und der König die Oberhand bekam:

Sankt Tilgen Straße
Der Bispingck Hof oder das neue Werk. Dieser Platz behielt seinen Namen unverändert. Er war eine Freiheit und daran lag das Kloster Sankt Jorges.
Unser Lieben Frauen Straße
Die Judenfelder Straße
Die Creutzstraße
Von dem Neubrücker Tor führte die Neubrücker Straße
Die Horster Straße
Sankt Mauritius Straße
Die Salzstraße führte zum Sankt Servatius Tot
Sankt Ludgers Straße

Der König hat den Straßen zu den Toren auch andere Namen gegeben, wieder in der Reihenfolge, die ich vorgegeben habe:

In der Königinnen Straße
Der Bisbinck Hof
Die Weststraße
Die Goldstraße
Die Nordstraße
Die Wasserstraße
Die Oststraße
Die Silberstraße
Die Königsstraße
Die Südstraße

So hat der König die Straßen nach den Toren benannt, und er hat an jede Straße ein Brettchen hängen lassen, auf dem stand geschrieben, wie die Straße heißt. Beispielsweise: Diese Straße heißt Goldstraße, oder diese Silberstraße. Die anderen Straßen behielten ihre Namen, denn es waren zu viele, und Johan van Leyden wusste keine Namen. Wer ein Tor oder eine Straße bei dem anderen Namen nannte, als der König angeordnet hatte, der musste einen Eimer Wasser trinken. Sie haben auch an jedes Tor einen Zettel schlagen lassen, darin stand wie das Tor heißen soll. Das war an allen Toren so. Und es stand auch auf diesem Zettel ein neues ABC, abgeleitet aus der Huldigung an den König:

A a b c d e f g
Aver alle blide conigk der elent froehlich geworden

h i k l m n o p
hoichheit iunkheit kloickheit lust macht nicht op proevet

q r r s S t v w z
qwoet ruemet reine sie Siet truwe vuer wan zonciensis.

AabcdefghiklmnopqrrsStvwyz.

Das war an jedem Tor angeschlagen mit dem ABC, und wie das Tor heißen soll. Und es war auch ein großer Brief angeschlagen, den sie haben drucken lassen. Darin stand, dass sich ein jeder daran halten soll, und wer das nicht tut, der wird bestraft. Auch das stand an jedem Tor.
   Und nach diesem ABC ließ der König die Kinder nennen.

A Aver   I Name
A all   II Name
B blide III. Name

Die Liste stimmt auch in den folgenden Namen fast durchaus mit dem obigen Wortregister überein, weshalb diese hier weggelassen sind.

Wenn ein Kind geboren wurde, dann mussten die Eltern zum König gehen, und vom König einen Namen begehren, wie das Kind heißen soll. Die Mutter oder der Vater durften dem Kind den Namen nicht geben. So gab der König den Namen nach dem AB und das Kind blieb ungetauft. Alle Kinder, die in der Stadt geboren wurden, blieben ungetauft, so lange bis sie ihre Jahre erreicht hatten (*Volljährig wurden*).

Also hat der König den Kindern Namen nach diesem AB gegeben. Als das AB erschöpft war, hat er den Kindern Namen nach den Propheten und Altvätern gegeben, wie David, Abraham, Isaak, Jacob, nach den alten Propheten und Patriarchen. Und einige Kinder, die Mädchen waren, ließ der König Eva nennen, und einige Jungen Adam.

Es wurden viele Kinder in der Stadt geboren. Und die Wiedertäufer, die mehrere Frauen hatten, bekamen die meisten Kinder. Der König hatte fünfzehn Frauen. So hatte der König eine Frau, die war fruchtbar. Dieselbe Frau war bei Knipperdollingk Magd gewesen, und hatte zuvor einen Landsknecht gehabt, der totgeschossen wurde. Danach nahm der König sie zur Frau. Deshalb haben die gemeinen Leute in der Stadt gesagt, dass dasselbe Kind von dem Landsknecht war und nicht von König. Die Königin war auch fruchtbar, als sie Johan van Leyden, der König, heiratete. Die Königin hatte zuvor Johan Matthis gehabt, der sich für einen Propheten ausgab, wie ich schon berichtet habe. Dieser wurde auch totgeschlagen, so dass das Kind auch nicht von dem König war, sondern er wurde der Stiefvater. Da war große Freude an des Königs Hof und in der ganzen Stadt. Und der König nannte das Kind „Neugeboren", es war ein Mädchen. Dieses Kind war das Kind eines Propheten und einer Königin und der König war der Stiefvater; deshalb war die große Freude in Neu Israel. Der König hielt eine Predigt zu diesem Kind auf dem Marktplatz in der Öffentlichkeit. Da sagte der König, es ist Gottes Geburt; ohne Gott wäre dieses Kind nicht geboren; und der, den Gott auserwählt hatte, der sollte ein König sein über die ganze Welt und nächst Gott sein. Deshalb ließ der König das Kind „Neugeboren" nennen. Sonst weiß ich nichts von den Kindern, die König Johan van Leyden noch hatte. Aber von dem Kind „Neugeboren" hat er viel gehalten.

16 Die letzten Tage

Der König hat auch dem Dom und dem alten Dom und allen Kapellen und Kirchen in der Stadt andere Namen gegeben So hieß der Dom „Die große Steinkuhle", der alte Dom „Die alte Steinkuhle", und die Kapellen um den Domhof herum „Die kleinen Steinkuhlen", und der Domhof „Berg Zion". Die Sankt Lambertuskirche war die „Lambertus Steinkuhle", unsere Liebfrauenkirche „Eine Steinkuhle". Wer nun den Dom oder den Domhof nicht mit neuem Namen nannte, der musste einen Eimer Wasser vor jeder Kirche trinken, wie ich schon berichtet habe. Es gab sieben Kirchen in den Kirchengemeinden Münsters, mit Ausnahme des Doms, des alten Doms und der Kapellen auf dem Domhof. Sie haben alle diese Kirchen in der Stadt zerstört und niedergerissen, bis auf zwei, und alle Kirchtürme abgerissen und die Spitzen abgebrochen. Dasselbe tat ein Holländer namens Frantz, und der war ein wahrhaftiger Narr. Er ging hin und schlug die Säulen an dem Mauerwerk entzwei, und ließ nur zwei oder drei davon stehen. In diese Säulen bohrte er Löcher und füllte sie mit Büchsenpulver; dann steckte er einen dicken Pfropfen hinein, mit einer Lunte. Als die Lunte abgebrannt war, da entzündete sich das Büchsenpulver. Die Säulen barsten auseinander, und es gab ein großes Getöse, wie wenn man mit Kanonen schösse. Das taten sie an jedem Turm zweimal. Schließlich fiel der Turm nieder, nur die Grundmauern blieben stehen. Wenn es nach ihrem Willen gegangen wäre, hätten sie auch noch diese Grundmauern von allen Kirchen abgetragen.

Später haben sie auch noch den Dom und den alten Dom mit seinen zwei Türmen niedergerissen, genau wie alle Kapellen um den Dom herum. Nur die Sankt Jacobus Kirche ließen sie bis zum Schluss stehen. Aber am

Ende haben sie die auch niedergerissen, wie ihr noch hören sollt. Die Glocken, die in den Domen waren und die besten der anderen Kirchen, blieben heil; zwei oder drei kleinere Glöckchen warfen sie aus dem Fenster auf den Domhof.

Genauso haben sie auch unsere Liebfrauenkirche von innen zerstört, aber sie haben sie nicht abgerissen. Nur die Spitze vom Turm wurde abgebrochen. Die Glocken sind darin geblieben. Dann haben sie auf den Turm zwei halbe Schlangen (*Geschütz*) gestellt, und mit denen in das Lager vor der Stadt geschossen. Darauf wurde der Turm aus dem Lager beschossen, dabei wurde auch das Dach der Kirche getroffen. Aber die Kirche ist stehen geblieben.

Sie haben auch die Sankt Martinskirche zerstört, und das Gewölbe eingeschlagen, dass von der Kirche nichts mehr übrig blieb, als vier Wände. Die Spitze des Turms wurde hinabgeworfen und die Glocken wurden heruntergeworfen entzwei geschlagen. Auch auf diesen Turm haben sie eine halbe Schlange gestellt und in das Lager geschossen. Aber sie haben damit keinen so großen Schaden angerichtet wie vom Turm der Liebfrauenkirche. Auf dem Sankt Martinsturm wurden zwei aus dem Lager erschossen.

Sie haben auch die Sankt Lambertikirche von innen zerstört, und haben alles entzwei geschlagen, was darin war. Dann haben sie die Dachpfannen entfernt, aber der Kirchturm blieb stehen und die Glocken blieben ganz. Aber einige Glocken worden durch Schüsse aus dem Lager beschädigt. Sie mussten die Kirche stehen lassen, denn sonst wäre der Turm umgefallen. Auf diesem Turm hatten sie einen Krieger, der tagsüber dort Wache hielt. Darum haben sie den Turm gebraucht. Dieser Krieger auf dem Turm. Wenn er im Lager einen Haufen Volk sah, der in die Stadt hinein wollte, pflegte er mit der Trompete zu blasen oder die Sturmglocke zu läuten, um die Bewohner der Stadt Münster zu warnen. Dann sind alle Wiedertäufer zu ihren Waffen gelaufen, um die Stadt zu retten. Wenn der Krieger die Trompete blies oder die Sturmglocke läutete, dann steckte er ein Fähnchen in die Richtung aus der die Feinde kamen. Auch des Nachts waren auf dem Turm zwei Wächter, der eine vor Mitternacht, der andere nach Mitternacht. Wenn die Wächter nachts etwas vernahmen, dann schlugen sie die Sturmglocke. Dann lief jeder auf seine Wehr, zu der er eingeteilt war. Es konnte auch sein, dass die Wächter etwas wahrnahmen, dass sie melden wollten ohne die Landsknechte zu wecken. Zu diesem Zweck hatten die Wächter ein Glöckchen, das an eine lange Leine gebunden war. Diese Leine führte von dem Turm hinunter in ein Haus auf dem Kirchhof. So konnten sie die Leute warnen ohne dass die Landsknechte das hörten. Wenn das Glöckchen klang, lief ein jeder an seine Platz, dem er zugeordnet war.

Der König ließ in der Stadt die Sturmglocke schlagen, damit jeder auf seine Wehr laufen sollte. Dann ging oder ritt der König in der Stadt umher und besah, wieviel Volk er noch auf der Wehr und auf den Wällen seiner Stadt hatte. Aber die Truppen wurden mit der Zeit immer kleiner und nicht größer. War es dann nötig, dann versetzte er welche von einer Wehr zur anderen, und meinte, so könnte er die Stadt beschützen. Aber das letzte Wort wurde mit allen gesprochen, wie klug sie auch waren. Das heilige Volk hielt am Ende keine gute Wache: Der Vater schlief zu lange. Die Gottlosen hielten besser Wacht, als das heilige Volk und weckten sie so aus dem Schlafe.

Dann haben sie auch die Ludgeruskirche von innen zerstört, und haben die Spitze von der Kirche geworfen; der Turm ist stehengeblieben und die Glocken blieben im Turm.

Auch die Sankt Aegidiikirche haben sie zerstört und die Spitze von der Kirche geworfen. Die Glocken im Turm sind ganz geblieben.

Sie haben die Sankt Servatiuskirche umgerissen mit samt dem Turm, und da ist nichts von heil geblieben. Den Kirchhof haben sie umgegraben und das Erdreich vor das Sankt Servatiustor geschafft, um daraus einen Erdwall zu machen. Am Ende haben sie auch noch die Sankt Jacobuskirche niedergeworfen.

Zeitgleich haben sie auch alle anderen Kirchen und alle Klöster die in der Stadt waren zerstört, genauso wie sie das mit den Kirchen in den Kirchengemeinden gemacht haben.

Da sind die sieben Hauptkirchen und der Dom und der alte Dom, und alle Kapellen und alle Klöster so jämmerlich zerstört und niedergerissen worden, dass es Gott erbarmen mag, und sie haben sie so jämmerlich geschändet und vernichtet. Die Steine von den Kirchen und aus den Kirchen, und die Altarsteine haben sie weiterverwendet für die Befestigung der Erdwälle und Stadttore, die zu befestigen waren. So haben die Bösewichter die Kirchen geschändet. Und obwohl sie meinten, sie würden die ganze Welt bekommen, ist doch ihr Werk am Ende gescheitert.

Man findet wohl noch manche Menschen in der Welt, die meinen, die Wiedertaufe wäre recht gewesen, und alles was sie in Münster getan haben. Wenn das recht gewesen ist, dann hätte so mancher Mensch sein Leben behalten, edel und unedel. Dass die Wiedertaufe unrecht ist, das weisen die Artikel aus, die sie verfassten, als sie die Menschen getauft hatten. Diese Artikel, die auf die Taufe folgten, waren gegen Gott und alle seine Heiligen und gegen den christlichen Glauben und die ganze Welt. Das waren die Artikel:

1. Zum Ersten hielten sie sich nicht an die Gebote.
2. Sie jagten jeden von seinem Besitz, aus seinem Haus und Hof, und nahmen den Leuten alles was sie hatten.
3. Alles Gut sollte der Gemeinschaft in der Stadt gehören.
4. In allen Dingen wollten sie frei sein.
5. Keine Obrigkeit wollten sie haben.
6. Herren und Fürsten wollten sie vertreiben.
7. Falsche Propheten und Predicanten erhoben sie und sagten, Gott hätte die Propheten und Predicanten gesandt.
8. Sie hielten nichts von den Sakramenten und vernichteten sie.
9. Kirchen und Klöster schändeten sie und brachen sie nieder.
10. Sie hielten keinen Sonntag, oder heilige Tage oder Aposteltage.
11. Sie hielten keine vier Jahreszeiten, und hielten den einen Tag wie den anderen, und machten keinen Unterschied von den Tagen, egal ob Freitag oder Sonntag, und aßen alle Tage Fleisch.
12. Sie begehrten eines andern Ehefrau.
13. Sie nahmen so viele Weiber wie sie wollten.
14. Ihr Begehr war es, alle totzuschlagen.
15. Sie verrieten einen jeden und brachten ihn um Leib und Gut und alles was sie hatten.
16. Sie ließen einigen ihrer ersten Frauen den Kopf abschlagen.
17. Jeder musste all sein Silber, Gold und Geld abgeben. Das tat der eine mit Willen, der andere mit Unwillen.
18. Gottes Wort und die Heilige Schrift nahmen sie für sich, und setzten sie so, wie sie es wollten.

19. Die Obersten von den Wiedertäufern setzten einen König ein und sagten, er sei ihnen von Gott gesandt.
20. Und sie haben Christus erwartet. Er sollte aus dem Himmel auf die Erde kommen und sollte tausend Jahre mit ihnen auf der Erde gehen.
21. Der König mit seinen Räten und Predicanten machte unter ihnen einen neuen Ehestand, und wollten den Ehestand nicht einhalten, den Gott ihnen gesandt hatte, und sprachen, dass in fünfzehnhundert Jahren kein rechter Ehestand gewesen war und das Volk hätte so lange in Heidenschaft gelebt. Also wollten sie Gottes Wort wiederbringen und eine neue Welt errichten und die Welt vermehren.
22. Maria hätte nach Jesus Geburt noch mehr Kinder gehabt, so dass Jesus Brüder und Schwestern hätte.
23. Und der eine sollte soviel wie der andere haben; aber es ging ungleich zu.

Das sind die Artikel, nach denen sie lebten, als sie die Oberhand in Münster bekamen. Derselben Artikel gab es noch viel mehr, die ich aber nicht behalten habe.

Zu dieser Zeit veröffentlichten die Wiedertäufer das „Bekenntnis des Glaubens und Lebens der Gemeinde Christi zu Münster". Darin werden im Wesentlichen die „Glaubensbekenntnisse von Bernhard Rothmann" (siehe oben) ausgeführt. Allerdings wird man in einigen Artikeln doch sehr deutlich (Auszüge):

Die Vorrede
Gnade von Gott und wahre Erkenntnis Christi wünschen wir, die Gemeinde von Münster, in Christo allen gottes-

fürchtigen und gutherzigen Liebhabern der Wahrheit. Amen.

Durch mancherlei Lästerreden wird unser Glaube und Leben von unseren Gegnern, missgünstigen und gottlosen Lästermäulern, fast allenthalben, als wären wir Ketzer und Bösewichter, getadelt und geschmäht. Viele gutherzige und fromme Menschen werden gegen uns und die Wahrheit Christi gehetzt und verbittert, damit sie unwissentlich helfen, und zu verfolgen und zu verfluchen. Hier soll die rechte Wahrheit bekannt werden; Die Menschen mit fröhlichem Herzen, sollen umfangen und zur Ehre Gottes, Hilfe haben. Denn, weil sie nichts besseres wissen, meinen sie, es sei zu Gottes Wohlgefallen, wenn sie sein Wort und Volk helfen zu unterdrücken, wie das von Christus vorhergesagt ist, das selbiges geschehen solle:

Darum, weil man uns nicht anders begegnen kann, werden wir umlagert und bekriegt; es werden uns Ungeheuerlichkeiten zur Last gelegt, die nur auf Lügen aufgebaut sind. Das was wir tun, vermögen wir nicht anders. Wir machen gern die Wahrheit bekannt. So wollen wir hier auf das Kürzeste, so gut wir es vermögen, uns zur Welt unseres Glaubens und unseres Lebens bekennen, dass doch ein Jeder nach der Richtschnur der Heiligen Schrift ein rechtes Urteil finden werde.
(...)

Von zweierlei Artikeln des Glaubens an Christus, und in welchen wir mit den Papisten und Lutherischen nicht übereinstimmen.
Zum Ersten: Die Papisten, die Lutherischen, und welche es sonst noch mehr gibt, sagen, Christus sei von Maria satt gemacht und habe seinen Leib von Maria Fleisch an sich genommen. Das können wir mit denen nicht glauben. Weil es gegen die Schrift ist und den Glauben verfälscht. Die Schrift spricht also: Johannes 1.: Das Wort ist Fleisch ge-

worden, nicht Maria. Math. 16: Du bist Christus, der lebendige Gottes Sohn. Joh. 8.: Ich bin eben derselbe, der mit Euch redet, nämlich das ewig lebendige Wort Gottes. Also glauben wir auch, dass nicht Maria Mensch geworden, und den Tod für uns gestorben ist, sondern Gottes Sohn hat sich selbst hinabbegeben, ist ein sterblicher Mensch geworden und hat den Tod gelitten, und hat wider die Sünde genug getan, was Maria oder kein anderer Mensch zu tun vermochte. Wenn es also geglaubt worden ist, dass Christus Marias Fleisch gewesen, so ist damit der Grund des Glaubens verfälscht, und es ist wegen der Jungfrau Maria eine Abgötterei entstanden. Sollten wir an dieser Stelle allen Unglauben und Ärgernisse erzählen, die aus diesem falschen Artikel entstanden sind, das würde zu lang werden. Es ist genug, dass wir einfach unseren Glauben bekennen; lassen wir die Frommen und Gutherzigen darüber selbst entscheiden. Wir glauben, dass Christus nicht aus Marias Fleisch und Blut geworden, sondern dass er empfangen wurde vom Heiligen Geist, geboren aus der Jungfrau Maria. Maria hat es von ihrem eigen Fleisch und Blut nicht empfangen, sondern sie hat es empfangen vom Heiligen Geist, nämlich das lebendige Wort Gottes, welches, wie Johannes sagte, Fleisch wurde und unter uns wohnt. Der Sohn und das Wort Gottes ist Mensch geworden und Maria hat ihn vom Heiligen Geist empfangen. So sagt die Schrift und der Artikel des Glaubens, und also glauben wir und wir wissen, dass gegen solchen Glauben die Mächte der Hölle keine Gewalt mehr haben. Matt 16: Weil Gottes Sohn Mensch wurde und für uns von dem Vater in den Tod gegeben wurde, so wird er uns auch ohne Zweifel alle Dinge mitgeben. Aber wenn es Marias Fleisch war, das vor uns starb, ach Gott, was tröstet uns das und was sollten wir davon begreifen. Alsdann wäre eine Sünde mit der anderen bezahlt und eine Unreinheit mit der anderen gewaschen und gereinigt. Ja, sagen sie, die Schrift sagt doch: der geboren ist aus dem Stamm Davids nach seinem Fleisch; desgleichen: geboren aus einer Frau. Antwort: Richtig ist, Christus ist aus dem Fleisch aus dem Geschlecht Davids geboren, aber es steht nirgends, dass sein Fleisch von dem Samen Davids sei. „Empfangen worden" und „geboren worden" ist zweierlei. Alle, die Gottes Wort empfangen und bewahren, und dem Willen des Vaters, der im Himmel ist, folgen, die gebären auch Christus. Maria ist eine Dienstmagd des Herrn gewesen, wie sie das von sich selber bekennt.

Dies sei nun genug von dem ersten Artikel, dass wir glauben und bekennen, dass unser Heiland Christus, der lebendige Sohn Gottes, Mensch wurde und sterblich in Gestalt des sündigen Fleisches, aber nicht selbst sündiges Fleisch wurde. Lies die Schrift mit Fleiß, und bedenke den rechten Glauben mit Ernst, so wirst du die Wahrheit vernehmen, und verstehen, wie jämmerlich die Gestalt Christi lange Zeit besudelt und verfinstert gewesen ist.

Zum anderen, wie uns der Papisten und Lutherischen und dergleichen Glaube von dem, was an Christus wesentlich ist, nicht behagt, wie eben gesagt ist, so gefällt uns auch nicht, dass sie aus den Werken, die Früchte des Glaubens verwenden. Denn beide weichen sie zur Seite ab und bleiben nicht auf dem rechten Weg. Die Papisten machen wenig Werke über den Glauben, denn sie bedienen sich allein in ihren erfundenen Werken, die ihr Abgott, der Antichrist aus Rom, samt seinem geschorenen Haufen angerichtet haben, wie jedermann wohl bekannt ist. Die Lutherischen aber geben dem Glauben zu viel zu, dass wenig auf die Werke geachtet wird. Denn sie sagen, allein der Glaube mache selig und der Glaube sei so aktiv, dass er keine Werke neben sich nötig hätte. Die Werke, die geschehen, seien wohl Zeichen und Zeugnis des Glaubens, aber sie verhelfen nicht zur Seligkeit. So halten es die Lutherischen. Wiewohl sich die Lutherischen auch zum

Evangelium bekennen, werden aber die Früchte des rechten Evangeliums nicht von ihnen gefunden, sondern das Gegenteil: nämlich Hurerei, Saufen und Fressen, und was sonst noch zu einem fleischlichen Leben dazugehört. Seliges wird bei ihnen überflüssig gefunden. Nun aber unser Verständnis von dem Glauben und den Werken:

Wir wissen und bekennen, dass die Schrift sagt, dass wir alle von Natur Kinder des Zorns sind. Niemand mag rechtfertigt werden vor Gott, als allein durch den Glauben an Jesus Christus. Rom. 3. Denn er ist allein der Mittler zu Gott dem Vater. Timot. 5. Und derhalben kann niemand zum Vater kommen, denn allein durch Christus. 14. Joh. Durch welchen wir einen freien Zugang haben zu dem Vater. Aber zu Gott dem Vater durch Christus zu kommen, ist nicht damit geschafft, dass ich glaube, dass Christus für mich gestorben ist, dazu gehört etwas mehr. Das Reich Gottes will sich so leicht nicht erreichen lassen. Christus spricht: Das Himmelreich leidet an der Gewalt. Wie das zugeht, haben wir kürzlich gesehen. Es ist zweierlei von Nöten, dass ich von Christus aufgenommen werde, weil ich begehre selig zu werden: Erstens muss ich vor meinem Erlöser erscheinen und an den Erlass meiner Sünden mit festem Glauben vertrauen. Zum andern muss ich Christus als Vorbild ansehen, das mir vom Vater gegeben, damit ich, nachdem ich an ihn glaube, fortan seinen Spuren folgen soll und muss, will ich das Himmelreich erreichen. Diese beiden Dinge werden uns in der Schrift genügend gezeigt. Leider nehmen die Lutherischen das Erste ganz fleißig an, das Zweite aber lassen sie fahren, als ob sie es nicht sehen würden...

(...)

Die wahren Ursachen der jetzigen Fehde
Es ist geschehen, dass in dieser Stadt der allmächtige gute Gott über sein heiliges heilsames Evangelium, uns zu ver-

stehen gegeben hat, was sein soll; und das der Papst samt seines geschorenen und geschmierten Bischofs widerchristlich und gotteslästerlich ist. Deshalb haben wir uns, so viel wie unser Herz angerührt und bewegt wurde –denn der Glaube ist nicht jedermanns Sache- darin beflissen, dass wir einige der babylonischen Papisten gefangen genommen haben. Aber nach vielen schrecklichen Tagen haben sie uns vertraglich versichert, man wolle uns in Glaubensfragen künftig unbedrängt lassen. Das jedoch haben sie bald vergessen und treulos übertreten, indem sie einen unserer Mitbürger, seines Glaubens wegen, zu Dülmen angegriffen und getötet haben. Danach hatten sie allerlei List uns Gottes Wort zu verdrehen und uns noch dazu um Leib und Gut zu bringen. Dem Vernehmen nach haben sich die gottlosen Papisten am 5. November 1533 zu Hauf bewaffnet und forderten mit Gewalt, wir sollten ihnen die Predicanten ausliefern, oder ihnen Nase und Ohren abschneiden und sie an den Händen aufhängen. Aber Gott ist dem zuvorgekommen mit seinem kleinen Haufen und hat das tyrannische Blutgericht gnädig abgewendet. Ein weiterer Vertrag, dass man uns in Glaubensfragen in Frieden lassen soll, wurde auch nicht eingehalten. Als letztes geschah, was diesen Krieg am allermeisten verursacht hat: Am Montag vor Fastnacht (9. Februar 1534), haben sich die Papisten wiederum aufgemacht, trugen ihren Harnisch unter den Kleidern, um gemeinsam mit dem Bischof und den Pfaffen, die Stadt einzunehmen und mit uns nach ihrem Willen zu verfahren. Als wir aber dieses vernahmen, haben wir uns an der Stadtmauer zu Hauf versammelt; die Gottlosen haben sich nach Überwasser begeben. Als sie nun dort lagen, und wir auf dem Wall standen, zu Gott betend, der allein unsere Hilfe und Schutz ist, haben sie zwei Pforten geöffnet und zu den Pfaffen und des Bischofs Freude, viel Volk hineingelassen, uns zu vertreiben. Sie haben sich mit Strohkränzen gekennzeichnet, um alle, die nicht so gekennzeichnet waren zu vertreiben und ihre Häuser zu plündern. War das nicht ein unredliches Stücklein? Aber der Allmächtige hat sich von unserer Unschuld erbarmen lassen und mit sichtlichem Wunder unsere Feinde geschlagen und vertrieben. Und als sie ihren Willen nicht durchsetzen konnten, weil Gott es nicht zugelassen hat, sind sie unbehelligt von uns mit den ihren abgezogen. Und wie sie uns vorher nach Leib und Leben getrachtet hatten, so haben sie fortgefahren, mit der jetzigen Fehde uns und das Unsrige zu vertilgen. Das ist der Beginn der heutigen Fehde. Wie das endet, weiß allein Gott, auf den wir hoffen, den wir uns grenzenlos übergeben, nicht fürchtend, was uns die Menschen antun. Was immer die Gottlosen auch sagen, welchen Grund sie haben uns zu verfolgen, dass wir ihren Glauben beleidigt haben, ist alles erstunken und erlogen.

Siehe, so ist man mit uns verfahren, und so ist daraus diese Fehde geworden...

Soweit aus der „Münsterischen Apologie", zurück zu Heinrich Gresbecks Bericht.

Einige der Wiedertäufer, die noch am Leben sind, davongekommen als die Stadt eingenommen wurde, waren mit die Obersten, die das Spiel mitbestimmt hatten. Diese wissen besser, welche Rolle sie gespielt haben. So hat der König mit seinen Räten, Propheten und Predicanten beschlossen, dass alles Gut der Gemeinschaft gehören sollte, auf dass sie das Geld von den Leuten kriegen; sie machten den armen Leuten weiß, dass jeder so viel haben sollte wie der andere. Wenn jeder wie der andere hätte, wären alle gleichermaßen reich, und keiner würde den anderen beneiden. Und was ein rechter Wiedertäufer ist, für den ist es ganz natürlich, dass sie ihren Willen haben konnten. Sie ließen keinen Menschen in der Welt lebendig, ob er Kaiser oder König, Herzog oder Graf, edel oder unedel war. Alle begehrten sie totzuschlagen oder zu ermorden. Sie behandelten die Leute, die sich nicht taufen lassen wollten wie einen Hund; es sei denn, sie ließen sich taufen und nahmen ihren Glauben an. Dann hielten sie diese für ihre Brüder und Schwestern. Wollten sie ihren Glauben und die Taufe nicht annehmen, schlugen sie sie tot, so wie einen Hund. Hier wäre wohl noch viel mehr zu schreiben. Aber ein jeder kann sich doch wohl erinnern, was sie für ein Leben innerhalb Münsters gehabt haben, und dass der Teufel ihr Vater gewesen ist. Ein jeder hüte sich vor diesem Vater, den die Wiedertäufer anrufen. Sie wollten nichts anderes, als die ganze Welt regieren, wie sie es in Münster getan haben. Ach was würden sie noch für Menschen umgebracht haben und verschmachten lassen, wie sie es in Münster taten. Knipperdollingk pflegte zu sagen: „Ein Gott, ein Pott, ein Ei, eine Küche." Nun, ein Gott ist. Ehe aber aus der ganzen Welt ein Pott, ein Ei und eine Küche geworden wäre, müssten viele in der Welt verhungern, ehe die ganze Welt so einträchtig geworden ist.

Das sind die Klöster in der Stadt Münster, die sie zerstört haben, wie ich schon berichtet habe:

Zu Oberwasser ein Jungfernkloster. Drei oder vier Jungfern sind in der Stadt geblieben, und ein Mann aus Coesfeld. Sie verwahrten das Kloster.

In Sankt Tilgen waren Edelinge. Da waren auch drei oder vier Jungfern geblieben; und der Schulte, der im Kloster war, der hatte vier Frauen und verwahrte das Kloster.

Im Sankt Johannes lagerten die Bürger von Warendorf.

Im Sankt Jorgen lagerten die Bürger von Coesfeld, und Schlachtschaep war ihr Oberster.

Bei den grauen Mönchen lagerten die von Schoppingk und von Gilthuiss und allerlei fremdes Volk.

In Nichtsinck, ein Jungfernkloster, lagerten die Holländer und Friesen, diese Bösewichter und allerlei fremdes Volk.

Sie haben auch die anderen Jungfernklöster und Schwesternhäuser in der Umgegend mit dem fremden Volk besiedelt, das in die Stadt kam.

In dem Fraterhaus lagerte auch fremdes Volk und ein Landsknecht.

Also haben sie in den Klöstern der Stadt das ganze fremde Volk untergebracht, das in die Stadt gelaufen kam. Diese Leute haben in den Zellen gewohnt mit zwei, drei oder vier Frauen, und haben unkeusch gelebt, und haben gegessen und getrunken, so lange sie etwas hatten. Nun, ein jeder sah zu, dass der nicht woanders hinging. So viel habe ich gesehen und gehört: Wenn einer sein Haus verlassen hat, dann ist ein anderer eingezogen. So ging es in Münster zu. Jeder bewahrte sein Haus für eine bessere Zeit.

Das sind die Bürger, die zum König hielten und zu den Friesen und den Holländern, dass die Bösewichter die Oberhand so lange in Münster behalten, und die Menschen unterdrücken konnten:

Zuerst Knipperdollingk und Kiepenbroich, beide Bürgermeister der Wiedertäufer
    Tilebecke, edel
    Kerstgen Kerkerinck, edel
    Johan Kerkerinck, Bastard, edel
    Henric Redeker
    Johan von Deventer

Herman in dem Sluttel
Gert Reinninck
Herman Reinninck
Albert Wiemhave
Meister Henric Rode
Meister Tile Bussenschutte
Bernt Menneken
Magnus Kohuiss
Engelbert Edinck
Lucke Hoitmacker
Albert Geishoevel
Bernt Pichker
Herman ter Nate
Johan Fochke
Herman Focjke
Tonius Gotevar
Johan Konningk
Loeger Wegkhake
Jaspar Borcken
Henrich Redewech
Evert ter Heige
Cort Bartscherer
Dirick Schlossken
Johan Denckher
Johan Naderman
Henrich Lensse
Cort Boetmeister
Johan von Schweren
Clais Balsser
Ever Remenschneider
Joest Kalle
Johan Schwertfeger
Johan Bonttorpt
Bernt Bonttorpt
Willebrand Mesmacker

Laurentz Mater
Johan Vienhoff
Hermanus Neinatel

Das sind die Bürger, einige aus Münster, die zum König hielten und zu den Friesen und den Holländern. Es sind hier aber nicht alle Bürger aufgeführt. Diese Bürger trugen die Kleidung des Königs, waren seine Diener und gingen an seinen Hof. Diese Bürger hielten die anderen Bewohner in so großem Zwang, dass niemand ein Wort dagegen sagen durfte. Mancher Bürger hätte gern gesehen, wenn man die Stadt aufgegeben hätte. Es gab noch mehr Bürger, die ich hier nicht genannt habe, weil ich ihren Namen nicht behalten konnte. Die Bürger aber, die ich genannt habe, sind zum Teil noch am Leben.

Nun haben sie wieder etwas unternommen, und große Freude betrieben, auf dass sie die Zeit vertreiben. Der König hat das gemeine Volk in den Dom zusammenrufen lassen. Darum ist das gemeine Volk in den Dom gekommen, bis auf die Männer und Frauen, die auf den Wällen wachen mussten, um die große Freude zu sehen, und das Wunder, das im Dom geschehen sollte. Der König hatte eine Stellage machen und mit Gardinen verhängen lassen. Sie wurde im Chor des Domes aufgebaut, wo sonst der Altar steht, damit jeder gut sehen konnte. Dort spielten sie das Spiel von dem reichen Mann und Lazarus. Sie haben das Spiel begonnen und gespielt und ihre Sprüche gegeneinander geworfen. Wenn der reiche Mann einen Spruch zu Lazarus getan hatte, dann standen neben der Stellage drei Pfeifer mit ihren Instrumenten und spielten ein Stück mit drei Stimmen. Und wenn der reiche Mann wieder etwas sagte, dann begannen sie wieder zu spielen. So ging das Spiel bis zum Ende. Zum Schluss sind die Teufel gekommen und haben den reichen Mann mit Leib und Seele geholt, und zogen ihn hinter die Gardine. Da war ein großes Lachen in dem Dom, sie hatten große Freude. Oh, wie blind hatten sie die armen Leute gemacht. Dieses Spiel ersetzte manchem Gesottenes und Gebratenes. Denn sie hätten lieber etwas gegessen, wenn sie etwas gehabt hätten.

Aber die Teufel nahmen den reichen Mann nicht ganz hinweg. Hätte sich der reiche Mann bekehrt, wäre er in Gnaden gekommen, er wollte aber aus der Stadt fliehen. Als der König das gewahr wurde, ließ er ihn auf dem Domhof an einen Baum hängen. Dieser reiche Mann war einer der Lakaien der Königin gewesen, ein Brabanter, der in die Stadt gelaufen war.

Der König und alle Wiedertäufer meinten, mein gnädiger Herr von Münster würde am Ende von der Stadt abziehen. Aber sie befestigten die Blockhäuser, die nahe bei der Stadt lagen, denn sie wollten die Stadt einnehmen, und waren zufrieden, als die Schanze fertig war von dem einen Blockhaus zu dem anderen. Und sie ließen noch kleinere Blockhäuser dazwischen bauen. Die Schanze war sehr hoch und mit einem Hagedorn bewachsen. So konnte niemand mehr in die Stadt hinein und niemand mehr aus der Stadt heraus. Es kamen nur sehr wenige aus der Stadt über die Schanze, nur fünf oder sechs. Seit dieser Zeit konnten sie keine Nachrichten oder Briefe in die Stadt kriegen, und sie konnten auch keine Briefe aussenden, da die Stadt schon verloren war. Aber sie haben die Stad noch eine ganze Zeit gehalten.

Die Landsknechte haben die Schanze nachts mit Wachen besetzt und hielten auch des tages Wache mit Pferden und zu Fuß, so dass niemand hindurch kommen konnte.

Am Ende hatten sie noch zweihundert Kühe. Diese hatten sie in dem Königreich zwischen den Blockhäusern und der Stadt. Jeder Hauptmann musste die Kühe an einem Tag in diesem Königreich hüten. Als die Belagerung der Stadt begann, da hatten sie noch zehn oder zwanzig hundert Kühe. Da haben sie die Kühe vor allen Toren gehütet. Aber die Reiter und Landsknechte führten einen Angriff und haben ihnen einen Teil der Kühe genommen, dreißig oder vierzig. Dann passten sie besser auf die Kühe auf. Es gab Wiedertäufer in der Stadt, die wollten die Kühe bevorzugt für sich; niemand war darum verbittert. Aber diejenigen, die die Kühe hüteten, arme Bürger oder Frauen, die eine Kuh hatten oder ein anderes Tier, etwa einen Hund oder eine Katze, die durften es nicht behalten, es wurde ihnen abgenommen. So haben die Bösewichter, die Holländer und Friesen in der Stadt Münster regiert. Das alles ließen sie Knipperdollingk und seinen Gesellen durchgehen.

Es gab einen Friesen, genannt der lange Albert. Er war einer der Leibwächter der Königin. Der wollte die Kühe zu den Blockhäusern, zu den Landsknechten treiben, damit er gefangengenommen würde und sein Leben behalten konnte. Das hat der König erfahren. Er ließ den Friesen fangen und schlug ihm selber das Haupt ab. Dieser Friese wollte das vor Hunger und Kummer tun. Andererseits war er ein rechter Wiedertäufer, wie der König und seine Landsleute.

Hunger und Kummer sind so groß in der Stadt geworden, dass sie aus der Stadt geflohen sind und sich haben totschlagen lassen. Und einige waren so schwach vor Hunger, dass sie sich nur noch am Stock bewegen konnten. Der Hunger wurde so groß, dass der König das Volk nur noch mit dem Schwert regieren konnte; wer ein Wort sagte, wer gern die Stadt verlassen hätte, den ließ er in das Gefängnis bringen und schlug ihm am anderen Tage den

Kopf ab. Einige Leute wollten nicht leiden und hofften, sie würden die Stadt aufgeben, andere begannen vor Hunger zu sterben.

Der König hatte vor jedem Tor einen Platz aufteilen lassen. Wenn jemand in der Stadt vor Hunger starb oder von den Landsknechten totgeschossen oder totgeschlagen war, oder der König ihm das Haupt abschlagen ließ, dieselben begruben sie vor den Toren. Der König wollte die Toten nicht länger in der Stadt haben, und auch keine Menschen mehr in der Stadt richten. Aber am Ende richtete er sie wieder in der Stadt und begrub die Toten auf dem Domhof.

Es war einer in der Stadt, genannt Clais Northornne, der war ein Bürger der Stadt Münster. Dieser Clais hatte einen Brief geschrieben, und wollte den zu den Blockhäusern schicken, an meinen gnädigen Herrn von Münster. In dem Brief stand, wenn mein gnädiger Herr ihn in Gnaden nehmen würde, und wollte er ihm bis ans Blockhaus Geleit geben, dann wollte er einen Anschlag durchführen, dass man die Stadt einnehmen könnte. Clais hatte einen Gesellen bei sich, dem hatte er gesagt, was er im Sinne hatte und dass er einen Brief aus der Stadt nach dem Blockhaus schicken wollte. Clais meinte, der Geselle wäre ein guter Freund, der mit ihm ausfallen würde und ihm helfen. Aber der Geselle ging zum König und erzählte ihm, das Clais einen Anschlag vorhatte, einen Brief zu den Blockhäusern zu schicken und meinem gnädigen Herrn helfen, die Stadt einzunehmen. Da ließ der König den Clais gefangen nehmen und foltern, damit er dem König sagte, was er vorhatte. So hat Clais seinen Anschlag gestanden. Am nächsten Tag ließ der König Gericht halten und den Clais auf den Domhof holen. Der König hat ihn selbst verklagt und schlug ihm auch selbst den Kopf ab. Dabei stand ein Bürger der Stadt. Er nahm den Leichnam und hackte ihn in zwölf Stücke. Und der König ließ an jedem Tor ein Stück aufhängen und das Haupt auf den Turm des Doms stecken, mit einer langen Stange. Das Herz und die Leber trug ein Holländer nach Hause und hat sie gegessen. So groß war der Hunger in der Stadt.

So ist der König mit ihnen umgegangen, und so wurde der Clais von seinem Gesellen verraten.

Der König hat in der Predigt verkünden lassen, dass derjenige, der Urlaub haben will, um die Stadt zu verlassen, auf das Rathaus gehen soll, um sich bescheinigen zu lassen, dass er gehen könne. Man würde ihn vor das Stadttor bringen und dann gehen lassen. Dieses Angebot gilt drei oder vier Tage, danach würde niemand mehr Urlaub bekommen. Wenn man dann immer noch jemanden findet, der die Stadt verlassen will, den werde man totschlagen. Darauf sind Männer, Frauen und Kinder auf das Rathaus gekommen, um Urlaub zu beantragen. Als sie den Urlaub beantragt hatten, durften sie nicht wieder nach Hause gehen, sondern mussten auf dem Rathaus warten, bis man sie vor das Stadttor brachte. Sie haben ihnen so alles genommen, was sie bei sich hatten. Wenn sie gute Kleider anhatten, mussten sie diese ausziehen, und alte Kleider anziehen. Dann hat der König sie zum Tor bringen lassen, und sie sind zu dem Blockhaus gegangen. Dort haben die Landsknechte zuerst die meisten Männer totgeschlagen, und haben den Frauen genommen, was sie hatten; die haben sie nicht totgeschlagen. Die Frauen sind dann zwischen dem Blockhaus und der Stadt liegen geblieben, so lange man sie gelassen hat.

Diesen Männern und Frauen, die zuerst aus der Stadt gezogen waren, des Hungers wegen, hat der König die Häuser ausräumen lassen. Des Königs Hofmeister fuhr mit einem Wagen durch die Stadt, vor die Häuser, aus denen sie ausgezogen waren, und schaffte all ihre Gerätschaft in ein Haus. Dieses Ausziehen hat gedauert bis zum Ende. Die Mannsleute sind aus der Stadt bei Tage und bei Nacht geflohen. Sie wurden alle totgeschlagen. Aber sie flohen trotzdem weiter aus der Stadt, so großen Hunger hatten sie. Sie ließen sich lieber totschlagen als zu verhungern. Es gab zu dieser Zeit nur wenige Tage und Nächte, an denen niemand geflohen ist. Zwar wussten sie, dass sie kaum davonkommen konnten, aber sie waren in zu großer Not. Liefen sie aus der Stadt, wurden sie totgeschlagen, blieben sie darin, mussten sie Hungers sterben; wollten sie die Stadt verlassen, ohne ausdrückliche Erlaubnis der Königs, ließ dieser sie hängen. Das war die erste Welle, der vor Hunger und Kummer Fliehenden. Der König und seine Räte und die Obersten und auch ein Teil der Bürger, die hatten noch genug zu essen, deshalb liefen sie nicht fort. Der Proviant, den sie hatten, war unter Verschluss genommen. Der König und seine Gesellschaft, das waren keine Menschen, wie sie in der Stadt handelten; zwischen Himmel und Erden mochte kein Christ so sein, wie der König mit seinem Anhang, wie diese Wiedertäufer waren.

Der König wollte anfangs, als der Hunger kam, dass die alten Frauen, alten Männer und Kinder nicht in der Stadt waren, auf dass sie mehr Proviant behalten konnten. Als die Ersten, des Hungers wegen begannen aus der Stadt zu ziehen, da ließ der König sie friedlich ziehen, und ließ in der Predigt sagen, wer den Hunger und den Kummer nicht ertragen könne, der sollte Urlaub begehren; der König würde ihnen Zehrgeld mitgeben, und ihnen bei Tag und Nacht helfen. So gab der König den Ersten die wegwollten fünf oder sieben rader wis (*Münze mit dem Kurmainzerischen Rad*) Pfennige, und ließ sie ausziehen. Aber am Ende hat er niemandem, der wegwollte etwas gegeben, sondern er nahm ihnen alles was sie hatten.

Es ist das Gerücht in der Stadt aufgekommen, dass einige Bürger und Landsknechte, diejenigen die noch Lebensmittel hatten, überfallen wollten. Dasselbe wurde dem König und den Obersten, die noch genug hatten, zugetragen. Darauf haben sie angeordnet, dass niemand, etwas von einem anderen nehmen dürfte. Nahm er mehr als ein Ei, sollte er des Todes sterben. Und weil alle noch wussten, wie es ihnen ergangen war, als sie den Aufruhr gegen den Ehestand durchführten, hatte ein jeder Sorge, dass es ihm wieder so ergehe. So haben sie das Volk zum Schweigen gezwungen. Wer nichts hatte, der konnte auch nichts kriegen, wer nicht fasten konnte, der konnte vor Hunger aus der Stadt laufen und sich totschlagen lassen; wer Glück hatte, der mochte davonkommen.

Sie haben das Volk ruhiggestellt, indem sie ein paar Pferde schlachteten, und in jedem Haus etwas Pferdefleisch verteilten. Sie haben das Pferdefleisch in das Fleischhaus bringen lassen. Dorthin sind die Leute gekommen, um sich das Fleisch zu holen. Die Diakone fragten jeden, wie viele Menschen in seinem Haus lebten, und haben das mit seinem Namen aufgeschrieben. Das haben sie getan, damit niemand mehrmals Fleisch holen konnte.

Als die Belagerung der Stadt Münster begann, da hatten sie so viele Pferde und Kühe in der Stadt gehabt, dass sie die Tiere nicht alle füttern konnten. Heu, Stroh und Hafer begannen auszugehen, dass sie einen Teil der Kühe schlachten mussten. Sie haben auch hundertundzwanzig Pferde totgestochen und haben sie mit der Haut begraben. Als sie die Pferde getötet haben, da war der Hunger noch nicht gekommen. Aber als der Hunger so groß war, da erinnerten sie sich an die Pferde, und bedauerten, welch großen Schaden sie durch das Töten der Pferde angerichtet hatten. Da meinten sie, dass sie die Pferde besser in Salz gelegt hätten, dann hätten sie sie jetzt essen können.

Nun sind die Diakone noch einmal durch die Stadt gezogen, in die Häuser gegangen und haben noch mehr gesucht. Und alles, was sie an Lebensmitteln gefunden haben, musste mitgehen. Wer Fett oder Öl oder Salz oder Schmalz hatte, egal wie klein die Menge auch war, dem haben sie es weggenommen. Der König ließ in der Predigt verkünden, wer noch etwas hätte, der solle es mit seinem Bruder teilen; wer dies nicht täte, der sei kein aufrechter Christ. Demnach waren der König und die Obersten der Wiedertäufer keine aufrechten Christen. Diese hatten jedem in der Stadt etwas abgenommen und wollten niemandem etwas wiedergeben. Der König mit seinen Räten, und die Friesen und Holländer und ein Teil der Bürger in Münster, hätten lieber jemanden verhungern lassen, als dass sie ihm ein Stück Brot gegeben hätten. Dabei hatten sie alles genommen.

Der König hat Fettherren und Salzherren eingesetzt. Die sollten den einfachen Leuten geben, die es bedurften. So sind diese Leute gekommen, und haben sich ein wenig Fett geholt, oder Öl, oder Salz, und haben davon gelebt, so lange sie konnten. Sie haben auch jedem Menschen einen Becher Mehl gegeben. Davon mussten sich die Menschen drei oder vier Wochen lang ernähren. Und sie haben das Volk so schmachten lassen, diese Bösewichter, aber sie selber hatten genug.

Der König hat auch Landsherren eingesetzt. Dies waren vier in der Stadt. Sie gingen auf alle Höfe und haben ein Stück Land beschlagnahmt oder auch zwei oder drei, je nachdem wie viele Leute in dem Haus waren. Da haben sie gegraben und Kohl oder Wurzeln oder Rüben oder Bohnen angebaut. Sie haben auch einigen Leuten Land vor den Toren der Stadt gegeben. Wer selber einen großen

Hof hatte, der durfte nur soviel Land bearbeiten, wie der Landsherr ihm zuteilte; da hatte jeder sich dran zu halten. Sie haben auch alle Zäune und Verriegelungen an den Höfen, die in der Stadt waren, abgebrochen, das Land sollte für alle sein. Die armen Leute meinten, sie könnten dieses Land für sich bearbeiten und davon leben. Deshalb haben sie dort gepflanzt und gesät. Aber der König mit seinem Anhang hat sich genommen, was sie gesät hatten und sie mussten fasten. Die Predicanten haben gepredigt, dass die Leute sauber leben sollten, und dass sie nicht alle ihre Sinne auf das Essen konzentrieren sollen, sondern auf Gott vertrauen, bis alles besser wird.

Aber es sind nicht alle ums Leben gekommen. Einige, die aus der Stadt geflohen sind, sind davongekommen. Es sind auch einige am Leben geblieben, die die Stadt nicht verlassen haben. Die Wenigen, die noch am Leben sind, sind immer noch verwundert, wie das in der Stadt Münster geschehen konnte, diese große Strafe Gottes.

Die Stadt Münster ist eine große schöne Stadt, und es sind viele schöne Kirchen und Klöster und stattliche Häuser darin gewesen. Münster ist auch eine starke Stadt, mit einem doppelten Wassergraben und einem Wall darum, und eine hohe Mauer mit vielen Türmen. Die Wiedertäufer haben die Stadt stärker befestigt, als sie vor der Belagerung war. Sie haben vor jedes Stadttor ein starkes Erdhaus anlegen lassen und den Wall verbessert und die Wassergräben. Sie haben viele heimliche Schießscharten gemacht, und haben Stangen in den Graben gesetzt, damit dieser nicht heimlich überquert werden kann. Hätten die Wiedertäufer in der Stadt Münster eine aufrechte Sache vorgehabt, und hätte es keinen Krieg gegeben mit Herren und Fürsten, sie wären zu preisen. Wenn es nicht gegen Gott und die ganze Welt gegangen wäre. Diese Stadt Münster ist eine der vornehmsten

Städte in der ganzen Welt gewesen. Es war eine reiche Stadt von Kaufleuten, reichen Bürgern und von Edelleuten und Geistlichkeit. Und es ging ihnen gut in der Stadt, bis aber einer gegen den anderen war, und sie sich nicht vertragen konnten. So waren die Gilden gegen den Rat und die gemeinen Bürger, und es war auch die Gemeinheit gegen den Domherrn, und so war einer gegen den andern. Das kam erst durch den Pfaffen Stutenbernt. Einige in der Stadt sagten, dass die Geistlichkeit daran schuld ist, dass die Wiedertäufer in die Stadt kamen und die Zwietracht mitbrachten. Es war ein Teil der Bürger schuld, dass sie die Pfaffen in die Stadt geholt haben.

Der Hunger hat so zugenommen, dass der König und seine Räte nicht mehr wussten, was sie machen sollten. Das Volk wollte hinaus aus der Stadt, und konnte den großen Hunger nicht mehr ertragen. Der König hätte denen, die die Stadt verlassen wollten, wohl Urlaub gewährt. Er wollte, dass alle die Stadt verlassen, bis auf die wehrhaften Männer, die wollte er in der Stadt behalten. Aber es wollte nicht werden, obwohl er es gerne hätte. Sie wussten am Ende nicht mehr weiter. Während der Predigt auf dem Marktplatz saß der König und hatte sein Haupt in der Hand gestützt, und war allzeit in Furcht. Er merkte wohl, dass das ein böses Ende nehmen würde. Er merkte wohl auch, dass die Erlösung nicht kommen wollte. Es neigte sich dem Ende zu. So hatte der König mit seinen Räten die ganze Zeit Sorge vor einem Aufruhr in Münster. Die Räte legten ihre silbernen Ketten ab und durften sie nicht wieder anlegen, und der König legte seine goldene Kette ab, und durfte sie auch nicht wieder tragen. Das Ganze hat zwei oder drei Wochen gedauert, dass das gemeine Volk sagte, der König und seine Räte trügen ihre Ketten nicht mehr, und dass der König immer das Haupt mit seinen Händen stützt. Als der König dieses Reden vernahm, ließ er eine Predigt auf dem Markt abhalten und der König hat in seinem Stuhl aufrecht gesessen. Am Ende hat der Predicant von den Ketten gesprochen, dass einige Leute sagten, der König und seine Räte hätten die Ketten abgelegt und dürften sie nicht mehr tragen. Dann hat dieser Predicant –sein Name war Herman Mose, er war ein Pfaffe- alle die verteufelt, die so über den König und seine Räte reden. Schließlich ist der König von seinem Stuhle aufgestanden, und hat auch über das Volk geschimpft. Er hat gesagt: „Liebe Brüder und Schwestern, einige haben meinem Rücken auf der Straße gesagt, dass ich und meine Räte die Ketten abgelegt haben, und manche sagen sogar, wir trügen euer Silber und Gold. Ihr sollt wissen, liebe Brüder und Schwestern, dass Gott mich dazu auserwählt hat, und ich werde mich daran halten, wie meine Räte und meine Diener, denn wir sind ein Vorbild. Sie sollen noch in goldenen Stücken gehen. Da muss noch mehr passieren, ehe sich das ändert. Auch sollt ihr wissen, dass nicht ihr mich zum König gemacht habt. Gott hat mich zu einem König gemacht. Die goldenen Ketten werde ich tragen, und ich werde niemanden fragen." Alle haben still geschwiegen und niemand traute sich ein Wort dagegen zu sagen, in so großen Zwang haben sie das Volk gebracht. Von da an haben sie die Ketten wieder getragen.

So hat der König weitergemacht und das Volk in noch größeren Zwang gebracht als zuvor. Er hat sich mit seinen Räten, den Obersten der Wiedertäufer und den Hauptleuten beraten, sie wollten zwölf Herzöge küren. Das hatte der König mit seinen Räten heimlich beschlossen. Aber das hat der König nicht in der Predigt ausrufen lassen. Sondern die Räte und Hauptleute haben dem einen dies und dem anderen das gesagt, so dass diese Rede im gemeinen Volk in der ganzen Stadt verbreitet wurde. Einige Leute wollten das nicht glauben, sie meinten, dass sie Unsinn erzählten, wenn sie meinten, dass man zwölf Herzöge küren würde. So hat das der eine geglaubt, der andere nicht und es gab ein großes Gerede in der Stadt Münster.

Schließlich hat der König in der Predigt sagen lassen, dass jeder Bruder mit seinen Frauen und mit seinem ganzen Hausgesinde, jung und alt, an das Tor kommen soll, an dem er Wache hält. Man würde zwölf Herzöge wählen. Jeder sollte morgens um sechs Uhr kommen. So ist es geschehen, und jeder ist an sein Tor gekommen und jeder Hauptmann mit seinem Volk, Männer und Frauen, jung und alt. Der König hatte an jedes Tor einen seiner Räte oder einen seiner obersten Diener geschickt. Diese Räte und Diener haben an jedem Tor mit dem Volk auf den König gewartet. Während dessen haben des Königs Befehlshaben und seine Hauptleute und Predicanten über diese zwölf Herzöge gepredigt. Zum Ende hat der Befehlshaber des Königs gesagt, dass alle Männer und Frauen zusammenkommen sollten. Der Befehlshaber sagte: „Liebe Brüder und Schwestern, dass euch mein Herr König, der Gerechte, hier zusammengerufen hat, war Gottes Wille. Und so ist es auch Gottes Wille, dass wir zwölf Herzöge wählen sollen. So lasst uns zu Gott beten, dass wir so einen wählen mögen, der Gottes Wohlbehagen hat, und dass der, den wir wählen auch Gottes Wille ist, und dass der, den wir wählen dazu dienet, und dass er ein guter Christ ist, und in seinem Glauben vollkommen, und dass dieser Herzog so regieren möge, dass Gott ein Wohlgefallen daran hat. Darum lasset uns beten."

Dann sind alle auf ihre Knie gegangen und haben gebetet und einen deutschen Psalm gesungen. Dann sind sie wieder aufgestanden. Anschließend hat der Hauptmann gesagt, dass die Männer, jung und alt, auf die eine Seite gehen sollten, und die Frauensleute auf die andere

Seite. Dasselbe haben sie auch getan. Als nun die Männer auf einer Seite allein standen, hat des Königs Befehlshaber, sein Name war Bernt Krechtingk, gesagt: „Liebe Brüder, wer einen weiß, der zu einem Herzog taugt, und den er für einen guten Christen hält, den soll er uns nennen. Nun wollen wir noch Gott bitten, dass wir keinen wählen, der nicht seinem Willen entspricht." Da sind sie wieder auf die Knie gegangen und haben zu Gott gebetet, dass sie einen wählen, der Gott wohlgefalle. Dieselben Herzöge waren aber bereits gekürt von dem König und den Räten, ehe sie an die Tore gekommen sind. Als das Gebet vorbei war, hat der Befehlshaber gesagt: „Nun liebe Brüder, Gott hat unser Gebet erhört. So wollen wir nun wählen." So hat der Befehlshaber die erste Wahl getan, danach der Hauptmann, dann fünf oder sechs, die auch ausgewählt haben. So haben sie aus dem Haufen Männer sechs oder acht ausgewählt, deren Namen sie aufgeschrieben haben. Dann haben sie die Namen auseinandergeschnitten. Des Königs Befehlshaber hat die Zettel in seine Hand genommen und gesagt: „Liebe Brüder, nun wollen wir sehen, wen uns Gott als einen Herzog gegeben hat."

Dann hat der Befehlshaber einen kleinen Jungen genommen; er hat dem Jungen seinen Hut vom Kopf genommen und dem Jungen in die Hand gegeben, und dazu gesagt: Sehet, liebe Brüder, diese auserwählten Namen will ich dem Jungen in seinen Hut legen und will den Hut zuhalten und der Junge soll in den Hut tasten. Das erste Zettelchen, das der Junge in seine Hand kriegt, und dessen Name darauf steht, der wird Herzog."

So ist es geschehen, und der Junge hat in den Hut getastet, und einen Zettel gefunden mit dem Namen eines Ausgewählten. Der Befehlshaber hat das Zettelchen von dem Jungen genommen und hat den Namen aufgerufen.

Bernt Krechtingk

Derselbe ist Herzog geworden. Aber der Befehlshaber las nicht den Namen, den der Junge aus dem Hut genommen hatte. Sondern er nannte den, den der König und seine Räte bereits vorher gewählt hatten. Danach hat der Befehlshaber alle Zettelchen aus dem Hut genommen und fortgeworfen. So haben sie den Herzog gewählt, dieser Herzog hieß Johan Nadermann; er war Krämer in

Münster, und ein Bürger, und ist am Leben geblieben, als die Stadt eingenommen wurde, denn da fiel er von der einen Seite auf die andere (und noch einige andere mehr).

Nach der Wahl sind sie alle wieder auf die Knie gegangen und haben dem Vater gedankt und einen deutschen Psalm gesungen. Dieser Herzog ist am Kreuztor gewählt worden; so haben sie an allen Toren ihre Wahl getan.

Dann hat der neue Herzog geschrien und gebetet: „Liebe Brüder, nun helfe mir Gott, dass ich dessen würdig bin, dass Gott mich zu einem Herzog auserwählt hat, dass ich regieren möge und Gottes Wort führen, bei meinem Seelenheil, und dass Gott ein Wohlgefallen daran habe." Dann sind Männer und Frauen wieder zusammengekommen und haben einen deutschen Psalm gesungen. Am Ende ist der König gekommen und die einfachen Leute haben sich verneigt und gebückt. Der König ist von seinem Pferd gestiegen und hat alle Männer zusammenkommen lassen und den Befehlshaber gefragt, ob sie gewählt hätten. Der Befehlshaber hat gesagt: „Ja." Da hat der König gefragt: „Wer ist der Herzog?" Darauf haben der Befehlshaber und der Hauptmann dem König den Herzog gezeigt und seinen Namen genannt. Der König hat dem Herzog die Hand gegeben und hat ihn geküsst und ihm Glück gewünscht. Der Herzog hat dem König gedankt.

Der König fragte den Befehlshaber und den Hauptmann, wer der Herzog wäre, obwohl er es genau wusste. So warfen sie sich untereinander den Ball zu. Sie waren sich im Betrug einig. Schließlich hat der König den Herzog noch unterwiesen, worüber er herrschen soll. So hat er es an jedem Tor getan. Und über das ganze Volk, das an jedem Tor war, Männer und Frauen, jung und alt, sollten die Herzöge Aufsicht haben. So hat der König für jedes Tor der Stadt Münster einen Herzog eingesetzt und hat auch einen Herzog für das Blockhaus an der Neuen

Brücke eingesetzt. Der König hat auch einen Herzog für den Raum den die Wiedertäufer zwischen dem Wall und der Stadtmauer geschaffen haben, eingesetzt. Und so war die Stadt rundherum mit Herzögen besetzt.

Der König hatte alle Herzöge wählen lassen, wie ich es berichtet habe. Die Herzöge haben ihre Tore eingenommen und ihr ganzes Volk, Männer und Frauen, jung und alt, zusammengerufen; ein jeder Herzog an seinem Tor. Ein Herzog hat auch Räte und andere Diener ernannt; jeder Herzog hatte drei Räte. Er hat auch die Hauptleute abgesetzt, und an jedem Tor ein neues Regiment eingesetzt, einen Leutnant und einen Hauptmann. Sie haben auch an jedem Tor einen neuen Predicanten eingesetzt. Jeder Leutnant hat noch einen Rittmeister ernannt. Dieser Rittmeister war für die Einteilung der Wachen zuständig. Jeder Herzog hat mit seinem Leutnant und Rittmeister Männer und Frauen an die Wehr gesetzt. So hat jeder Herzog an seinem Tor getan, und sie meinten, sie würden die Stadt schützen. Darum hat der König die zwölf Herzöge gekürt, dass sie das Volk weiter unterdrücken; sie haben ihren Betrug getrieben bis zum Ende.

Danach hat der König ein Gastmahl gehalten und dazu alle Herzöge und Räte eingeladen, und die Frauen der Räte und all seine obersten Diener. Es waren da die Herzöge, Herzoginnen, Räte, Statthalter und Hofmeister mit ihren Frauen, und die Rittmeister und alle Obersten mit ihren Frauen. Der König hat einen großen Hof gehalten mit den Herzögen und Edelleuten. Als sie nun alle beieinander gewesen sind, haben sie sich angestellt, als ob sie ihr Leben lang das Regiment führen wollten. Und nach dem Essen haben sie gefeiert und mit ihren Frauen getanzt, und tranken und waren guter Dinge. Das einfache Volk lief hungernd durch die Stadt, und ein Teil ist vor Hunger gestorben.

Am Ende hat der König jedem Herzog eine seidene Schnur gegeben. An dieser Schnur waren die besten Stücke Goldes befestigt, die der König hatte. Diese Schnur trugen die Herzöge jeden Tag.

Der König gab auch allen Leutnants eine seidene Schnur. An dieser Schnur waren dicke Pfennige, Joachimstaler und Silberstücke von einem Gulden, die der König hatte prägen lassen. Das beste Silber, das der König hatte, hat er an die seidenen Schnüre befestigt und jedem Leutnant um den Hals gehängt. Und die Leutnants haben das Silber alle Tage am Hals getragen.

Jeder Herzog hat mit seinem Leutnant an seinem Tor regiert, und hatte so das Volk in großem Zwang. So klug war der König mit seinen Räten und Obersten, dass er die Tore so kontrollieren ließ, dass niemand in der Stadt war, der gegen den König stand oder der einen Aufruhr geschürt hätte, denn die Herzöge hatten alle wehrhaften Männer bei sich. So musste jeder still schweigen, oder Hungers sterben oder die Stadt verlassen und totgeschlagen werden.

Als der König die zwölf Herzöge eingesetzt hat, da hat er dem gemeinen Volk weißgemacht, die Erlösung würde noch kommen, und sie sollten erlöst werden wie die Kinder Israels. Auch diese hätten zwölf Herzöge gekürt, danach sind sie erlöst worden. Und so meinten die armen Leute von Münster, sie würden auch noch erlöst werden.

Sie haben alle Anschläge gemacht, die sie erdenken konnten, und haben alles versucht, was ihnen einfiel. So hat der König alle Herzöge mit ihren Untergebenen auf den Domhof befohlen. Jedem Herzog war eine bestimmte Stunde angewiesen, zu der er auf dem Domhof erscheinen musste. So ist der eine Herzog früher, der andere später gekommen, bis sie alle vor dem König gewesen waren. Das hat den ganzen Tag gedauert.

Als die Herzöge gekommen sind, hat der König hinter der Sankt Jacobuskirche gesessen, mit seinen Räten und Stutenbernt; und sie haben gesessen auf einer Bank. Dann ist der erste Herzog mit seinem ganzen Volk, so viele wie er mitbringen konnte. Der Herzog ist als Erster vor den König getreten, dann sind ihm seine Untergebenen gefolgt. Der König und der Herzog haben sich die Hand gegeben und gaben sich den Friedenskuss. Da hat der König zu dem Herzog gesagt, er soll auch sein Volk kommen lassen, und das Volk kam vor den König und die Räte. Da hat der König gesagt: „Liebe Brüder, es ist mein Begehr und Gottes Wille, dass ich euch zusammengerufen habe, liebe Brüder, dass ihr einer nach dem anderen vor mir lauft. Ich sehe wohl, dass wir sehr belagert sind von unseren Feinden und dass ein schwer bewaffnetes Heer um uns herum liegt, aber sie können trotzdem nicht über uns kommen. Wir wissen wohl, was wir Gott gelobet haben, dass wir um seinen Willen erleiden alles was er uns schickt. Ich denke, dass, wenn ihr nicht einhaltet, was ihr Gott gelobet habt, so wird auch Gott die Zusage, die er uns gegeben hat nicht einhalten. Wenn ihr aber einhaltet, was ihr Gott gelobt habt, dann wird Gott auch seine Zusage erfüllen." Zum Schluss sagte der König: „Liebe Brüder, ist hier jemand unter euch, der gerne Urlaub hätte, auf dass er gern weit weg wäre und der nicht länger den Hunger erleiden will, bis Gott uns erlöst – ich weiß nicht wann, aber Gott wird uns erlösen; dafür werde ich fasten und wachen, und sollte ich als einziger in der Stadt bleiben – wer also die Stadt verlassen will, der stelle sich allein. Ich werde ihm Urlaub gewähren und vor das Tor bringen lassen." Dann ist der König aufgestanden und hat sich umgesehen, ob von dem Haufen sich jemand allein stellte. Aber es ist niemand so kühn gewesen. Selbst wenn jemand dabei gewesen wäre, der gern die Stadt verlassen hätte – niemand wollte sich diese

Blöße geben. Denn das Abenteuer wollte niemand eingehen, denn jeder fürchtete, wenn sie sich gemeldet hätten, hätte sie der König hängen lassen oder ihnen den Kopf abgeschlagen.

Darauf hat der König zum Herzog gesagt: „Bruder, ich merke wohl, die Brüder, die dir unterstellt sind, wollen alle bei uns bleiben." Darauf hat der Herzog gesagt: „Dafür sei dem Vater Lob und Dank in alle Ewigkeit." Dann ist Stutenbernt aufgestanden, und hat eine Predigt gehalten. Er hat hier und da etwas aus der heiligen Schrift genommen, was er immer machte. Als die Predigt aus war hat Stutenbernt gesagt: „Liebe Brüder, wollt ihr alle bei uns bleiben und für Gottes willen leiden, und alles was über euch kommt, Hunger und Kummer ertragen und für Gottes Wort leben und sterben? Liebe Brüder, seid ihr gewillt all das zu tun?" Und alle diejenigen, die gewillt waren, hoben beide Hände in die Luft. Und sie haben aufs Neue ein Gelübde getan. Da meinte der König, ab jetzt würde niemand mehr aus der Stadt laufen. Aber das Laufen begann erst.

Als das geschehen war, dass sie die Hände in die Luft gestreckt haben, da sagte der König zu dem Herzog und dem ganzen Volk, dass sie noch eine Kirche niederbrechen müssten. Das war die Sankt Jacobus Kirche. Sie sollten die Kirche so niederbrechen, dass das letzte Mauerwerk, das von der Kirche stehenblieb ein Mann hoch war. Deshalb hat der König jedem Herzog befohlen, dass sie jeden Tag Leute schicken sollen, die die Kirche niederbrechen. Dann ist der Herzog wieder mit seinen Leuten an das Tor gegangen. Das war der Herzog für das Kreuztor. Es sind alle Herzöge vor den König gekommen und haben getan, wie der erste Herzog. Und ab dem nächsten Tag haben sie Leute geschickt, und die haben begonnen, die Kirche niederzubrechen.

So haben die Herzöge Hof gehalten mit ihren Räten und dem Leutnant und dem Rittmeister und der König mit seinen Räten und seinem Anhang, und haben das gemeine Volk unterdrückt und haben die Leute so kurz gehalten, dass niemand sagen durfte, dass es dem Ende zuging. Ein Herzog war vor dem Volk härter als ein anderer. Wenn einer der Herzöge in Nöten war, der nicht so stark war, dann kam ihm ein anderer Herzog zu Hilfe. So pflegten die Herzöge die Kühe zu hüten in dem Königreich vor dem Tor, zwischen den Blockhäusern und der Stadt. Ein Herzog schützte die Kühe des anderen. Sie hielten Schildwache in dem Königreich, wenn sie die Küche beschützten. Zwar wäre die Schildwache gern zu den Blockhäusern gelaufen, um etwas zu essen. Aber die Landsknechte schlugen sie meist tot. Manchmal kamen die Landsknechte aus den Blockhäusern ins Königreich gelaufen und beschossen sich mit der Schildwache, um ihnen die Kühe zu nehmen. Von da an trieben sie die Kühe in die Stadt. Aber es gab kein Futter. Am Ende gingen mein gnädiger Herr von Münster und die Reichsherren her, und schoben die Blockhäuser noch enger um die Stadt, damit sie die Kühe nicht mehr austreiben konnten. Da mussten sie die Kühe schlachten und haben sie gegessen.

Der Hunger in der Stadt ist so groß geworden, dass sie gestorben sind. Und sie sind bei Tag und Nacht aus der Stadt geflohen, und haben sich lieber totschlagen lassen, als vor Hunger zu sterben. Männer und Frauen, Alte und Kranke sind verhungert. Die Jungen wie die Alten waren so schwach, dass sie am Stock gehen mussten, bis sie nicht länger gehen konnten und zusammenbrachen und starben. Das gemeine Volk pflegte Brot von den Bäckereien zu holen, aber zu dieser Zeit konnte niemand mehr Brot bekommen. Das gemeine Volk wusste nicht, wie sie sich länger behelfen sollten. Aber der König mit seinem Anhang wollte die Stadt nicht aufgeben. Sie sagten, sie wollten lieber verhungern, ehe sie von diesen Menschen Gnade begehren würden. Der König hatte mit seinem Anhang noch gut fasten, sie hatten genug zu essen, leiden musste das gemeine Volk. Der König wollte von keinem Menschen Gnade begehren, nur von Gott und dem Vater. Aber am Ende hätten wohl viele Menschen Gnade begehrt, wenn sie Gnade erlangen konnten. Aber die Gnadentür war ganz verschlossen, als die Landsknechte die Stadt eingenommen hatten.

Da hat der König noch einmal bekannt gegeben, wer Urlaub haben wollte aus der Stadt, der solle auf das Rathaus kommen. Es kamen Männer, Frauen und Kinder, und begehrten von dem König Urlaub, und wollten zum Tor hinaus. Der König hat allen, die Urlaub begehrten ihre Kleider ausgezogen, und sie haben ihnen alte Kleider angezogen, und haben sie dann so zu Paaren gehen lassen, als ob man sie hängen wollte. Die Diener des Statthalters haben sie vor das Tor gebracht. So unwert hielten sie diejenigen, die von ihnen ziehen wollten und die Taufe zurückgeben und wieder unter die Heiden gehen. Sie sagten, dieselben seien verdammt mit Leib und Seele und dass sie von ihrem Glauben abgefallen sind. Dieses Ausziehen hat sechs Tage lang gedauert; jeden Tag sind zehn, zwanzig, dreißig, vierzig oder fünfzig aus der Stadt gezogen. Dann ließ der König in der Predigt sagen, dass von nun an niemand mehr Urlaub haben kann. Findet man noch einen, der Urlaub wollte oder zum Tor hinausziehen, dann wollte man ihn totschlagen.

Die nun noch in der Stadt verblieben sind, haben sich kümmerlich beholfen und haben allerlei Tiere aus dem Wasser oder der Erde gegessen, alles was Leben hatte. Einige Leute haben auch gesagt, dass sie Kinder gegessen hätten. Wer das war weiß ich nicht mehr; ich habe es auch nicht gesehen.

Als erstes haben sie Pferde gegessen, den Kopf, die Füße, Leber und Lunge. Sie haben Katzen, Hunde, Mäuse, Ratten, große breite Muscheln, Frösche; und Gras ist meist ihr Brot gewesen. So lange sie Salz hatten, ist das ihr Fett gewesen. Sie haben alte Schuhe eingelegt und gegessen. Die Predicanten haben gepredigt, dass sie sauber leben sollten und nicht so viel Moos essen. Aber sie mussten alle Tage drei oder vier Schüsseln davon essen. Und die Weiber schrien in der Stadt nach Brot. Ihre Kinder starben vor Hunger, die Alten starben vor Hunger, einer starb nach dem andern. Aber der König, der Bösewicht, mit seinen Räten, die hatten genug zu essen und sie ließen das Volk verhungern. Wer dem anderen etwas stehlen konnte, der tat das. Hunde und Katzen waren, was sie stehlen konnten, die aßen sie dann. Das war ihnen wie Wildbret. Wenn der König einen von ihnen erwischen konnte, ließ er ihn auf dem Domhof an eine Linde hängen.

Als der Hunger in der Stadt immer größer wurde, haben einige Leute ihre Kinder aus der Stadt zu den Feinden gelassen. Die Landsknechte haben die Kinder zu sich genommen und einige sogar mitgenommen. Die Bürger, die die die Wiedertäufer an dem Freitag mit Gewalt aus der Stadt getrieben hatten, haben an den König und die Räte geschrieben, dass der König die Kinder aus der Stadt gehen lässt, sie wollten sie in den Blockhäusern aufnehmen. Dasselbe hat der König auch getan und die Kinder aus der Stadt geschickt. Einige Bürger, die aus der Stadt vertrieben worden waren, haben in ihren Häusern auch Mägde und alte Leute aufgenommen, bis diese wieder zurückkehren konnten. Denn es war nicht ihr Wunsch die Stadt endgültig zu verlassen, sie dachten, dass sie nach drei oder vier Tagen wieder in die Stadt können, wie ich schon berichtet habe. So haben sie auch an alte Leute in der Stadt geschrieben und diese in ihre Häuser eingeladen, weil der König sie gehen lassen würde. Auch das hat der König getan, die Leute gehen lassen. Denn der König wollte, dass alle Kinder und Alte, Männer und Frauen aus der Stadt wären, wie ich schon berichtet habe.

So ist also der größte Teil der Frauensleute vor Hunger aus der Stadt gezogen. Der König hatte fünfzehn Frauen, denen allen hatte er auch Urlaub gegeben, außer der Königin, die hat er als einzige bei sich behalten. Er hat zu den anderen Frauen gesagt, dass ein jeder zu ihren Freunden gehen sollte, damit sie etwas zu essen bekämen, wenn sie konnten. Und er sagte zu allen Frauen: „Ihr sehet wohl, dass meine Macht jetzt nicht groß ist, jetzt müsst ihr mit mir leiden, bis Gott es besser werden lässt. Ich hoffe, es wird bald besser werden. Gott wird sein armes Häufchen nicht verlassen." So machten es alle, die viele Frauen hatten; sie behielten ihre ersten Frauen und ließen die anderen Frauen aus der Stadt hinaus. Diese Frauen, die aus der Stadt zogen und noch jung waren, die nahmen die Landsknechte zu sich in die Blockhäuser und behielten sie fortan als ihre Frauen bei sich. So begannen der König und die anderen, die viele Frauen hatten, müde zu werden mit den schönen Frauen, und die Welt mit ihnen zu vermehren. Einige der Wiedertäufer hätten wohl ein Stück Brot genommen für ihre Frau, wenn es ihnen einer geboten hätte. Aber da gab es keine Hoffnung, weil kein Brot da war.

Nun hat der König nicht mehr weiter gewusst. Das gemeine Volk ist in Massen aus der Stadt gelaufen, bei Tage und bei Nacht, ob der König nun Urlaub gab oder nicht. Der Hunger hat sie aus der Stadt gezwungen, ansonsten wären sie vor Hunger rasend geworden oder sie mussten sterben. Es war einer in der Stadt, der war

Büchsenschmied und hieß Reineke. Dieser hatte großen Hunger und ging zum König und sagte: „Herr König, ich muss fressen." Er hielt die Hände so beieinander, als ob er den König fressen wollte. Der König ging ihm aus dem Wege und ließ ihn gewähren. Aber am Ende musste Reineke wieder dahin gehen, woher er gekommen war. Er hat vom König nichts zu essen bekommen. Er mochte aus der Stadt gehen und sich totschlagen lassen, wie die anderen. Der König hatte nichts entbehrt, aber als die Stadt genommen wurde, da blieb dem König genug übrig.

Das gemeine Volk wusste nicht, wie sie zum Tor hinaus kommen konnten, um sich von den Landsknechten gefangen nehmen zu lassen. Denn sie sahen alle Tage vor ihren Augen, wer aus der Stadt floh, der wurde totgeschlagen. Viele Bürger, Landsknechte und allerlei fremdes Volk, die gerne außerhalb der Stadt gewesen wären, wünschten, dass man die Stadt aufgeben würde.

Es waren in der Stadt zwei Fähnriche. Die haben sich gemeinsam beraten und wären gern aus der Stadt gewesen oder wollten, dass die Stadt aufgegeben würde. So pflegte ein Bürger zum anderen zu gehen, und ein Landsknecht zum anderen um heimlich darüber zu sprechen. Aber der König und sein Anhang wollten die Stadt nicht aufgeben. Hätte sich Knipperdollingk auf die Seite derjenigen geschlagen, die die Stadt aufgeben wollten, und hätte er den König mit seinem Anhang verlassen, dann hätten sich einige Bürger, Landsknechte und fremdes Volk noch einmal gegen den König erhoben, damit die Stadt aufgegeben wird.

Die zwei Fähnriche trafen sich wieder in einem Haus und haben gesagt, dass sie gern aus der Stadt wären und man sollte die Stadt aufgeben. Die beiden Fähnriche glaubten, sie wären bei guten Freunden und haben frei gesprochen. Da haben die anderen gesagt: „Warum wollt ihr davonlaufen? Bleibet hier bei Gott dem Herrn. Sterben wir vor Hunger oder werden wir totgeschlagen, es geschieht alles aus Gottes Wille, und wir werden das ewige Leben dafür haben." Der eine Fähnrich hat geantwortet: „Ja, das ewige Leben. Ein Pelz voller Läuse hat auch ein ewiges Leben." Dieses Wort, „ein Pelz voller Läuse hat auch ein ewiges Leben", haben sich die anderen gemerkt. Sie haben es dem König verraten und der König hat die beiden Fähnriche deswegen sofort verhaften lassen.

Als der König die beider Fähnriche hat fangen lassen und sie in das Gefängnis setzen ließ oder in den Keller – nicht in den städtischen Keller sondern in den der Schreiberei – und den beiden das Haupt abschlagen wollte, da waren die beiden Fähnriche rechte Landsknechte, und sind bei Nacht aus dem Gefängnis ausgebrochen. So sind die beiden frei geworden und nach Hause zu ihren Frauen gegangen. Wären die beiden zusammen geblieben, währen sie wohl davongekommen. Als der eine Fähnrich in sein Haus kam, da sagte er zu seiner Frau, dass sie ihm das Fähnlein aus der Kammer holen sollte: „Mein Herr der König hat mich aus dem Gefängnis entlassen. Wir sollen diese Nacht noch aus der Stadt ziehen." Seine Frau hat ihm das Fähnlein aus der Kammer gebracht. Dann hat er seiner Frau eine gute Nacht gewünscht. So ist der Fähnrich seinen Weg gegangen und seine Frau ist zu Hause geblieben. Dann hat der Fähnrich das Fähnlein von der Stange gerissen und hat es in den Ärmel gesteckt, und ist aus der Stadt geflohen. Er hat die Schanze überstiegen und ist mit dem Fähnlein hinweggekommen. Der andere Fähnrich ist in der Stadt geblieben und hatte sich versteckt.

Als der Tag kam, wollten sie nach den Gefangenen sehen, da waren beide weg. Der eine war mit dem Fähnlein geflohen, der andere war noch in der Stadt verborgen.

Der eine Fähnrich war ein Holländer, der andere ein Jülicher.

Der König hat am Morgen die Frauen der beiden Fähnriche auf das Rathaus kommen lassen. Dort hat er mit den Räten die zwei Frauen gefragt, ob sie davon wüssten, dass die zwei Fähnriche, ihre Männer, aus dem Gefängnis gekommen sind. Da haben sie nein gesagt. Die eine Frau hat gesagt: „Mein Mann ist bei Nacht nach Hause gekommen und hat das Fähnlein bei mir aus der Kammer geholt. Er sagte, mein Herr, der König hat ihn aus dem Gefängnis entlassen und sie sollten sofort aus der Stadt ziehen." Die Frau des anderen Fähnrichs wusste nicht, was sie sagen sollte. Sie sagte, ihr Mann sei nach Haus gekommen, aber sie wüsste nicht, wo er geblieben war. Dieser Fähnrich war noch in der Stadt. So hat der König Hausdurchsuchungen angeordnet, um den Fähnrich zu suchen. Am Ende hat der König den Fähnrich in dem Nachbarhaus auf dem Speicher gefunden. Sie haben den Fähnrich aus dem Haus geholt und der König hat ihm am anderen Tag das Haupt abschlagen lassen. Aber der andere Fähnrich ist mit dem Fähnlein davongekommen.

Der König hat kurz danach noch zwei Landsknechten das Haupt abschlagen lassen. Dieselben hatten noch Geld gehabt, und der eine hat dem anderen etwas abgekauft. Darum mussten sie sterben.

17 Eroberung der Stadt

Aus der Stadt sind in einer Nacht fünf geflohen. Der eine war ein Bürger der Stadt und die anderen vier waren Landsknechte. Der eine von den Landsknechten war Hensken von der langen Straten. Die fünf sind des Sonntags nach Pfingsten (*23. Mai 1535*) in das Lager gekommen und haben das Leben behalten. Als nun die fünf aus der Stadt geflohen waren und in dem Königreich zwischen der Stadt und den Blockhäusern waren, haben sie beratschlagt, wie sie es anstellen könnten, durch die Feinde hindurch und über die Schanze zu kommen. Sie sind sich einig geworden, über die Schanze zu klettern. Als sie der Schanze nahe kamen, haben sie begonnen zu kriechen. Schließlich hat Hensken von der langen Straten gesagt: „Sie haben uns bemerkt." Da sind sie wieder ein wenig zurückgekrochen. Dann hat der Bürger gesagt: „Wenn sie uns bemerkt haben, dann will ich nicht weiter kriechen. Ich will mich nach dem Geldrischen Blockhaus begeben. Wer bei mir bleiben will, der folge mir nach." Einer ist bei dem Bürger geblieben und sie sind zurückgekrochen. Hensken von der langen Straten ist weiter nach vorn gekrochen. Während er voran kroch, haben die Landsknechte die Wacht geschlagen, es war Mitternacht, und die Wache sollte gehen und die neue Wache ist gekommen. Die Trommeln schlugen. So ist Hensken über die Schanze gekommen. Der Bürger war mit seinem Gesellen zurückgekrochen, so dass er weit von der Schanze entfernt war. Dabei haben sie sich allerdings verloren; der Bürger dachte, der andere sei nach der Stadt zurückgekrochen. Da ist er auf die andere Seite der Schanze gekrochen, und war fast unter den Feinden. Wenn er aufsah, sah er die Landsknechte neben sich stehen. So ist er weitergekrochen bis zu der nächsten Schanze und wusste nicht, wo sein Geselle war. Dort ist er sitzen geblieben und wartete bis es heller Tag wurde. Er war lebendig und zugleich tot, denn er wusste nicht, was er machen sollte, um am Leben zu bleiben. Wäre er wieder in die Stadt gelaufen, hätte der König ihn hängen lassen oder hätte ihm das Haupt abgeschlagen. Wäre er zu den Landsknechten gegangen, die hätten ihn auch getötet. Das wusste er wohl.

Als nun der Bürger in der Schanze gesessen hatte und nachdachte, sagte er sich schließlich: „Es muss ein. Nun möge Gott mir helfen und möge mir gnädig sein und barmherzig." Und er ist aufgestanden aus der Schanze und ist zu dem Geldrischen Blockhaus gegangen. Und die Landsknechte standen an der Schanze und bemerkten ihn und riefen ihm zu: „Komm her, Landsmann." Und die Wiedertäufer sahen den Bürger auch und riefen: „Komm wieder her." Sie kannten ihn und wussten, dass er bei Nacht aus der Stadt geflohen war. So ist der Bürger zu den Landsknechten in das Geldrische Blockhaus gegangen. Als er fast bei ihnen ankam, da haben sie ihre Büchsen auf seinen Leib gehalten und wollten ihn totschießen. Die Landsknechte haben gesagt, einer zu dem anderen, und haben sich angesehen, und sagten, dass sie nicht schießen sollten: „Wir wollen ihn besser gefangen nehmen und hören, was er uns zu sagen hat." Und sie haben gesagt: „Ist auch noch ein junger Mann, wir wollen ihm das Leben lassen." Der Bürger war vor Angst halb tot. Schließlich sagte er: „Meine Lieben Landsknechte, ich bitte euch, dass ihr mich gefangen nehmt. Damit ich aussagen kann, bringt mich zu eurem obersten Hauptmann. Ich bin früher auch ein Landsknecht gewesen." Die Landsknechte sagten, sie würden ihn gefangen nehmen. Sie fragten ihn, wie es in der Stadt stünde. Er hat gesagt, dass es in der Stadt großen Kummer gäbe, und dass alle diejenigen, die davonlaufen wollten und der König das bemerkt, getötet werden. „Da habe ich das

Abenteuer gewagt und bin zu euch gegangen. Nun bitte ich euch, dass ihr mich gefangen nehmt." Darauf haben alle Landsknechte ihm gesagt, er soll in die Schanze springen und senkten ihre Spieße in den Graben, damit er daran hochklettern konnte. Das hat der Bürger getan. Er ist in die Schanze gesprungen und hat sich an den Spießen hochgezogen. Es ist eine hohe Schanze gewesen, mit einem Hagedorn bewachsen. Als der Bürger an den Hagedorn kam, konnte er ihn nicht überwinden. Da haben ihn die Landsknechte an beide Hände und an einem Bein genommen und ihn über den Hagedorn gezogen. Als der Bürger dann so vor ihnen lag, da meinte er, sie wollten ihn totschlagen. Da sagten die Landsknechte, er solle aufstehen, sie würden ihm nichts tun. „Aber was du bei dir hast, das gehört uns", und haben ihm abgenommen, was er bei sich hatte.

Dann haben sie ihn zu dem Geldrischen Blockhaus gebracht, zu dem Hauptmann: „Wir haben einen Gefangenen, einen jungen Mann; wir wollten ihn nicht totschlagen." Da sagte der Hauptmann: „Lasst ihn herkommen." So ist der Bürger vor den Hauptmann gekommen. Der Hauptmann sagte zu ihm: „Du magst wohl Gott danken, dass du hier bist; dass sie dich gefangen genommen haben. Alle, die vor dir aus der Stadt geflohen sind, die haben sie totgeschlagen." Dann ließ der Hauptmann ihm Essen und Trinken bringen und er hat sich hingesetzt und gegessen und getrunken.

Als nun der Bürger in dem Blockhaus war und gegessen und getrunken hatte, da standen die Landsknechte um ihn herum und haben ihm zugesehen. Schließlich hat der Bürger zu den Landsknechten gesagt: „Ich bitte euch, meine lieben Landsknechte, dass ihr noch ein Wort von mir anhört." Da sagten die Landsknechte ja. Und er hat gesagt: „Ich wollte euch bitten. Da ist noch ein Mann hinter mir, dass ihr den auch gefangen nehmt. Er ist mit mir aus der Stadt gegangen, sein Name ist Hensken von Nimwegen." Da sagten alle Landsknechte ja, und wollten ihn auch gefangen nehmen. Und der Hauptmann hat ihnen befohlen, dass sie ihn fangen und nicht totschlagen sollten. Dann sind die Landsknechte in das Königreich gelaufen und haben ihn gesucht und haben ihn gefunden. Sie haben ihn gefangen und ihm auch genommen, was er hatte. Dann haben sie denselben zu dem Bürger in das Blockhaus gebracht und haben ihm auch zu Essen und zu Trinken gegeben. Da hat der Hauptmann gefragt, ob noch jemand mehr mit ihnen aus der Stadt geflohen ist. Sie haben zu ihm gesagt: „Hensken von der langen Straten war dabei." Da sagten die Landsknechte: „Wenn wir den kriegen, den wollen wir in hundert Stücke hauen." Dann liefen die Landsknechte in das Königreich und suchten Hensken von der langen Straten. Aber sie konnten ihn nicht finden, er war bei den Trommelschlägen über die Schanze gekommen und auf und davon.

Es kamen zwei Herren an das Geldrische Blockhaus geritten und haben den Bürger kommen lassen und ihn gefragt, wie es in der Stadt stünde. Darauf hat der Bürger den Herren die rechte Wahrheit gesagt. Die Herren haben den Landsknechten befohlen, dass sie den Bürger und seinen Gesellen in ihr Lager bringen sollen, zu dem Herrn von Overstein und den anderen Reichsherren. So ist es geschehen.

Dann hat der Hauptmann des Geldrischen Blockhausen einen Klepper satteln lassen und einige Landsknechte haben den Bürger und seinen Gesellen zu den Reichsherren gebracht, zu meinem gnädigen Herrn von Münster und zu meinem Herrn von Manderscheit Graf Robert, welcher am Ende seine Gnade dem Bürger gewährte, dass er am Leben blieb. Dann haben die Herren den Bürger nach dem Zustand in der Stadt befragt. Er hat den Herren den Zustand erzählt, wie die Befestigungen in der Stadt sind, die Erdhäuser und Tore. Es gab noch mehr Gefangene. Diese haben sie zusammen mit seinem Gesellen nach Wollbecke geschickt, aber sie haben den Bürger dabehalten und ihn ins Gefängnis gesetzt. Als der Bürger im Gefängnis saß hat er alle Festungen abgebildet und alle Erdhäuser und die Tore rings um die Stadt und hat auch die ganze Stadt abgebildet und ein Gleichnis der Stadt aus Sand gegraben, damit sie gewonnen werden konnte. So ist der Bürger der allererste gewesen, der den Ansatz gegeben hat, die Stadt einzunehmen.

Als nun die Wiedertäufer gesehen haben, wie die Landsknechte den Bürger und seinen Gesellen gefangen genommen haben, sind ihrer etwa zweihundert aus der Stadt geflohen. Ein Teil wurde gefangen, ein Teil wurde totgeschlagen. Diejenigen, die gefangen wurden, sind nach Wollbecke gebracht worden und wurden dort gerichtet. Sehr wenige, die davon kamen.

Es kam ein frommer Mensch aus der Stadt und hat den Herren die Nachricht gebracht, dass sie einen anderen König in der Stadt gekürt hätten, und den König Johan van Leyden abgesetzt, und wäre nicht länger König. Aber Johan van Leyden war nicht abgesetzt. Er hatte einen Leutnant unter sich eingesetzt, der ihm helfen sollte, das Volk zu unterdrücken. Das wurde Johan van Leyden allein zu viel. Dieser Leutnant war Bernt Krechtingk, und saß bei dem König im Korb. Der König ließ die Sturmglocke schlagen, damit ein jeder auf seine Wehr laufen sollte, denn der König und sein Leutnant wollten das Volk besichtigen, wie viele sie noch auf der Wehr haben. Der Haufen von den Wiedertäufern begann klein zu werden, so dass sie jede Nacht wachen mussten. Es ist die ganze

Zeit einer nach dem anderen aus der Stadt geflüchtet vor großem Hunger und Kummer. Das geschah, während der Bürger gefangen saß nachdem er aus der Stadt geflohen war.

Am Ende haben die Reichsherren den Bürger einmal bei Nacht in die Stadt gehen lassen, und haben ihm einen Reichsherrn mitgegeben und zwei Hauptleute, die Junker Wilcken und Lentzen van der Horst. Als sie an den Wassergraben kamen, da sind der Reichsherr, genannt Junker Rickarde (er war wegen meines gnädigen Herrn von Münster aus Trier gekommen) und die anderen mit dem Bürger an den Wassergraben gegangen und der Bürger hat sich in das Wasser begeben und ist rüber geschwommen und ist durch die Befestigung gekrochen und auf den Wall gegangen, und hat niemand von den Wiedertäufern auf der Wacht oder auf dem Wall gesehen. Der Reichsherr und die anderen Befehlsleute haben am Graben gesessen und auf den Bürger gewartet. Am Ende ist der Bürger wieder von dem Wall gestiegen und wieder durch die Befestigung gekrochen und durch den Graben geschwommen und so wieder zu den Herren gekommen. Da hat der Bürger gesagt: „Wenn wir jetzt gerüstet wären und die Landsknechte bei uns hätten, so würden wir die Stadt gewinnen." Sie sagten ja, das wäre wohl wahr. Dann ist der Bürger wieder aus dem Graben gestiegen und sie sind wieder zu dem Blockhaus gegangen. Dann hat Junker Wilken zu dem Bürger gesagt, dass er sein Möglichstes tun soll und die rechte Wahrheit sagen, dann würde der gnädige Herr von Münster seiner gedenken. So haben sie die Stadt mit dem Bürger besichtigt.

In dem „Bericht des Obersten und der Kriegsräte über die Belagerung und Eroberung der Stadt Münster, 6. November anno 1535. Bericht und Anzeige der Kriegshandlung vor und in Münster, den Reichsständen zu Worms anno 35 übergeben.", wird diese Begebenheit so geschildert:

Um diese Zeit haben zwei, einer Henssgin van der Langenstrass, der andere, genannt Meister Heinrich Gressbeck, Schreiner und Bürger der Stadt Münster, nachts, nämlich Sonntag Trinitatis die Stadt verlassen, doch einer ohne das Wissen des andern. Henssgin von der Langenstrass war zuvor vor der Stadt Schanzmeister gewesen und wurde später Leibwächter des Königs. Aber dieser Henssgin ist mit fremder Hilfe, wie wir denken, durch den Graben, danach bis zum Wall gekommen; dort hat er sich einige Zeit aufgehalten. Der andere aber, Meister Heinrich, der Schreiner ist, wurde am Tag gefangen und mir, dem Obristen, übergeben. Derselbige hat, um sein Leben dadurch zu retten, alle Gelegenheiten in der Stadt, und wie die Befestigungen ringsum aufgebaut sind, erzählt. Ferner, als wir ihn dazu aufforderten, die Schutzwälle und die Pforte, durch die man seiner Meinung nach am geschicktesten in die Stadt kommen kann, aus Erde ganz deutlich im rechten Maß zu einem Muster modelliert. Wir haben seine Geschicklichkeit gelobt und wollten in seinem Beisein mit einem unserer Kriegsräte und etlichen Hauptleuten diese Pforte besichtigen. Er ist auch tatsächlich über den ersten Graben geschwommen, bis zu dem Staketenzaun auf dem Wall.

Nach dieser Besichtigung haben wir uns in aller Eile mit ihm beratschlagt, um zu beschließen, den Angriff mit Gottes Hilfe zu versuchen sobald die Nacht, die damals noch kurz und licht war, etwas dunkler wurde. Indessen wurde uns hinterbracht, wo Henssgin von der Langenstrass war, den wir alsbald zum Verhör bestellten, damit wir ihn, wie unseren Gefangenen nach einer sicheren Gelegenheit, die Stadt zu erobern, befragen. Henssgin hatte sich von unserem gnädigen Herrn in Münster befragen lassen, der ihm sicheres Geleit an Leib und Leben zugesagt hatte. Darum haben wir gegen ihn keine Maßnahmen erlassen.

Darauf haben wir beschlossen, die beiden, Henssgin und unseren Gefangenen zusammenzubringen, um sie gleichzeitig zu dem Angriff zu vernehmen. Sie haben in allen Fragen, die unser Gefangener bereits zuvor geraten hatte, übereingestimmt. Zu diesem vorgeschlagenen Angriff hat der Konfirmierte alle Zeug, das dazu dienlich ist, bestellen lassen. Und wenn alles Rüstzeug beisammen ist, auch die Nacht etwas dunkler, sollte der Angriff durchgeführt werden.

Nun sahen wir aber, dass in etlichen Tagen die Brücken und Leitern und was sonst noch nötig war, in der Eile nicht hergestellt werden könne, sind wir zu unserem gnädigsten und günstigsten Herrn geritten, nämlich Ruprecht Graf zu Manderscheid, zu unserem gnädigsten Herrn, dem Kurfürsten von Köln, Jörg Mienick, zu unserem gnädigsten Herrn, dem Kurfürsten zu Trier, Hermann von Wagerschonk, zu unserem gnädigsten Herrn, dem Herzog zu Gulch und Cleve, und Justinianus von Holtzhausen, Rat der Stadt Köln, und angezeigt, wie die Angelegenheit mit den Knechten und dem Geld stünden, und um eine ordentliche Summe Geldes angehalten. Diese haben aber allesamt wenig geholfen, sondern wir sind ohne Geld abgefertigt worden.

So sind die fünf aus der Stadt geflohen und haben alle ihr Leben behalten. Der Bürger wurde gefangen und arretiert. Und Hensken von Nimwegen war in der Stadt von den Wiedertäufern gefangen und auch arretiert. Hensken von der langen Straten kam über die Schanze und kam davon. Er zog zu Meinert vom Hamme, welcher ein Hauptmann gewesen ist unter den Landsknechten. Hensken von der langen Strate hat mit Meinert vom Hamme überlegt, ob mein gnädiger Herr von Münster ihn in Gnaden nehmen würde, wenn er ihm hilft, die Stadt einzunehmen. So haben Meinert und andere meinem gnädigen Herrn von Münster einen Brief geschrieben. Würde er Hensken von der langen Strate Geleit geben und ihn schützen, so würde er in das Stift von Münster kommen zu meinem gnädigen Herrn und ihm zeigen, wie er die Stadt einnehmen kann. Der gnädige Herr hat Geleit gewährt, sie sollten kommen. Da hat Hensken von der langen Straten genau den Plan gegeben, wie es der Bürger zuvor getan hatte, der mit ihm aus der Stadt geflohen war und zu dieser Zeit noch im Gefängnis saß. Aber beide wussten nicht voneinander und haben es auch erst ganz zuletzt erfahren.

Die Reichsherren und meines gnädigen Herrn von Münster Räte sind eins geworden, über den Angriff auf die Stadt Münster, und haben den Bürger aus dem Gefängnis kommen lassen und ihn gefragt, ob er auch von Hensken von der langen Strate wüsste. Da sagte der Bürger nein, er wäre mit Hensken aus der Stadt geflohen aber hätte ihn verloren. Schließlich haben die Reichsherren und die Münsterschen Räte zu dem Bürger gesagt, er müsse mit Junker Willeken eine Meile oder vier weit reiten. Da der Bürger nicht wusste, was das bedeuten sollte, war er in großer Furcht. Aber einer hat zu dem Bürger gesagt, er solle doch zufrieden sein, in drei oder vier Tagen wäre er wieder bei seinem Herrn, Graf Robert von Manderscheid. Dann ist der Bürger mit Junker Willeken geritten und mit Thonius Lichtherte, einem Hauptmann, und wusste nicht, was das bedeuten sollte. Als sie nun eine halbe Meile Wegs zurückgelegt hatten, hat Junker Willeken den Bürger gefragt, ob er wüsste, was das zu bedeuten hat und hat gesagt: „Was meinst du, wo Hensken von der langen Straten ist?" Da sagte der Bürger: „Ich weiß nicht wo ich bin, und auch nicht was ich hier soll und weiß auch nicht wo Hensken ist, ob er noch lebendig oder tot ist." Da hat Junker Willeken zu ihm gesagt: „Nun will ich dir die rechte Wahrheit sagen. Wir wollen zu dem Bevenger reiten, denn da ist Henken von der langen Straten mit anderen. Hensken hat den gleichen Angriffsplan vorgelegt wie du. Deshalb will mein gnädiger Herr von Münster mit allen Reichsherren den Angriff vornehmen. Jetzt wollen wir zu Hensken reiten und uns ausrüsten mit allem was wir für den Angriff brauchen. Dabei sollst du uns raten." So sind sie zu dem Bevenger gekommen und haben Hensken und die anderen dort gefunden. Sie haben sich ausgerüstet mit Sturmleitern und Brücken und allem was sie noch brauchten. Dann ist Junker Willeken mit Thonius Lichtherte wieder in das Lager geritten und Hensken von der langen Straten mit seinen Gesellen und der Bürger sind dort geblieben und haben die Dinge geregelt.

So haben Hensken von der langen Straten mit seinen Gesellen und der Bürger und noch ein Schanzmeister, genannt Beim, die Dinge geregelt. Als nun alles beisammen war, was man für den Sturm auf die Stadt benötigt, sind Hensken von der langen Straten und der Bürger nach Münster gezogen. Sie sind vor Münster in ein Haus zu Willighege. Da wurden sie von Junker Willeken hingeschickt. Es waren Wachen von Junker Willeken dort. Diese kannten Hensken und wussten, dass er vor der Stadt gelegen hatte, aber sie kannten den Bürger nicht. Deshalb schickten sie einen zu Pferde zu Junker Willeken, denn sie wussten nicht, was Hensken und der Bürger dort zu tun hatten. Darauf sind Junker Willeken und ein Leutnant zu dem Haus geritten. Sie haben dem Hausgesinde gesagt, dass niemand so kühn sein sollte, darüber zu reden. Der Leutnant hat sie darauf zur Schonneflete geführt. Dort haben sie einen Tag gelegen.

Dann ist ein Brief zur Schonneflete gekommen, darin stand, dass Hensken von der langen Straten und der Bürger in ein Dorf namens Koerde kommen sollen. Da sind sie nach Koerde gezogen, das liegt ein viertel Wegs vor Münster. Dahin kamen alle Reichsherren und die Münsterschen Räte und Junker Willeken und alle Befehlsleute der Fähnlein von den Landsknechten. Sie haben sich allein mit Hensken von der langen Straten beraten, mit dem Bürger nicht. So haben sie beschlossen, in welcher Nacht sie angreifen wollten. Zuletzt traten Junker Willeken und Hensken vor die Befehlsleute. Dort hat Junker Willeken den Befehlsleuten gesagt, wie der Angriff ausgeführt werden soll. Er sagte: „Das sind Hensken von der langen Straten und der Bürger. Sie haben beide einen Angriffsplan gemacht, denselben wollen mein gnädiger Herr von Münster und die Reichsräte ausführen." Dann haben sie ihn den Befehlsleuten erklärt. Danach sind die Herren wieder weggeritten und Hensken und der Bürger sind geblieben, weil die Wagen mit den Leitern gekommen sind.

Hensken von der langen Straten und der Bürger sind noch einmal nachts an die Stadt gegangen mit einem Hauptmann, Lentze von der Horst, und anderen Befehlsleuten. Sie haben die Stadt noch einmal besichtigt, den Wassergraben, den Wall und ob auch alle Dinge noch so waren, wie sie sie kannten. Der Bürger ist in den Graben gestiegen und hat ihn mit einem Spieß vermessen, wie lang und wie breit er ist. Dabei haben sie von den Wiedertäufern niemanden auf dem Wall gesehen, der dort Wache hielt. Dann sind sie wieder zu dem Blockhaus gegangen, Hensken und der Bürger sind wieder nach Koerde gezogen.

Es kamen die Wagen mit den Leitern und Brücken, acht Wagen voller Leitern und zwei Brücken. Sie sind in dasselbe Dorf gefahren, wo Hensken und der Bürger lagen, nach Koerde. Mein gnädiger Herr von Münster ist mit den Landsknechten und den Hauptleuten über die Verteilung der Beute einig geworden, so dass alle zufrieden waren, und alle waren willig. Am Tage vor der Nacht, in der der Angriff beginnen sollte, wurde in allen Blockhäusern verboten, Wein oder Bier zu verkaufen, damit sich die Landsknechte nicht betrinken sollten. Als der Abend kam oder der Nachmittag, sind sie von Koerde abgefahren mit den Leitern und sind auf einen Bauernhof nahe Münster gefahren. Dort haben sie alles vorbereitet.

Und Hensken von der langen Straten ist mit seinen Gesellen zu dem Clevischen Blockhaus gegangen und sie haben die Dinge dort vorbereitet. Der Bürger und ein Schanzmeister sind bei den Wagen geblieben. Dann kam der Abend. Zwischen neun und zehn ist der Bürger mit den Leitern und Brücken fortgefahren. Es waren Bauern bestellt, die die Leitern und Brücken tragen sollten.

Sie haben sich zur Stadt begeben und wollten die Stadt anfallen. Der Bürger ist voran gegangen und die Bauern sind ihm mit einer Brücke gefolgt. Als sie nun an die Stadt kamen und den Wassergraben, da haben die Bauern die Brücke an den Graben gebracht. Dann sind die Bauern wieder zurückgegangen. Der Bürger hatte noch Henskens Gesellen bei sich. Sie haben eine Leine an die Brücke gebunden und der Bürger hat das Ende der Leine um seinen Leib gebunden und sich in den Graben gleiten lassen und ist hinüber geschwommen. Dann hat er die Brücke hinübergezogen und sie mit eisernen Haken am Rand befestigt. Dann haben sie nach Hensken geschickt, dass er kommen sollte. Hensken kam und ist mit kurzen Leitern über die Brücke gegangen und hat sie befestigt. Dann ist Hensken gegangen und hat fünfunddreißig Landsknechte geholt, Hauptleute und Befehlsleute, und sie sind über die Brücke gegangen. Dann hat Hensken und sein Geselle sich zur Wache begeben. Dort ging Hensken zum Tor und sein Geselle zum Erdhaus. Dort haben sie ihnen den Frieden mit einem Schlachtschwert und mit Hellebarden geboten. So hat Hensken das Tor eingenommen und der andere das Erdhaus. Dann haben sie ein Geschrei gemacht. Darauf ist der ganze Haufen von den Landsknechten an die Stadt gestürmt, und fünfzig sind an die Brücke gestürmt, wo der Bürger im Graben stand. Es sind alle fünfzig zugleich auf die Brücke gerannt, da ist die Brücke mitten entzwei gebrochen und sie lagen alle im Graben. Dann sind sie alle wieder aus dem Graben gekommen und der Bürger ist wieder zurückgeschwommen. Sie sind dann mit vierhundert über das Erdhaus gekommen. Mit ihnen ist Hensken, der das Tor eingenommen hatte, als erstes mit Ihnen in die Stadt gelaufen und hat das Tor offen stehen lassen und hat das Tor nicht mit Landsknechten besetzt. Ehe aber die anderen Landsknechte hinzukamen, da kamen die Wiedertäufer und schlugen das Tor zu. Da konnten sie ihnen nicht folgen.

So ist der Bürger an das Erdhaus gekommen zu dem gnädigen Herrn von Münster. Er war vollkommen durchgefroren, denn er hatte so lange im Wasser gestanden. Da hat meines Herrn von Oversteins Leibwächter des Herrn Spanische Kappe umgelegt. Er wäre am liebsten mit Hensken in die Stadt eingefallen, doch das durfte er nicht tun, denn er war ja noch ein Gefangener und er hatte keine Waffe und keine Rüstung. So hätte es sein können, dass die Landsknechte, die ihn nicht kannten, ihn totschlagen würden. Hensken von der langen Straten war mit drei- oder vierhundert Landsknechten in der Stadt, das Tor war zugeschlagen. Die anderen Landsknechte hatten das Erdhaus besetzt und hatten das vordere Tor aufgebrochen und die Zugbrücke niedergelassen. So war mein Herr von Overstein mit dem Bürger an dem vordersten Tor und wollten den anderen in die Stadt gefolgt sein. Weil sie nicht folgen konnten, riefen alle Landsknechte, dass Hensken und die Hauptleute verraten worden wären. Als der Tag anbrach mussten die Landsknechte wieder von der Stadt weichen und Hensken war mit den anderen darinnen. Und sie wussten nicht ob Hensken lebendig oder tot war mit den Hauptleuten und Befehlsleuten und den anderen Knechten. Als sie zurückwichen, da haben die Weiber aus der Stadt gerufen, sie sollen wiederkommen und haben gesungen.

Ein Landsknecht ist, als sie zurückwichen, zu dem Bürger und hat ihn gefragt: „Landsmann, wo ist dein Gewehr?" Und er hat ihn nach der Losung gefragt. Da hat der Bürger gesagt: „Mein Gewehr liegt im Graben, und die Mutter Gottes ist die Losung." Das war seine Rettung, denn weil er ihn nicht kannte, hätte er ihn totgeschlagen.

Die Landsknechte meinten nichts anderes, als dass sie verraten waren, deshalb mussten sie zurückweichen. Aber die anderen waren in der Stadt und schlugen alles tot, was sie von den Wiedertäufern auf den Straßen kriegen konnten.

Als nun Hensken von der langen Straten in der Stadt mit den Landsknechten war, und das Tor war zu und sie waren in der Stadt eingeschlossen und konnten nicht vor und zurück, da hatte der Bürger vorhergesagt, dass sie das Tor besetzen sollten, bis der größte Teil der Landsknechte über das Erdhaus gekommen war. So aber liefen sie sofort in die Stadt und dachten mehr an die Beute als an das Tor. Sie wussten nicht ob sie die Stadt einnehmen konnten oder nicht. Die Stadt war eingenommen und wurde wieder verloren und wurde wieder gewonnen. Drei oder vierhundert Landsknechte waren in der Stadt und schlugen alles tot, was sie auf den Straßen fanden an Mannsleuten. Und die Landsknechte litten auch Schaden. Sie sagten, dass die Landsknechte hundert Tote gelassen hatten. Hätten sie das Tor behalten, wie der Bürger gesagt hatte, und hätten sie die Landsknechte beieinanderkommen lassen, dann hätten sie nicht einen Toten gehabt und hätten in kurzer Zeit die Stadt gehabt. So hat Hensken von der langen Straten die Landsknechte in die Stadt geführt, und sie haben sich mit den Wiedertäufern geschlagen und haben sich die Straßen rauf und runter gejagt und haben sich verletzt und geschossen bis zum lichten Tag. Und haben sich auf dem Domhof sehr geschlagen. Da litten die Wiedertäufer großen Schaden, dazu bekamen die Landsknechte die Oberhand. So sind die Wiedertäufer auf die Sankt Lambertikirche gewichen und haben von dort geschossen. Am Ende haben sie Stellung bezogen auf dem Marktplatz mit einer Wagenburg. So hatten die Landsknechte Pfeifen und Trommeln mit in der Stadt und einige Fähnlein, dass der König und die Wiedertäufer meinten, der größte Teil der Landsknechte sei in der Stadt. Dann zog sich der König mit einem Teil der Wiedertäufer an das Sankt Tilligen Tor zurück. Und ein Teil hielt noch auf dem Marktplatz die Stellung. Aber am Ende haben sie sich nacheinander ergeben. Als der König seinen Weg genommen hatte, versteckten sie sich in den Kellern, so dass die Landsknechte gewonnenes Spiel hatten.

Da war die Stadt gewonnen. Die Hauptleute haben mit dem König und einigen Bürgern, die mit ihm an das Tor gewichen waren, verhandelt. Des Königs und der Bürger Begehren war, dass man sie gefangen nehmen würde, und dass die Bürger in ihre Häuser gehen dürften, wenn mein gnädiger Herr von Münster in die Stadt käme. Das haben die Landsknechte getan. So ist der König mit den Bürgern von dem Tor gekommen, und ein Teil der Bürger ist in ihre Häuser gegangen. Den König und Knipperdollingk und noch einige mehr, haben sie gefangen genommen. Dann haben die Hauptleute alle Schlüssel von den Toren bekommen und sind zu einem Tor gelaufen, der Judenfelder Pforte, und haben sie geöffnet. Sie sind mit Pfeifen und Trommeln und dem Fähnlein auf das Erdhaus geklettert und haben gerufen, sie sollten wiederkommen, die Stadt wäre eingenommen. Aber die Landsknechte draußen dachten, das sei Verrat gewesen. Doch sie haben so lange gerufen, bis alle Landsknechte in die Stadt gelaufen kamen. Und die Reiter sind von den Pferden abgesessen und sind auch zu Fuß in die Stadt gelaufen. So sind sie alle in die Stadt gekommen und haben alle totgeschlagen, die sie von den Wiedertäufern finden konnten, außer Knipperdollingk, den König und die Bürger, die gefangengenommen waren. Aber am Ende wurden die auch getötet.

Hier noch einmal aus dem Bericht des Obersten und der Kriegsräte:

Hier haben sich während unserer Abwesenheit die Räte des Konfirmierten von Münster mit dem Obersten und seinen Hauptleuten des Tags und der Stunde abgestimmt, an dem der Angriff mit Gottes Hilfe stattfinden soll; wie folgt:

Erstens hat man noch zum Überfluss durch Leutnant Willicken am Tor freundlich gesprochen, nochmals von ihrem Irrtum abzusehen und sich in Gnade zu ergeben, damit sie ihr Leben und das der armen Witwen und Waisen, die doch hungers verschmachten müssen, retten. Darauf kam ihre Antwort von Bernhart Rothmann im Namen des vermeintlichen Königs, dass sie auf ihren Überzeugungen verharren. So sind sie voneinander geschieden.

Darauf wurde dem gemeinen Mann am Sankt Johannis Tag befohlen, die Rüstung anzulegen und sich nüchtern zu halten; und als die Nacht hereingebrochen, zwischen zehn und elf, ist man an die genannte Pforte gezogen.

Als man nahe genug herangekommen war, ist unser gefangener Schreiner mit einem Seil um den Leib, an dem eine versteckte Brücke befestigt war, durch den Graben geschwommen, und hat die Brücke festgelegt. Darauf sind zuerst etliche Knechte mit leinen Waffen hinüber geschlichen, und haben auf dem Wall die darauf befindliche Wache erstochen. Denen sind etliche nachgefolgt, unter deren Last ist die Brücke zerbrochen. Diejenigen jedoch, die hinüber gekommen sind, haben das kleine Türchen in der Pforte offen gefunden, und die Pforte eingenommen. Nun sind die anderen Knechte mit den Sturmleitern an den Wall gelaufen und einer hat dem andern hinaufgeholfen, so dass in kürzester Zeit an die 500 Knechte mit etlichen Hauptleuten ungefährdet in die Stadt kommen konnten. Als sie nun eingefallen waren, ist eine starke Rotte in der Stadt der Wiedertäufer an die Kreuzpforte gekommen, haben sich mit unseren Knechten geschlagen, sie wieder heraus gestoßen, und die Pforte zugeschlagen. So konnten die unsern nicht mehr hinein, und die andern nicht mehr hinaus. In dessen wurde in der Stadt um Gassen und Plätzen mit lautem Rufen und Geschrei gekämpft. In dieser Not sind etliche unserer Knechte geblieben. Dies hat bis in die zweite Stunde des Tages gedauert. Da begab es sich, dass die unsern in der Stadt die Judenfelder Pforte, die rechts neben der Kreutzpforte liegt, und am schlechtesten geschützt wurde, geöffnet haben. Dadurch konnte ich, der Oberst mit dem ganzen Haufen unseres Kriegsvolks hineinkommen. Als aber die in der Stadt in der Mehrzahl überwunden waren, haben sich die Übrigen auf dem Markt in einer Wagenburg zusammengeschlossen. Als sie aber merkten, dass sie zu schwach waren haben sie um Schonung ihres Lebens und Gnade gebeten. Das wurde ihnen nach abgehaltenem Kriegsrat auch gewährt, und sie wurden alsbald aus der Stadt und dem Land ausgewiesen. In dieser Handlung sind der König Johan van Leyden und Knipperdollingk gefunden und aufgegriffen worden. Der König wurde mir, dem Obersten, zunächst durch einen

Knecht übergeben, aber durch Willicken wieder abgerungen und den Münsterischen Räten ausgeliefert worden.

Als sie die Stadt eingenommen hatten, sind die Landsknechte durch die Stadt in alle Häuser gelaufen und haben Wiedertäufer gesucht in den Kellern, an allen Orten in den Häusern, unten und oben. Und haben noch einige Wiedertäufer gefunden und sie mit den Haaren aus den Häusern gezerrt und danach auf der Straße totgeschlagen. So zornig sind die Landsknechte gewesen, nachdem sie großen Schaden vor der Stadt erlitten hatten. Es war keine Gnade von den Landsknechten. Sie haben in einigen Häusern noch Käse, Butter, Fleisch und Mehl gefunden und in des Königs Keller fünf oder sechs Fass Wein und ein Fass mit Bier und andere Kost. Genug dass der König keine Not hatte und all die Obersten, dass sie noch genug zu essen hatten, dass einige Leute sagten, sie hätten die Stadt noch ein Jahr lang halten können. Der König und sein Anhang hätten die Stadt wohl noch ein halbes Jahr halten können.

Sie wollten auch haben, dass das gemeine Volk verhungert. Als die Stadt gewonnen war, da sagten einige Landsknechte, dass sie einen Topf gefunden hatten, Kinder, die gesalzen waren, von Händen und von Füßen und von Beinen. Was daran ist, kann ich nicht schreiben, denn ich habe das nicht gesehen. Aber es ist wohl zu glauben, dass es geschehen ist, bei dem großen Hunger, den der gemeine Mann in der Stadt litt. Einige der obersten Wiedertäufer sagten zu einer Zeit, wenn sie nichts zu essen hätten, sollten sie alte Frauen essen. Wenn sie die alten fetten Weiber essen wollten, sollten sie es bald tun, ehe sie verhungert sind. Am Schluss lief das arme Volk so jämmerlich über die Straßen, Frauensleute, Männer und Kinder, als ob sie von dem Tode aus dem Grab aufgestanden sind, ihr Angesicht glich einem Totenkopf. Und wenn sie sagen, ein Wiedertäuferkopf und ein Totenkopf da war so viel Unterschied zwischen, dass das Leben noch in den Wiedertäufern war und dass der Hut noch auf dem Kopf war, sonst wären sie nichts als ein toter Körper. Die alten fetten Weiber, die sie essen wollten, wie sie einmal gesagt haben, die mussten sie schnell gegessen haben, ehe sie verhungert waren. Wenn die Weiber verhungert wären, dass ihnen die Haut um den Körper hing wie ein Sack, dass sie nichts anderes wären als Haut und Knochen. So verkommen war das Volk. Zu lange hatten sie die Predigten gehört von den Aposteln und Propheten. Ach, Knipperdollingk; Knipperdollingk und Kipenbroich und noch einige Bürger mehr. Was für einen Tanz haben sie gehalten. Dem armen gemeinen Volk hätten sie so nicht vorgetanzt, die Holländer, Friesen und Wiedertäufer hätten niemals die Oberhand in Münster kriegen können. Nun sind sie gestraft. Gott sei ihnen gnädig und barmherzig

18 Das Ende

Als nun die Stadt gewonnen war, sollte es für alle guten Lohn geben, für meinen gnädigen Herrn das halbe Gut und die Stadt, und für die Landsknechte das halbe Gut. So haben die Beutemeister gesagt. Sie haben alles verkauft, was in den Häusern war an Gerätschaft, Betten, Kannen und Töpfe und haben das alles zu Geld gemacht. Und was jeder Landsknecht zu kriegen hatte an Geld, Silber und Gold, das sollten sie in die Beute bringen, bei ihrem Eide. Ob das so geschehen ist, dass kann ich nicht schreiben. Aber die Landsknechte haben vier oder sechs Zusammenkünfte gehalten, und jeder hätte seine Beute gern gehabt. Aber die Beute wurde nicht so schnell geteilt, wie sie es gern gehabt hätten. Die Landsknechte sagten es gäbe in der Stadt fünf oder sechs Tonnen Gold. Aber sie bekamen nur eine halbe Tonne für ihre Beute. Da sind die Landsknechte misslich geworden und haben die Beutemeister in Eisen geschlagen. Denn die Landsknechte meinten, sie seien nicht ehrlich mit der Beute umgegangen, in der Stadt sei viel mehr Geld gewesen.

Es war ein Landsknecht zur Zeit der Wiedertäufer in der Stadt gefangen gewesen; er blieb am Leben und kam wieder in die Stadt, als die Stadt eingenommen wurde. Dieser Landsknecht sagte, er wisse, dass noch mehr Geld in der Stadt ist und sagte, dass der König einen großen Schatz von Geld, Silber und Gold besitze. Das hatte der Knecht in betrunkenem Zustand gesagt, und hat das den anderen Landsknechten eingeredet. Da wurden die Landsknechte sehr wütend und versammelten sich und ließen diesen Landsknecht in die Versammlung kommen. Sie ernannten Abgesandte und schickten diese mit dem Landsknecht zum König und ließen ihn verhören und peinigen, damit er sagt, wie viel Geld in der Stadt gewesen ist, und wo das Geld geblieben war. Aber sie konnten vom König nichts erfahren und haben auch kein Geld mehr gefunden. Dann kamen sie wieder mit dem Knecht zurück, und der Knecht konnte nicht beweisen, dass mehr Geld in der Stadt war oder wo das Geld geblieben ist. Da hat der Knecht um Gnade gefleht, und die Landsknechte riefen, dass man ihn laufen lassen soll. Aber die Hauptleute ließen ihm den Kopf abschlagen, weil er so große Unruhe unter den Landsknechten gestiftet hatte.

Danach sind die Landsknechte noch einmal zusammengekommen, und wollten alle Beutemeister und Hauptleute totschlagen, und wollten die Stadt ausplündern, um das Gut zu verkaufen. Als sie nun zusammen waren, haben sie die Beutemeister in die Runde kommen lassen und haben sie gefragt, ob sie von noch mehr Geld wüssten. Da haben die Beutemeister nein gesagt, sie könnten nicht noch mehr Geld finden, bis auf die halbe Tonne Gold. Davon hat jeder Landsknecht als Beute sechzehn Emdener Gulden bekommen. Da haben die Landsknechte zwei von den Beutemeistern vom Henker auf die Streckbank legen lassen, damit sie sagen, wo das Geld geblieben war. Aber sie haben von den Beutemeistern nichts erfahren, denn sie wüssten von keinem Gelde. Am Ende haben die Landsknechte die sechzehn Emdener Gulden genommen und meinten, sie würden nicht eher die Stadt verlassen, bis sie noch mehr bekämen. Sie wollten mehr von der Beute haben, oder sie würden die Stadt einem anderen Herrn liefern.

Da hat mein gnädiger Herr geschrieben, dass sie ihm die Stadt räumen sollten, denn sie wären die ganze Zeit wohlbestallt worden, und sie sollten ihre Beute nehmen, sonst würde der gnädige Herr sehen, was er mit den Landsknechten zu tun hätte. Darauf haben sie die Landsknechte noch einmal versammelt, und haben eingesehen, dass sie nicht mehr von der Beute kriegen konnten, und sind mit dem Haufen aus der Stadt gezogen. Und mein gnädiger Herr hat zwölf Fähnlein Knechte in der Stadt behalten.

So haben sie die Stadt geräumt und sind davongezogen.

Fürstbischof Franz Graf von Waldeck

Am dritten Tag, nachdem die Stadt gewonnen war, ist mein gnädiger Herr von Münster in die Stadt gekommen. Ihm sind zwei Fähnlein Landsknechte entgegengezogen und haben ihn in die Stadt geleitet. Mein gnädiger Herr hat in die Stadt zwei Blockhäuser verlegen lassen. Als nun mein gnädiger Herr von Münster zum König kam, hat er ihn gefragt: „Bist du ein König?" Da soll der König geantwortet haben: „Bist du ein Bischof?" So ist mein gnädiger Herr wieder vom König gegangen. Wie sich die Sache weiter entwickelt hat, darüber kann ich nicht schreiben.

Der Bericht des Obersten und der Kriegsräte lautet am Ende dazu:

Und als die Stadt durch Gottes Hilfe endgültig erobert war, ist der Konfirmant auf Montag nach Johannis (28. Juni) eingezogen. Ihm ist besagter Willicken mit etlichen Hauptleuten entgegengeritten, des Königs Krone auf dem Haupt und desselben Schwert gegürtet mit sich geführt, und hat das dem Konfirmanten von Münster zu seiner Beute geschenkt.

Von der Stunde der Eroberung an hat der Konfirmierte alle Befehlsgewalt an sich gezogen, ohne meinen und des obersten Kriegsrates zutun regiert und in allem nach seinem Wohlgefallen gehandelt, bis auf diese Stunde.

Als wir Kriegsräte nun nach unserer kurzen Abwesenheit, da wir zu unseren Herren geritten waren, vernahmen wie Münster genommen wurde, haben wir uns sofort wieder in Richtung Münster gewandt. Am dritten und vierten Tag angekommen, haben wir aber weder Dank noch Geld erhalten.

Nun haben die Hauptleute, die uns allein für Obristen und Kriegsräte anerkannten, weil wir sie angeworben und bezahlt hatten, um Musterung und Bezahlung des dritten Monats angehalten. Als wir aber vom Pfennigmeister gar kein Entgegenkommen erhalten haben, haben wir dies dem Konfirmierten vorgetragen, und nach mühseliger Verhandlung ihre f.g. dahin bewegt, dass ihre f.g. die Knechte mit uns zu mustern und zu bezahlen zugesagt hat. Nach der Musterung und Bezahlung hat er alle Knechte zusammenrufen lassen und beurlaubt.

Alsbald ist der Konfirmierte fortgeschritten, die Stadt zu besetzen.

In diesen Tagen ist alles, was noch an Hausrat in den Häusern gewesen ist, von den Beutemeistern aufgeschrieben worden, und denen, die die Stadt verlassen hatten, zum Rückkauf angeboten. Der Besitz derer, die nicht aufgefunden, oder tot waren, konnte von jedermann erworben werden. Der Erlös wurde der allgemeinen Beute zugeschlagen und der halbe Teil wurde unserem gnädigen Herrn zugeschlagen, die andere Hälfte wurde unter den Knechten und Hauptleuten, nicht dem Obristen und den Kriegsräten, aufgeteilt.

Alle eroberten Waffen, ob groß oder klein, hat der Konfirmierte behalten.

Ich, der Obrist, habe auch nicht unterlassen können, die Kürzung meines Anspruchs anzuzeigen und zu beklagen. Auf wessen Befehl dieses geschehen ist, habe ich nie erfahren.

Zuletzt haben wir durch die Münsterischen Räte auf alle unsere Ansprüche Absagen erhalten, mit der Begründung, dass die Stadt allein durch Gottes Hilfe erobert wurde.

Was aber ihre f.g. mit der Bürgerschaft und den anderen Belangen der Stadt vorgenommen hat, ist uns unbekannt.

Datum et actum, Worms, Samstag, den 6. November anno 1535.

Als nun die Landsknechte so lange in der Stadt gelegen hatten, um ihre Beute zu empfangen, da wollten sie sagen, dass den Knechten von den Wiedertäufern vergeben würde. So ließ mein gnädiger Herr alle Wiedertäuferschen, die noch in der Stadt waren, auf dem Domhof zusammenkommen. Da hat mein gnädiger Herr einige Weiber, die die Oberen der Wiedertäufer waren, aus dem Haufen genommen; sie wurden hingerichtet. Sie wollten nicht von der Wiedertaufe lassen und wollten ihren Glauben behalten. Dann wurden alle anderen Weiber aus der Stadt getrieben. Am Ende sind einige wieder in die Stadt gezogen, und einige sind in andere Länder gezogen. Es wurde gesagt, dass sie nach England gezogen waren.

Auf dem Domhof wurden diejenigen, die für schuldig erkannt wurden, von den Unschuldigen abgesondert, und nachdem sie zum Tode verurteilt worden waren, zwei Tage später hingerichtet. Den Übrigen aber, die für unschuldig erkannt wurden, wurden einige Vergleichspunkte vorgelegt, und nachdem sie diese beschworen und einige Geiseln zurückgelassen hatten, nach den ihnen angewiesenen verschiedenen Plätzen des Bistums verwiesen:
Vergleichspunkte und Artikel, welche den Weibern und alten Männern, so aus Münster gegangen, und gewissermaßen zu Gnaden angenommen worden, vorgelegt wurden, und die sie alle nacheinander, ein jeglicher in Gegenwart seines nächsten Anverwandten, mit Ablegung eines wirklichen Eides zu halten versprochen haben (Auszug):
Dieselben schwören die wiedertäuferische Lehre, samt allen Artikeln ... von ganzem Herzen ab, und versprechen, dass sie künftighin nicht mehr anhangen, noch zu ihrem vorigen Verbrechen zurückkehren, sondern vielmehr von ihrem vorhergegangenen Leben sich bekehren, und fromm und christlich sich aufführen wollen.
Sie versprechen bei härtester Lebensstrafe, dass sie von dem Ort, wohin sie verwiesen werden, ohne Gutbefinden und Einwilligung des Bischofs nicht hinweggehen...
Sie machen sich anheischig, dass sie sogleich aller wohlverdienten Strafe gutwillig sich unterwerfen wollen, sobald man ihnen erwiesen hätte, dass sie nach ihrer Verweisung, jemand, welchen Alters er auch sei, entweder durch Worte oder durch Taten, oder auch durch Briefe oder auch

sonst eine Art in der wiedertäuferischen Lehre unterrichtet oder dieselbe fortgepflanzet hätten.

Wenn sie schon verdienten, dass man ihnen ihr Vergehen verzeihe, so sagen sie dennoch zu, ... eine öffentliche Buße über ihre Gottlosigkeit und begangenes Laster auf die Art, wie es der Bischof vorschreiben würde, gutwillig ablegen wollen.

Sie beteuern mit einem Eidschwur, dass sie bereit wären. Alle vorstehenden Artikel, bei Verlust ihres Lebens und der ewigen Seligkeit zu halten...

So war mein gnädiger Herr vier oder fünf Tage lang in Münster gewesen, und ist dann wieder aus der Stadt gezogen. Er hat den König, Knipperdollingk und noch etliche mehr aus der Stadt in sein Schloss bringen lassen, und hat sie dort gefangen gehalten, bis sie hingerichtet wurden. Der König und Knipperdollingk hatten ein Band um den Hals mit einer eisernen Kette, und sie liefen so neben den Pferden her. Wo die Königin mit ihren Mitfrauen geblieben war, da kann ich nicht drüber schreiben.

Und ist der Angriff gemacht, dass die Stadt Münster gewonnen ist. Da die Stadt nicht anders genommen werden konnte, mussten sie sehr kühn sein. Wenn der König mit seinem Anhang nicht hervorgekommen wäre, und hätte die Stadt bis zum letzten Mann gehalten, dann hätten sie die Stadt angezündet und bis auf den Grund niedergebrannt. Das war ihr Plan. Ich habe gehört, dass sie das gesagt haben.

Der Bürger ist der Prinzipal gewesen, der den Ausschlag gegeben hatte, dass die Stadt Münster eingenommen werden konnte. Es war seine Vorgabe. Danach ist Hensken von der langen Straten gekommen, wie berichtet.

Der Bürger ist nicht wegen der Wiedertaufe in die Stadt gekommen, und ist auch nicht in die Stadt gelaufen. Denn er war in vier Jahren nicht öfter als einmal in der Stadt gewesen, und wollte einmal nach Haus ziehen. Und so ist er gegen den Freitag in die Stadt gekommen und ist in der Stadt geblieben, und hatte nicht gedacht, dass sich die Sache so entwickeln würde. Dann haben der Bürger und Hensken von der langen Straten den Anschlag gemacht. Was der Bürger getan hat, das hat er getan um sein Leben zu behalten, nicht um Geld und Gut. So dankt der Bürger als erstem Gott, danach allen frommen Landsknechten, danach meinem gnädigen Herrn von Manderscheid, Graf Robert, und meinem gnädigen Herrn von Overstein, und all den Reichsherren und meinem gnädigen Herrn von Münster. Dann danke ich Gott, dass die Stadt Münster gewonnen ist.

Hier endet der Bericht Heinrich Gresbeck's. Im Januar 1536 wurden Johan van Leyden, Bernt Knipperdollingk und Bernt Krechtingk verhört. Die Verhörprotokolle sind erhalten.

BEKENNTNISSE

Bekenntnis Johans van Leyden des vermeintlichen Königs zu Münster, außerhalb der Folter abgelegt am 20. Tag des Januar anno 1536.

An einem unbestimmten Tag des Jahres 1533 ist er von einem Johan Mathis informiert und unterrichtet worden, im Folgenden hat er in seinem eigenen Haus in Leiden von ihm die Wiedertaufe erfahren.

Er aber, Johan van Leyden habe in Holland niemals wiedergetauft. Er ist dann nach Schoppingen, und danach nach Münster gezogen.

Die Wiedertaufe hat er angenommen allein aus dem Grunde, dass er meinte, dadurch selig zu werden.

Gefragt, in welchem Verhältnis er zu Melchior Hofmann gestanden hat, sagt er, er habe Melchior Hofmann nie gesehen, nie Schrift von ihm empfangen oder an ihn geschrieben. Er habe wohl seine Schriften von der Wiedertaufe gelesen, von der Menschwerdung Christi, vom Sakrament und dem freien Willen gegen Luther; aber das sei allgemein und nicht an die Stadt Münster geschrieben gewesen.

Hofmann sei nie in Münster gewesen. Sie haben auch keine Nachricht von ihm oder seinen Schülern vernommen, und er war schon gefangen, als der König erstmals nach Münster reiste.

Von der Unterrichtung zwischen Hofmann und Johan Mathis von der Zeit der Täufer weiß er nichts, außer vom Hörensagen.

Der Johan Mathis sei der, der ausdrücklich den Gebrauch des Schwertes und der Gewalt gegen die Obrigkeit eingefordert hat, aber der König nicht, er habe auch keinen Aufruhr gewollt.

Gefragt, wie er an die Prophetie und Weissagung gekommen sei; dass er von der Erlösung der Stadt profitiert hat, und in welcher Gestalt er die Offenbarung sah, sagt er, er habe nicht besonders profitiert. Dann sagte er noch, wenn die Bürger der Stadt Münster bei dem Wort Gottes blieben, werden sie keine Not haben, und dieser Meinung sei er noch. Und das es zu diesem Unfall gekommen sei, ist ihre eigene Schuld. Dass er aber einige Male die Stimme des Vaters gehört, und einige Engelserscheinungen haben soll, das sei nicht so.

Gefragt, ob es nicht heimlich abgesprochen war, dass er König werden soll, und das Johan Mathis dieses verkündigen soll, sagt er: Nein, das sei ihm erstmals in seinem Geiste erschienen und er habe darüber mit niemandem geredet oder eine heimliche Übereinkunft gehabt.

Gefragt, ob sie Boten in die Niederlande geschickt hätten, dort die Wiedertäufer zu informieren und Unterstützung anzufordern, sagt er, er wisse von niemandem, denn er habe von einem Diederich zum Kloss, aus der Grafschaft Bentheim gehört, dass dieser viel in Holland wiedergetauft hat, und der sei auch nach Münster gekommen. Sagt auch, er wisse von keiner Übereinkunft mit irgendjemand; dann, dass er gehört habe, wie sich viele im Umland haben taufen lassen.

Gefragt, weshalb er Johan van Geel aus Münster geschickt habe und wohin, antwortet er, er habe in nicht ausgesandt, dieser habe es selbst gewollt, habe auch wenig darüber geredet, und als sie in Münster hörten, dass Otto Vinck zu Wesel getauft wurde, da ist Johan van Geel sofort zu ihm nach Wesel gegangen.

Zudem hatte er noch Befehl, denn sie hatten von etlichen Brüdern gehört, die versammelt sein sollten, dass er diesen mitteilen sollte, wenn sie Propheten wie in Münster unter sich hätten, hätten Sie Befehl von Gott, nach Münster zu ziehen und die Stadt zu befreien. Wenn sie aber keinen Propheten unter sich hätten, sollten sie bleiben. Sie verließen sich nicht auf Fürsten noch Herren oder andere Menschlichen, sondern nur auf Gott alleine. Helfen sie Gott, so wird ihnen geholfen. Würden sie auch von ihm verlassen, müssten sie dieses Leiden annehmen.

Hieronymus Mullinck, der den Brief nach Münster geschickt hat, kennt er nicht; und er sagt das Gleiche wie Krechtingk und Knipperdollingk.

Sie haben keine Kundschafter in England, aber sie haben gehört, die Wiedertaufe soll in England angenommen worden sein: Diese Nachricht brächten Holländer nach Münster.

Er sagt auch, dass er die Vision hatte, dass Johan Mathis in Knipperdollingks Haus niedergestochen wurde und dass er dessen Frau zur Ehe nehmen soll; das hätte er auch Knipperdollingk erzählt. Aber er hat vorher nicht davon gewusst oder daran gedacht, auch keine böse Absicht gehabt. Dann sei aber alles so geschehen, und Johan Mathis sei erstochen worden. Er hat auch mit Johan Mathis' Hausfrau kein Wort darüber geredet, und bis dahin keine besondere Zuneigung zu ihr gehabt.

Von Bernard Rothmanns verbotenen Künsten und Zauberei habe er nie gehört, auch nicht, dass dieser das Wort Gottes predigte und lehrte.

Und kürzlich sagte er, er wisse von keiner heimlichen Absprache, von keiner betrügerischen oder hinterlistigen Handlungen, die innerhalb oder außerhalb Münsters durch sie oder jemand anders getan worden sind. Denn all ihre Hoffnung und Trost seien allein auf Gott und keinen Menschen gestanden.

Darüber habe sich einmal eine Disputation zwischen Rothmann und Krechtingk entwickelt, ob ihnen durch die heilige Schrift erlaubt ist, Kriegsvolk anzunehmen oder nicht. Darauf haben sich die Hilfsprediger besprochen und Folgendes auf dem Rathaus gesagt: Sie sollten kein Volk annehmen für Geld, wenn aber jemand von selbst zu ihnen käme, möchten sie ihn empfangen. Sie möchten sich wohl wehren aber nicht angreifen.

Sagt auch, sie hätten in der Zeit der Belagerung keinen Proviant oder sonst irgendetwas in die Stadt bekommen, es war dann, dass niemand ein Stück Brot oder Käse gehabt hatte.

Gefragt, wer von ihnen vor der Belagerung ausgezogen sei, um ihre Sache zu fördern, und um Hilfe zu bitten, sagt er, er wisse von niemandem, außer, wie vorhin gesagt, Johan van Geel.

Es waren etliche gekommen und haben gesagt, sie könnten den Kummer nicht ertragen und wollten zu ihren Freunden ziehen, und das Beste nach ihrem Vermögen tun. Aber er wisse nicht genau, wer das sei, außer Hinrich Rodius und einige Landsknechte.

Um zu wissen, was in dem Lager vorging, durften sie niemanden hinausschicken, aber es kamen täglich Leute aus dem Lager in die Stadt.

Gefragt, warum sie den ausgeschickten Predicanten und Propheten Pfennige und Gulden mitgaben, sagt er, das hat Dusentschuir getan und gesagt, dass sei des Vaters Wille.

Sagt auch, er der König, Rothmann, Knipperdollingk und Krechtingk haben untereinander keine Heimlichkeiten vor den anderen in der Stadt gehabt.

Von dem Schatz und wo er geblieben ist, weiß er nichts.

Hille Feichen hat er nicht ausgesandt um den Bischof zu ermorden, sondern sie hat das selber vorgetragen und begehrt; wiewohl der König und die anderen das für eine Phantasterei gehalten haben.

Von England hat er kein Wissen, außer dass 2 Holländer in Münster angekommen sind und gesagt haben, die Wiedertaufe sei in England angenommen.

Er sagt, er habe sich nicht selber zum König gemacht, noch begehrt, zum König gemacht zu werden, habe auch deswegen keine List gebraucht oder sich heimlich mit jemandem abgesprochen. Er sei auch nicht nach Münster gekommen, für Ruhm und Ehre, sondern nur um Gott zu gehorchen.

Der vermeintliche König ist am darauffolgenden Tag, den 21. Juni, nochmals, unter der Folter befragt, und bleibt bei seiner Aussage.

Am 20. Januar 1536 hat Bernt Knipperdollingk vor der Folter Folgendes bekannt:

Bernt Knipperdollingk wurde vorgehalten, dass die Richter die zugegen, von ihren Kur und Fürsten Befehl hätten, ihn ernstlich um die Wahrheit zu befragen. Und wenn er nicht willig ist, die Wahrheit zu sagen, stünde der Nachrichter dort neben ihm, dem würden sie ihn übergeben. Darauf antwortet Knipperdollingk, er habe bisher die Wahrheit gesagt, und er wäre noch willig weiterhin mit der Wahrheit zu antworten.

Danach gefragt, ob er nicht der sei, der zu Münster die Wiedertaufe eingeführt und gefördert habe, sagte er. Es seien eines Abends der heiligen 3 Könige, 2, einer genannt Bartholomeus van Deventer, der andere Wilhelm, ein Holländer, er weiß aber nicht aus welchem Ort, nach Münster gekommen und hätten die Wiedertaufe aufgebracht. Anfänglich hätten sie die Predicanten, namentlich Bernard Rothmann, Hinrich Rolli, Hermann Stapraet, Hinrich Wyman, Hinrich Goch, Gottfried Straelen und einige andere getauft und ihnen danach befohlen, dieselbe noch heimlich weiter abzuhalten. Dann sind die zwei von Münster nach Schoppingen und von dort nach Friesland, wie er meint, gezogen. Und alsbald danach fingen die Predicanten an, fortwährend zu taufen.

Von Hieronymus Mullinck sagt er, genau wie vor ihm der König und Bernt Krechtling, er kenne ihn nicht etc.

Melchior Hofmann hat er nie gesehen, auch nicht von ihm gehört, aber er habe vernommen, dass Johan van Leyden ihn in das Wasserland geschickt habe, warum wisse er nicht. Er weiß auch von keiner Übereinkunft mit Butzero, mit Melchior Hoffmann und anderen.

Von England und Frankreich wisse er nichts, es ist ihm auch keine geheime Übereinkunft bekannt. Johan van Leyden hat gesagt, dass Johan Mathis etliche Boten ausgesandt hat. Sonst weiß er nichts davon.

Die Bürger der Stadt Münster haben sich keinen Menschen anvertraut. Denn dass die Wiedertäufer allenthalben Vorrang gewinnen, ist ihre Meinung und Hoffnung gewesen. Denn, wie sie getröstet sein würden, sei offensichtlich am Tage.

Gefragt, wer von ihnen ausgeschickt wurde oder von selbst ausgezogen ist, um ihre Sache zu fördern, antwortete er, er wisse von niemandem. Es seien 2 Brüder, Hermann und Goddart Teschenmecher ausgezogen; er wisse jedoch nicht warum und wohin.

(...)

Bekennt, dass ihm der König gesagt habe, wie er eine Vision hatte, und gesehen, das Johan Mathis erstochen wurde. Und solches geschah danach vor Sankt Ludgers Portal. Da sagte der König zu ihm: „Sehet, was habe ich Euch gesagt?" Aber der König hat ihm nicht vorher gesagt, dass er Johan Mathis' Frau haben sollte. Denn als Johan Mathis tot war, ging der König und tröstete seine Frau. Der König bekennt das auch, und sagt, er habe das aus keinem anderen Grund getan, weil sie aus Holland sei und seine Landsmännin.

Die Frau, die aus Münster in das Lager kam, um den Bischof zu töten, heißt Hille Feicken und stammt aus Ostfriesland. Und sie hat selber Johan Mathis anvertraut, der Vater habe ihrem Sinn gesandt, dass Sie tun soll wie Judith. So haben sie die Frau hingehen lassen, und Knipperdollingk gab ihr 12 Gulden mit. Sie hat nicht gesagt, wie sie es zu Wege bringen wollte, nur gesagt, Gott der Herr solle es in die Hand nehmen.

Am Freitag, den 21. Januar anno 1536 hat Bernt Knipperdollingk unter der Folter bekannt, was hier nun folgt:

Gefragt, was ihn bewegt hat, den Aufruhr zu Überwasser anzuzetteln, gab er zur Antwort, das habe er nicht getan, auch kein Wissen darüber gehabt, denn als sich dieser erstmals erhob, hat er im Bett gelegen und es war kurz vor Fastnacht. Er habe nächstens wohl gehört, wie ein Burgherr von Dortmund, Johann Soelingk genannt, der mit einem Sacke voller Geld an das Tor kam und aus der Stadt wollte, sagte, es würde ein seltsames Leben in der Stadt werden. Wer aber solches angerichtet oder beratschlagt habe, ist ungewiss. Genauso, dass Sankt Mauritius gebrannt hatte und andere Häuser in Münster, hat er nicht angerichtet, noch anrichten helfen. Weiß auch von keinen heimlichen Anschlägen, die innerhalb Münsters oder anderswo durchgeführt wurden.

Sagt, es habe sich danach Streit unter ihnen ergeben, und deshalb kamen die Genossen zusammen. Johan van Leyden und Knipperdollingk lagen in Knipperdollingks Haus, und Johan Mathis ging in dem Haus umher, und gleich gab er an, dass seine Hoffnung wohl noch größer war, als vorher und fing an zu rufen: „Mordet, schlagt tot." Da wurden Johan van Leyden und Knipperdollingk erschrocken, und Johan van Leyden sprach: „Ach Herr

Gott, das doch Mönche und Pfaffen gewarnt werden." Knipperdollingk aber lief auf das Rathaus und rief: „Vater, gib Gnade, Vater, gib Gnade", und nichts anderes. Als sie nach dieser Unterredung auseinandergingen, sei einige Listigkeit oder Falschheit unter ihnen gewesen.

Dass alle Siegel und Briefe verbrannt und verdorben werden, habe er nicht vorgeschlagen, sondern Johan Mathis und die anderen Predicanten (Hilfsprediger). Deshalb habe er solches auch bewilligt und angenommen.

Den Ehestand habe er nicht abgetan, auch nicht angerichtet, dass jedermann nach seinem Geist leben sollte.

Item hat er auch mit Herman von Zittart nicht gesprochen. Denn es saß einer im Keller, der sagte, der König habe nach Herman von Zittart geschickt. Mehr weiß er nicht davon.

Dass er von Hass und Neid getrieben, gehandelt haben soll, ist er nicht geständig.

Er habe auch die 12 Herzöge nicht aufgeworfen, sondern der König selbst. Und es lebt noch einer davon, Gert Koeninck genannt, zu Schoppingen wohnhaft, wie er meint.

Er weiß von keiner Nachricht aus dem Lager oder anders woher. Er habe auch niemand zu Propheten befohlen. Denn es haben sich innerhalb von Münster so viele seltsame Dinge zugetragen, und das eine auf das andere begeben, dass man nicht wusste, woher es kam.

Er hat nicht geraten, dass man die Kirchen abreißen soll. Aber er hat dazu beigetragen, dass die Babylonische Hure umgestürzt sei, und Gott allein in dem lebendigen Tempel und Herzen der Menschen geehrt werde. Die Babylonische Hure nennt er alles, was Babylon und den Päpstlichen Höfen nahesteht.

Die von der Recke war kürzlich in Rothmanns Haus und da war ihr und ihren Töchtern das Wort vorgehalten worden. Die eine Tochter fiel auf ihre Knie, und empfing die Taufe, danach die andere, und zuletzt die Mutter. Knipperdollingk nahm sie danach 9 oder 10 Tage in sein Haus.

Er hat keine von ihnen zur Ehe begehrt, auch nicht anderen dabei geholfen.

Bei der Eheschließung hielten sie keine Zeremonien, damit der eine dem anderen sein Herz übergab.

Noch gefragt, ob er nicht einen Aufruhr in der Stadt gemacht und deshalb im Gefängnis gekommen war.

Darauf hat er nein geantwortet. Denn es ist wahr, er hat einen bösen Einfall gehabt: Die Propheten hatten gesagt, Davids Tempel war schön aber Salomons war noch schöner gewesen. Nun sollte der Tempel, den Gott durch sie aufrichten wollte, am allerschönsten sein. Derweil nun von Davids und Salomons Tempel die Schrift vermeldet, und dieser, ihr Tempel, noch köstlicher sein soll, und nichts davon in der Schrift ausdrücklich geschrieben steht, so werde solches neben der Schrift herbestehen. Er konnte solches nicht begreifen oder glauben. Darum war er gefangen und ist danach zu den Predicanten um ihnen zu sagen, dass sie sprechen von dem innerlichen Tempel der christlichen Herzen, und so sei er losgekommen.

Er weiß von keiner Bestellung, die Johan Mathis durch seine Gesandten in Holland angerichtet hat.

Gefragt, ob es mit der mit der Prophezeiung nicht ein angerichteter Volksaufstand gewesen sei, sagt er, wenn er das gewusst oder vernommen hätte, wäre er ihr nicht gefolgt.

Aus der Grafschaft von Mantzfeld war ein Peltzerknecht nach Münster gekommen und 4 oder 5 Wochen dageblieben. Der hat ihnen angesagt, es wären wohl in der Grafschaft gute Brüder, die von ihnen unterrichtet werden möchten. Deshalb war derselbe wiederum dorthin zurückgeschickt mit etlichen Büchern, die Restitution genannt.

Er sagt, er hat die päpstliche und christliche Ordnung für aufrecht und gut geachtet, er hat die Wiedertaufe und den neuen Glauben nicht angenommen.

Ist gefragt, was er von den anderen Christen halte, sagt, er hielte sie dafür, dass sie Gott vorgeben und er will bei seinem Glauben leben und sterben.

Bekennt auch, dass Johan van Leyden in seinem Haus einen Brief an Johan Mathis geschrieben hat, er soll nach Münster kommen, und Knipperdollingks Knecht hat den nach Holland getragen. Aber, als sie nach Deventer kamen haben sie von dem Aufruhr zu Überwasser gehört, ihre Brüder waren zum großen Teil erschlagen worden. Deshalb hat Johan Mathis den Knecht wieder nach Münster zurückgeschickt und ist in Deventer geblieben.

Später haben sie den Knecht wieder nach Deventer gesandt und Johan Mathis samt seiner Hausfrauen holen lassen.

Er sagt, Johan Mathis, der König der Predicanten habe die Gemeinschaft der Brüder angeführt und nicht er.

Bekenntnis Bernt Krechtingks, getan unter der Folter in Münster am 20. Januar anno 1536

Anfänglich gefragt, wer der Hieronymus Mullinck sei, der den Brief nach Münster geschickt hat, und welches Verhältnis sie mit ihm gehabt hatten, sagt er, er habe Hieronymus nie gesehen, habe mit ihm auch gar keinen Kontakt gehabt. Ein Schmiedknecht habe aus Münster zu seinen Eltern zu ziehen begehrt, und es ist ihm erlaubt worden und daneben, nicht wieder zurück zu kommen befohlen; aber derselbe ist nach einiger Zeit trotzdem wiedergekommen und hat den Brief von Hieronymus mitgebracht. Sonst weiß er von Hieronymus nichts.

Er weiß von keiner Unterstützung noch Verständnis aus dem Wasserlande, denn einer den er nicht kennt, ist aus Holland nach Münster gekommen und hat die Wiedertaufe daselbst durchgeführt, und ist dann weiter gereist nach Schoppingen, Metelen, Gildehuiss und zuletzt wiederum in das Wasserland.

Danach sei einer, Johan Mathis gekommen, und sei ein Prophet gewesen. Der habe gesagt, wie der Vater ein erwähltes Volk erwecken will; und wer das Signum der Taufe nicht hätte, über den soll die Strafe und der Zorn des Vaters kommen. Aber wer denselbigen zu einem Propheten gemacht hat, wisse er nicht.

Von Melchior Hofmann weiß er auch nichts, hat ihn nie gesehen, noch je von ihm gehört.

Er sagt, wie der König öffentlich gesagt hat, die Stadt Münster soll allen anderen ein Vorbild und Exempel sein.

Item gefragt, wer Johan van Leyden zu einem König gemacht hat, antwortete er, dass einer, genannt Johan Duisentschuir der Gemeinschaft vorgab, er hätte etwas zu sagen, und in der Gegenwart Johan van Leyden gesagt, der Vater habe ihm offenbart, dass Johan van Leyden ihr König sein solle und hinzugefügt, dass er in das Erdreich versinke, wenn das nicht die Wahrheit sein sollte.

Alsbald fing der König an zu schreien, und gesagt, wie ihm das früher gleichermaßen offenbart war, aber er dankt dem Vater, dass er dies durch einen anderen der Gemeinschaft hatte anzeigen lassen, und bat den Vater, dass er ihm, Johan van Leyden, Vernunft und Weisheit, um sein Volk zu regieren, verleihen wolle.

Gefragt, wer die Frau angestiftet hätte, die den Bischof umbringen sollte, sagt er, er wisse das nicht. Er habe die Frau nie gesehen oder gekannt. Er hätte nur gehört, dass eine Frau in der Stadt wäre, die soll solche wunderlichen Dinge tun, wie Judith. Und einer hätte gesagt, es wäre Phantasie, ein anderer hat gesagt: „Wer weiß, was der Vater durch diese Frau bewirken will." Sonst weiß er nichts davon.

Gefragt, was sie für Boten aus der Stadt gesandt, um ihnen Hilfe und Trost von anderen zu erwerben, sagt er, er wisse von niemandem.

Item weshalb Herman Rummartz die Stadt verlassen, ist ihm unbewusst und er habe seines Wissens auch keinen Befehl dazu gehabt.

Weshalb Kirstgen Boerdemann die Stadt verlassen, weiß er auch nicht.

Er hat von keiner Unterstützung der van Lubeck und anderer gehört. Und wer sonst noch die Stadt verlassen hat, kann er nicht entsinnen.

Von einem gemeinen Schatz hat er kein Wissen, wo der hingekommen sei. Den hat er einmal auf dem Rathaus gesehen, 2 Tonnen mit allerlei Gelde, ein Koffer mit silbernen Löffeln und dergleichen. Aber als sie vernahmen, dass man die Stadt stürmen wolle, hielten sie es für gut, dass das Geld an verschiedenen Plätzen untergebracht werde, wie es auch geschah. Doch nach dem Sturm sei es wieder auf das Rathaus gebracht worden, aber das weiß er nicht so genau.

Er bekennt, dass er die Wiedertaufe angenommen habe, und das allein aus Gottesfurcht. Das leugnete er nicht und er blieb dabei.

Johan van Leyden, Bernd Knipperdollingk und Bernt Krechtingk wurden am 22. Januar 1536 auf qualvolle Weise gefoltert und anschließend erdolcht. Die Prozedur dauerte etwa vier Stunden. Ihre von Brandwunden übersäten Leichen wurden in eisernen Körben am Turm von St. Lamberti zur Abschreckung aufgehängt.
Hermann von Kerssenbroick; Ein Zeitgenosse; beschrieb drastisch:

...und alsbald haben die Schinder zuerst den König in das Halseisen eingeschlossen und an den Pfahl gebunden, hernach die glühenden Zangen ergriffen und denselben an allen fleischigten und äderigten Teilen seines Leibes dergestalt gezwickt, dass von einem jeden Ort, der von der Zange berührt wurde, die Flamme herausgelodert, und ein solcher Gestank entstanden ist, dass beinahe alle die auf dem Markt standen, solchen Geruch in ihren Nasen nicht ertragen konnten. Mit gleicher Strafe sind auch die Übrigen belegt worden, welche jedoch diese Folter mit weit größerer Ungeduld und Empfindlichkeit als der König ausgestanden und ihren Schmerz durch das viele Wehklagen und Rufen zu erkennen gegeben haben. Nachdem aber Knipperdollingk über den Anblick der entsetzlichen Marter erstaunte und in Furcht geriet, so hängte er sich in das Halseisen, mit welchem er an den Pfahl angebunden war, suchte sich damit die Kehle abzuschneiden und seinen Tod zu beschleunigen. Allein als dieses die Schinder wahrnahmen, richteten sie ihn wieder auf, rissen ihm den Mund weit auseinander, zogen ihm ein Seil durch die Zähne und banden ihn dergestalt fest an den Pfahl, dass er weder sitzen, noch sich die Kehle abreißen, viel weniger den Atem einhalten und sich, da ihm die ganze Kehle aufgesperrt war, ersticken konnte. Da sie aber insgesamt lange genug gemartert und noch lebendig waren; so riss man ihnen endlich mit einer glühenden Zange die Zunge aus dem Hals und stieß ihnen zugleich mit einem Dolch, so stark als man konnte, in das Herz, damit, wenn man ihnen den Sitz des Lebens verwundet hätte, sie dasselbige desto geschwinder verlieren mögten. Hernach sind ihre Leichname auf den Lambertiskirchhof verfahren, in eiserne Käfige getan, und damit sie aufrecht stehen konnten, mit dem Kopf an dem obersten Teil des Käfigs befestigt worden. Endlich aber sind sie auf den obersten Teil des Lambertikirchturmes auf die Süderseite gestellet und solcherart nebeneinander gehängt worden, dass der König in der Mitte den fürnehmsten Platz bekam...

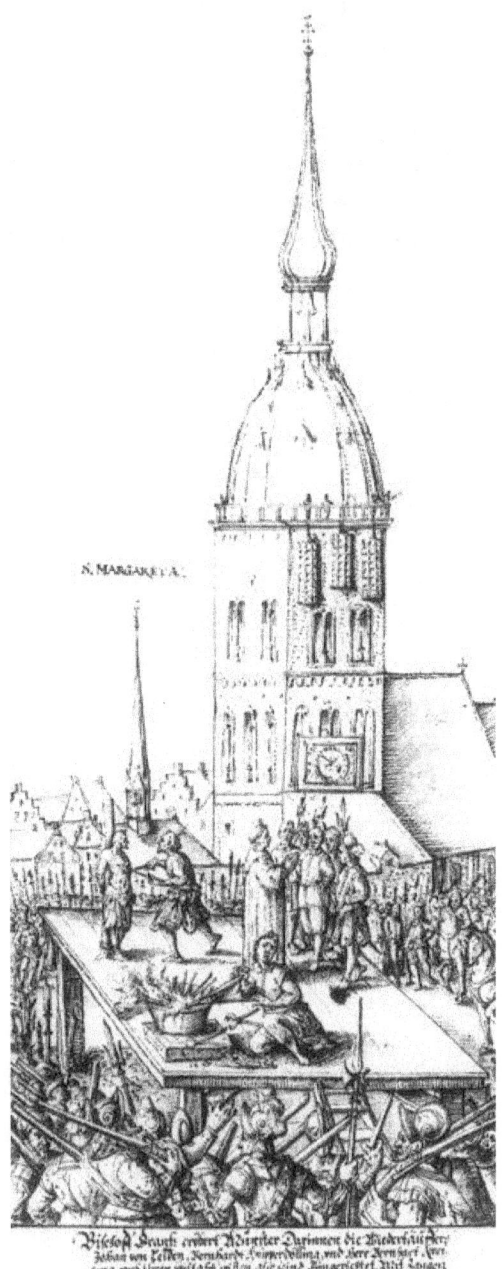

Hinrichtung vor der Lambertikirche

Noch 1585 sollen letzte Knochenreste zu sehen gewesen sein. Die Original-Körbe, die 1945 restauriert werden konnten, hängen heute noch am Turm von St. Lamberti.

Hauptprediger Bernt Rothmann, Stutenbernt, und Bernt Krechtingks Bruder Heinrich konnten entkommen. Heinrich Krechtingk starb 1580 als geachteter Mann in Gödens (heute Teil der Gemeinde Sande im Landkreis Friesland). Über Rothmanns Ende ist nichts bekannt.

QUELLEN

„Bericht der Augenzeugen über das Münsterische Wiedertäuferreich". Herausgegeben von Dr. C.A. Cornelius, Privatdozent der Geschichte an der Universität zu Breslau, 1853 in der Theissing'schen Buchhandlung erschienen:
    Haupttext, sowie die Dokumente
    -Meister Heinrich Gresbeck an seine früheren Herren
    -Brief eines von den Münsterschen gefangener Mannes an den Bischof Franz
    -Brief des Lagerkommandanten und seiner Kriegsräte
    -Brief des Herzogs zu Cleve Räthe, an den Bischof zu Münster
    -Brief des Conrad Hesse, Schultheiß zu Marburg, an den Rat des Landgrafen zu Kassel:
    -Brief der Clevischen Kriegsräte vor Münster an des Herzogs zu Cleve Räthe
    -Bekenntnis des Glaubens und Lebens der Gemeinde Christi zu Münster
    -Bericht des Obersten und der Kriegsräthe über die Belagerung und Eroberung der Stadt Münster
    -Bekenntnisse

„Geschichte der Wiedertäufer zu Münster in Westphalen nebst einer Beschreibung der Hauptstadt dieses Landes. Aus einer lateinischen Handschrift des Hermann von Kerssenbroick übersetzt", 1881 im Verlag der Aschendorff'schen Buchhandlung in Münster erschienen:
    Bericht über die Hinrichtung, sowie die Dokumente
    -Glaubensbekenntnis
    -Brief Philipp Melanchtons an Rothmann
    -Brief Martin Luthers an den Magistrat der Stadt
    -Bernhard Rothmann an Heinrich Schlachtschaep und andere Predicanten

-Einrichtung der weltlichen Regierung in der Stadt Münster
-Auszug aus: Wir wünschen Gnade und Barmherzigkeit und Friede von Gott dem Vater
-Artikel des Königs in Münster
-Vergleichspunkte und Artikel, welche den Weibern und alten Männern, so aus Münster gegangen, und gewissermaßen zu Gnaden angenommen worden, vorgelegt wurden

Stadtarchiv Münster: „Das Münsteraner Täuferreich"

Wikipedia: Illustrationen

Bei uns erschienen
www.herasverlag.de

DER ISLÄNDISCHE FREISTAAT IN SAGAS

Isländische Altertümer 930 n. Christ.

Eine Betrachtung von Helmut H. Schulz

Die Saga von den Leuten im Laxartal ist einer der anschaulichsten Berichte einer Landnahme in der altnordischen Saga-Literatur Wie sich eine bäuerliche Gesellschaft zu einem Freistaat entwickelt und wie bald ein Freistaat an sein Ende kommt und aus welcher Ursache, ist hier im Laufe eines Jahrhunderts zu verfolgen.

DENK MAL! Fünf andere Geschichtslektionen
Von Helmut H. Schulz

In den fünf Lektionen – eigentlich historische Persiflagen – geht es immer um die Macht über Andere:
In **Lektion 1, Kleons Heldenfahrt zu den Kolchern**, berichtet der Seemann Kleon, mit Stolz und Ironie, von seiner Teilnahme an dem Argonautenzug. In der **Lektion 2, Babylonischen Tagebuch,** berichtet Karsos aus Kilikien dem König über seine Teilnahme am Zug nach Babylon. **Lektion 3, Paulus:** Bei der Vernehmung zur Person, verweigerte der Beschuldigte die Aussage. Widersetzlichkeit zieht die Todesstrafe nach sich. **Lektion 4 Äbschwangen:** Das Schicksal einer freien Reichsstadt in der Mitte des 16. Jahrhunderts. **Lektion 5 Tabu:** Auf den ersten Blick verblüfft Tabu wegen seiner unsinnigen Verschwendung. Dieser erste Eindruck täuscht jedoch...

www.ingramcontent.com/pod-product-compliance
Lightning Source LLC
Chambersburg PA
CBHW031314160426
43196CB00007B/529